当代齐鲁文库·山东社会科学院文库
THE LIBRARY OF
CONTEMPORARY SHANDONG
SELECTED WORKS OF SHANDONG
ACADEMY OF SOCIAL SCIENCES

山东社会科学院◎编纂

城市化与农村人口转移

来自山东省的报告

秦庆武　蒿　峰◎主编

中国社会科学出版社

图书在版编目 (CIP) 数据

城市化与农村人口转移：来自山东省的报告／秦庆武，蒿峰主编．
—北京：中国社会科学出版社，2016.12
ISBN 978 – 7 – 5161 – 8682 – 4

Ⅰ.①城… Ⅱ.①秦…②蒿… Ⅲ.①城市化—研究报告—
山东省②农村人口—人口迁移—研究报告—山东省
Ⅳ.①F299.275.2②C922.2

中国版本图书馆 CIP 数据核字 (2016) 第 182749 号

出 版 人	赵剑英
责任编辑	朱华彬
责任校对	张爱华
责任印制	张雪娇

出　　版	中国社会科学出版社
社　　址	北京鼓楼西大街甲 158 号
邮　　编	100720
网　　址	http：//www.csspw.cn
发 行 部	010 – 84083685
门 市 部	010 – 84029450
经　　销	新华书店及其他书店

印刷装订	环球东方（北京）印务有限公司
版　　次	2016 年 12 月第 1 版
印　　次	2016 年 12 月第 1 次印刷

开　　本	710 × 1000　1/16
印　　张	14.5
插　　页	2
字　　数	238 千字
定　　价	65.00 元

《山东社会科学院文库》
出版说明

　　党的十八大以来，以习近平同志为核心的党中央，从推动科学民主依法决策、推进国家治理体系和治理能力现代化、增强国家软实力的战略高度，对中国智库发展进行顶层设计，为中国特色新型智库建设提供了重要指导和基本遵循。2014 年 11 月，中办、国办印发《关于加强中国特色新型智库建设的意见》，标志着我国新型智库建设进入了加快发展的新阶段。2015 年 2 月，在中共山东省委、山东省人民政府的正确领导和大力支持下，山东社会科学院认真学习借鉴中国社会科学院改革的经验，大胆探索实施"社会科学创新工程"，在科研体制机制、人事管理、科研经费管理等方面大胆改革创新，相继实施了一系列重大创新措施，为建设山东特色新型智库勇探新路，并取得了明显成效，成为全国社科院系统率先全面实施哲学社会科学创新工程的地方社科院。2016 年 5 月，习近平总书记在哲学社会科学工作座谈会上发表重要讲话。讲话深刻阐明哲学社会科学的历史地位和时代价值，突出强调坚持马克思主义在我国哲学社会科学领域的指导地位，对加快构建中国特色哲学社会科学作出重大部署，是新形势下繁荣发展我国哲学社会科学事业的纲领性文献。山东社会科学院以深入学习贯彻习近平总书记在哲学社会科学工作座谈会上的重要讲话精神为契机，继续大力推进哲学社会科学创新工程，努力建设马克思主义研究宣传的"思想理论高地"，省委、省政府的重要"思想库"和"智囊团"，山东省哲学社会科学的高端学术殿堂，山东省情综合数据库和研究评价中心，服务经济文化强省建设的创新型团队，为繁荣发展哲学社会科学、建设山东特色新型智库，努力做出更大的贡献。

　　《山东社会科学院文库》（以下简称《文库》）是山东社会科学院"创

新工程"重大项目,是山东社会科学院着力打造的《当代齐鲁文库》的重要组成部分。该《文库》收录的是我院建院以来荣获山东省优秀社会科学成果一等奖及以上的科研成果。第二批出版的《文库》收录了丁少敏、王志东、卢新德、乔力、刘大可、曲永义、孙祚民、庄维民、许锦英、宋士昌、张卫国、李少群、张华、秦庆武、韩民青、程湘清、路遇等全国知名专家的研究专著18部,获奖文集1部。这些成果涉猎科学社会主义、文学、历史、哲学、经济学、人口学等领域,以马克思主义世界观、方法论为指导,深入研究哲学社会科学领域的基础理论问题,积极探索建设中国特色社会主义的重大理论和现实问题,为推动哲学社会科学繁荣发展发挥了重要作用。这些成果皆为作者经过长期的学术积累而打造的精品力作,充分体现了哲学社会科学研究的使命担当,展现了潜心治学、勇于创新的优良学风。这种使命担当、严谨的科研态度和科研作风值得我们认真学习和发扬,这是我院深入推进创新工程和新型智库建设的不竭动力。

实践没有止境,理论创新也没有止境。我们要突破前人,后人也必然会突破我们。《文库》收录的成果,也将因时代的变化、实践的发展、理论的创新,不断得到修正、丰富、完善,但它们对当时经济社会发展的推动作用,将同这些文字一起被人们铭记。《山东社会科学院文库》出版的原则是尊重原著的历史价值,内容不作大幅修订,因而,大家在《文库》中所看到的是那个时代专家们潜心探索研究的原汁原味的成果。

《山东社会科学院文库》是一个动态的开放的系统,在出版第一批、第二批的基础上,我们还会陆续推出第三批、第四批等后续成果……《文库》的出版在编委会的直接领导下进行,得到了作者及其亲属们的大力支持,也得到了院相关研究单位同志们的大力支持。同时,中国社会科学出版社的领导高度重视,给予大力支持帮助,尤其是责任编辑冯春凤主任为此付出了艰辛努力,在此一并表示最诚挚的谢意。

本书出版的组织、联络等事宜,由山东社会科学院科研组织处负责。因水平所限,出版工作难免会有不足乃至失误之处,恳请读者及有关专家学者批评指正。

《山东社会科学院文库》编委会
2016 年 11 月 16 日

《山东农村人口转移与城市化战略与对策研究》
课题组成员名单

课题组顾问：

  李春亭 全国人大农业与农村委员会副主任委员

  王庆新 山东省人民政府副秘书长

  宋世昌 山东社会科学院院长 教授

课题组负责人：

行政长官：

  蒿 峰 山东省人民政府办公厅副主任

首席专家兼项目主持人：

  秦庆武 山东社会科学院农村经济研究所所长 研究员

课题组成员：

  吴天琪 山东省农业科学院区划所所长 研究员

  刘卫东 山东社科院农村经济研究所副所长 副研究员

  许锦英 山东社会科学院农村经济研究所 副研究员

  李善峰 山东社会科学院社会学研究所副所长 副研究员

  林聚任 山东大学社会学系副教授 博士

  王德起 山东财政学院工商管理系副主任 博士

  崔树义 山东社会科学院人口研究所 研究员

  王 波 山东社会科学院农村经济研究所 副研究员

  张道远 山东省建委副处长

目　录

加快山东农村人口转移与城市化进程

中共中央在关于国民经济和社会发展第十个五年计划的《建议》中提出，要不失时机、积极稳妥地推进城镇化，把它上升为战略性、宏观性和政策性的大问题，从而使中国的城市化政策从其他政策的配套层次上升到核心政策层面。这表明我国以工业化为主导推进国家现代化的发展思路，已经转换到以城市化为主导推进国家工业化和现代化的整体战略思路上来。这是中国经济社会发展过程中一个有重大意义的转折。山东也要适应这一转折，把城市化作为推动山东经济和社会发展的主导性战略。

推进农村人口转移和城市化，是山东未来 10—20 年经济社会发展中最艰巨的任务，是改造我省城乡分割的二元经济社会结构，完成基本实现现代化目标的前提和基础。本课题的研究围绕山东农村人口转移和城市化发展两个重点展开，着重分析我省城乡矛盾运动的特征和发展规律，研究和探讨推进山东农村人口转移和城市化的途径和对策。

一 从山东工业化和城市化进程及其规律的认识所得出的基本判断

基本判断之一：城乡矛盾是山东经济社会发展中最基本的矛盾，解决城乡分割的二元经济社会结构问题是山东现代化进程中最艰巨的任务。

研究表明，进入新世纪的山东，目前是一个拥有 9000 多万人口，农民占大多数，东中西部地区发展不平衡，城乡差距明显的经济大省。传统农村与城市、传统农业与现代工业，农村人口的落后生活方式和城市人口的现代生活方式，构成了社会的基本矛盾。这种二元结构矛盾突出表现在：第一，农村人口和在第一产业就业的劳动力比重过大，农民收入低的问题特别突出；第二，城乡居民分属两种不同身份待遇的社会，构成不同经济社会的利益集团，城乡差别产生了严重的城乡矛盾；第三，城乡经济发展水平悬殊，传统落后的乡村社会与先进发达的城市社会并存，制约着山东经济社会发展。

基本判断之二：山东从总体上看已经进入了工业化中期阶段，但城市化与工业化水平产生了严重偏差，城市化进程明显落后于工业化进程。

山东 2001 年人均国内生产总值已达 1200 美元左右（按现行汇率计算），第二产业的增加值占国内生产总值（GDP）近 50%，按照美国著名经济学家钱纳里的世界发展模型测算，山东整体上已进入了工业化中期阶段。但是有两项指标与世界发展模型产生了严重偏差。一是城市化水平，按照目前山东人均 GDP1200 美元水平，相应的城市化发展水平应为 65% 左右，而山东目前为 38%，落后标准模型 27 个百分点；二是第一产业就业份额，按照标准模型山东应在 30% 以下，但目前仍然高达近 50%。因此，可以说我们实现的工业化是一个片面的，缺少城市化支撑的工业化。

基本判断之三：农村人口规模庞大，农村剩余劳动力向非农产业和城市转移缓慢是制约山东经济社会发展的重要"瓶颈"。而加快农村人口转移和城市化发展则是未来 10—20 年山东经济发展的新增长点和主要推动力量。

目前在山东 9000 多万人口中，按户籍划分的农业人口占 74.3%，按实际居住地划分的农村人口约占 62%。2000 年，山东省社会消费品零售总额中，县以下农村仅占 28.6%，加上县一级也仅占 38.2%，这说明人口占大多数的农村市场极端萎缩。由于农村人口规模庞大且收入水平低，使工业品在农村销售困难，市场规模无法扩大，从而制约了城市工业的增长。可以说，城市化滞后和农村人口向城市转移困难，已成为制约山东经济社会的主要"瓶颈"。要提高农民收入，扩大农村市场，就必须加快农村人口转移和城市化步伐，这是新世纪山东经济增长和发展的主要动力源。

基本判断之四：加快农村人口转移和城市化进程，是山东作为沿海地区率先实现现代化的必要条件。

在新世纪，山东作为沿海发达省份，要率先实现现代化，必须以农村人口的减少和城市化水平的提高为前提。世界发展的历史已经证明，在一个农业人口占多数的国家或地区，是无法耸立起现代化大厦的。没有城市化的工业化不可能带来现代化。加快农村人口向非农产业和城镇转移，提高城市化水平，是山东从小康走向现代化所必须的解决的重大课题。

二　加快山东城市化发展的战略目标、战略布局和战略重点

战略目标：省委省政府提出，到 2010 年，全省城市化水平达到 50%左右，这一目标是鼓舞人心的，也是符合山东经济社会发展需要的。但这一目标的完成有相当大的困难，必须根据不同地区的经济发展水平，提出不同的目标，采取切实措施，加快农村人口转移。

要实现 2010 年山东城市化水平达到 50%的目标，对于山东这样一个人口大省来说，任务十分艰巨。20 世纪 90 年代山东的城市化水平每年约提高 1 个百分点，在很大程度上是依靠"整县改市、改区"，"整乡改镇"来实现的，真正的农村人口向城市集聚的速度并不快。而要在今后十年达到城市化水平 50%的目标，则意味着每年我省城市化水平必须提高 1.2个百分点以上，考虑到农村新增人口因素，则每年需转移农村人口140 万—150 万人，以山东 139 个县市区计，平均每年每个县市区需转移农村人口 1.1 万人以上。

我省要实现这一战略目标，必须有切实可行的转移农村人口的措施，各县市区都要有分阶段的实施计划。根据我省经济发展不平衡的状况，不同的地区可以确定不同的目标。东部地区城市化水平每年应提高 1.5—2个百分点，中部地区每年应提高 1—1.5 个百分点，西部地区每年应提高0.8—1 个百分点。如能实现这一目标，到 2010 年我省城市化率与工业化率的偏差将得到纠正，使城市化发展走上正常轨道。

战略布局：省委省政府提出的要形成"两大中心、四个层次、五条城镇发展轴线"的总体布局是基本合理的。但从发展趋势上看，必须突出以青岛为龙头的沿海城市带建设；强化以济南为中心的"一小时都市圈"建设；加快发展以青岛、潍坊、淄博、济南为轴线的大都市连绵带。

根据世界城市化发展的一般规律和趋势，山东的城市化在布局上，一是要突出以青岛为龙头的沿海城市带。山东沿海已隆起由 20 多个城市组成的城市带。这些城市得开放风气之先，经济发达，可以加快膨胀。青岛的发展要以国际化大都市为目标，在发展规划和政区设置上给予其充足的发展空间。二是强化以济南为中心的都市圈。作为省会城市，济南应充分发挥辐射带动作用，形成山东中部的环状城市群，建设 100 公里左右高速公路可通达的"一小时都市圈"，从而带动山东中西部地区发展。三是要加速发展以青岛、潍坊、淄博、济南等轴线的大都市连绵带。都市圈和大都市连绵带将成为山东人口和产业的聚集中心，是经济最为发达的地区，可以有力地带动周边地区发展。

战略重点：山东农村人口转移的战略重点应从"就地转移"为主变为"异地转移"为主；城市化的战略重点是"抓两头、带中间"，突出抓好大城市发展和小城镇建设。

要加速山东的城市化进程，我省农村剩余劳动力的转移模式必须实行两个转变，即从过去的以"就地转移"为主转变为以"异地转移"为主；从过去的劳动力"兼业型"为主转变为"专业型"为主。只有这样，才能使农村人口真正离开黄土地，化解我省人地关系高度紧张的矛盾，从而提高城市化水平。

关于城市化的发展重点，研究认为，坚持大中小城市和小城镇多元发展的方针是正确的，各类城市都需要大发展。但我们还需要找出着力点，即重点抓好大城市和小城镇的工作，也就是要走"抓两头，带中间"的路子。国际经验证明，规模较大的城市，特别是人口 200 万—500 万人口的城市，会产生更高的聚集效益和规模效益，能带来更多的就业机会，因此应受到充分重视。积极发展小城镇，主要是因为小城镇与农村地缘关系密切，农民进入小城镇的成本较低。但这并不意味着要走以小城镇为主导的分散型的城市化道路。发展小城镇不能搞遍地开花，而要重点支持和发展县城和中心镇，使之尽快成长壮大为城市，城市化的重点要逐步实现由"镇"到"市"的转移。

我省中小城市的发展已进入正常轨道，为促其加快集聚人口，放大规模，可以率先继小城镇后放开户口限制，使有资金、有能力的农村人口可以直接进城创业。

三　加快山东农村人口转移和城市化的主要对策

关于农村人口转移的对策：以加快城市化作为转移农村人口的根本出路，通过改革户籍制度，建立城乡统一的劳动力市场，健全进城人口的社会保障体系等手段，促进农村人口向城镇集中。

城市化意味着人口和非农产业在城市的聚集，因此，过去所强调的"农村工业化"和"农村城市化"容易使人理解为"在农村办工业"，"在农村建城市"，这是非常片面的。我国乡镇工业的分散，小城镇的分散，是城市化滞后的主要原因。加快城市化进程的前提，就是农村人口向城市的迁移。

农村人口向城市的迁移，有农村人多地少，就业机会少和收入低的推力，也有城市收入高、机会多和现代生活方式的引力，但是也有很多阻力。如户籍制度的障碍、城市就业的压力、社会保障制度的不完善、农民科技文化素质低等，都妨碍了农村人口向城镇的集聚和迁徙。要加快农村人口向城市的迁移，就是要通过改革户籍制度、建立城乡统一的劳动力市场、降低农民进城的门坎、完善社会保障体系，提高农民素质、促进乡镇企业向城市集中等一系列措施，来真正实现人口和产业向城市的集聚。

关于城市化的对策：要科学规划、合理布局，构造全省功能互补、规模适宜、等级有序的城镇体系，以人为本，矫正城市发展方略。要突出城市特色，建立多元化的投融资机制，拓宽城镇建设投资渠道。

科学规划，合理布局，一定要在山东已初步形成的"两大中心、四个层次，五条城镇发展轴线"的基础上，注重大城市群的建设和大都市圈的形成，对于组群式城市搞好功能分区，做到功能互补，结构合理。突出省内各主要城市的特色，加强县城和中心镇的规划和建设。要加强城市规划工作的组织与协调，保证规划的前瞻性、科学性、可行性和权威性。要树立可持续发展的观念、"以人为本"的观念和创新观念，推进城市化发展。

城市化发展，需要资金的支持。因此要建立多元化的投融资机制，拓宽城镇建设的筹资渠道，充分利用市场机制，通过发放市政债券，发行市政建设股票、BOT 融资、特许经营权转让等多种方式，融入城市建设所需资金。要培植多元化的城市建设投资主体，充分利用国内外金融机构贷款，为加快城市化进程提供资金保证。

关于发挥政府在推进城市化过程中作用的对策：要遵循市场经济规律，充分发挥市场经济在推进城市化的进程中的作用，健全就业和社会保障制度，制定积极有效的经济政策，为加快城市化进程提供有力的保障。

政府在城市化进程中能起到规划、指导、服务、优化环境等多方面促进作用。但政府不能取代市场去配置资源，而是应当遵循市场经济规律，让市场机制起主导作用。政府所要做的事情就是加快改革，及时清理现有的影响城市化进程的政策，扭除阻碍城市化发展的一切人为障碍，为加快山东农村人口转移和城市化进程创造良好的环境。

为此，应该加快户籍制度改革，出台相关的农民能带土地收益进城的政策、城市扩大就业的政策、扩大廉租房供应的政策和其他相关政策，健全社会保障制度，降低农民的进城成本。同时还要制定合理的产业政策、积极的财税政策、适当的金融政策，改善城市化进城中的一系列"瓶颈"制约因素，为推进山东的城市化进程，加快山东的现代化步伐而做出自己的努力。

（执笔：秦庆武）

总课题报告：

山东农村人口转移与城市化的
战略与对策研究

《山东农村人口转移与城市化研究》课题组

　　中国最大的结构问题就是城乡分割的二元经济社会结构的存在。中国现代化进程中最艰巨的任务，就是转移农村剩余劳动力，实现农村人口的城市化。山东是一个农业大省，更是一个农民大省。目前，我省已确定了2015年基本实现农业现代化的目标，并提出了未来10年即2010年城市化水平达到50%，这是一个非常艰巨的任务。要实现这一人口转移任务和城市化目标，必须进行充分的调查研究和科学论证，提出切实可行的对策和措施。本课题的研究围绕山东农村人口转移和城市化发展两个重点展开，着重分析我省城乡矛盾运动的特征和发展规律，探讨推动山东农村剩余劳动力转移和城市化发展的途径和对策。

1　山东工业化和城市化发展所处的阶段及其评价

1.1　对山东工业化发展阶段的基本判断

　　在人类社会发展和历史进步过程中，从农业国向工业国的跨越，是现代化进程中的一个重要里程碑。当代所有发达国家都是高度工业化的国家，而不发达国家几乎都是农业占有较大份额、工业落后的国家。这一历史事实使人们很自然地把社会进步特别是经济发展的水平即工业化程度联系起来，把工业化水平看作是国家现代化水平的重要标志。

　　一般认为，工业化不仅是指一个国家经济重心由农业部门向工业部门转变的过程，而且也是工业部门内部结构变化的过程。这个过程一般要经历若干阶段。美国著名经济学家钱纳里等把现代经济增长理解为经济结构的全面转变。他们在借助多国模型提出的标准增长模式中，把随人均收入增长而发生的结构转变过程划分为三个阶段、6个时期（见图1—1）。

收入变动范围 （人均美元，1970年美元）	时　期	阶　　段
140 }	1	第 I 阶段：初级产品生产为主
280 } 560 }	2 }	第 II 阶段：工业化
1120 } 2100 }	3 } 4 }	
3360 } 5040 }	5 } 6 }	第 III 阶段：发达经济

图1—1　经济结构转变过程的阶段划分

根据经济增长活动的分析，在第 I 阶段，社会生产主要表现为初级产品的生产活动，农业活动居于主导地位。虽然这一阶段工业部门的增长速度要高于农业部门，但由于人均收入很低，社会对工业制成品的需求非常有限，因而以制造业为代表的工业部门不能成为总产出的主要来源，在社会经济活动中居于主导地位。在第 II 阶段，以制造业为代表的工业部门对增长的贡献越来越突出。根据标准变动模式，一旦人均收入水平超过400美元，制造业对增长的贡献将超过初级产品生产的贡献，即工业部门成为总产出的主导地位。这一阶段被称为工业化阶段，包括了3个小时期。在第 II 阶段，当人均收入水平进一步提高后，制造业在国民生产总值和劳动就业中的份额开始下降，而服务业即第三产业的增长速度将高于第二产业，最终将超出第二产业在社会经济活动，居于主导地位。

在经济增长和结构转变的这三个阶段中，第 II 阶段即工业化阶段是经济结构变化最为剧烈的阶段。按照标准模式，这一阶段内制造业在国内生产总值（GDP）中的份额从 19% 增加到 36%，同人均收入从 280 美元到 2100 美元的增长相对应。工业化阶段按人均收入水平可以划分为 3 个时期，这一划分与工业部门内部结构的变化也是大体吻合的。

从工业化过程中工业部门内部结构的变化看，一般认为也要经过 3 个时期或阶段。在初期阶段（人均 280—560 美元），消费品工业如食品加工、纺织、烟草、家具等工业是主要工业部门，并且比资本品工业如冶金、化学、机械、汽车等部门以更快的速度发展。在中期阶段（人均 560—1120 美元），资本品工业的增长速度加快，资本品工业产值在工业总产值中的比重趋于上升，但这时尚未取代消费品工业的主导地位。在后期阶段或高级阶段（人均 1120—2100 美元），资本品工业比消费品工业以更快的速度增长，并逐步取代后者而居于主导地位。德国经济学家霍夫曼通过对各国工业化过程中消费品和资本品工业相对地位变化的统计分析也得出了相同的结论。他认为，各国工业化无论开始于何时，一般都具有相同的趋势，即在最初阶段，消费品工业占优势；在第二阶段，资本品工业迅速发展，消费品工业优势地位下降；在第三阶段，消费品工业与资本品工业达到平衡，出现后者增长速度快于前者的发展趋势。[①]

山东省的经济发展水平在现代化进程中应处于哪个阶段？对此我们应有一个基本的判断。一般来说，对一个国家或地区工业化发展水平的判断，可以借助几个变量指标加衡量。这些指标主要有人均国民生产总值（GNP）、部门结构、就业结构、资本存量结构、城市化水平等。城市化水平虽然不是一个经济指标，但它同工业化一样反映着一个国家或地区的现代化水平。

（1）人均 GNP 指标。该指标是衡量工业化发展阶段的最重要的指标。根据世界银行的测算，1998 年，中国的人均 GNP 达到 750 美元，具有工业化中期阶段的典型特征。在工业化的三个时期中，从 280 美元到 560 美元为工业化初期，从 560 美元到 1120 美元为工业化中期，超过 1120 美元直到 2100 美元为工业化后期。山东省 1999 年人均国内生产总值为 8625

---

① 霍夫曼：《工业经济的增长》，1985 年英文版，第 57—77 页。

元，折合美元（按当年汇率）1043 美元，仍处在工业化的中期阶段。

（2）部门结构指标。1999 年，山东国内生产总值（GDP）的结构为：第一产业占 15.9%；第二产业占 48.4%。（其中制造业占 42.4%）；服务业占 35.7%。与标准模式相比，这个比例反映出农业和服务业的份额基本上与工业化的中期阶段相对应，而制造业的份额已处于工业化的后期和发达经济阶段。

（3）就业结构指标。1999 年，山东农业劳动力在社会劳动力总数中所占的份额为 44.4%，第二产业（包括采掘业、制造业、建筑业等）的就业份额为 22.7%；第三产业的就业份额为 32.9%。与标准模式相对照，第一产业的就业份额尚处于从工业化初期向中期过渡阶段，第二产业的就业份额则已进入工业化后期阶段，二者出现明显的不均衡状态。第三产业的就业份额则符合工业化中期阶段的标准。

（4）资本存量结构指标。我省的资本存量结构严重向工业倾斜，1999 年，山东省固定资产投资第二产业的份额达到 44%，比标准模式的工业化末期的份额还要高，这说明长期以来我们重视工业的发展。但农业的固定资产投资份额则仅占不到 1%（不含农村集体投资和私人投资），即使加上农村集体和私人投资，也少得可怜，这说明国家对农业的投资还不够重视。

（5）城市化水平指标。1999 年，山东省的城镇化水平达到 36%，比全国高 6 个百分点，但与山东的工业化水平相比，还存在着明显差距。按照测算，① 在人均 GNP 达到 1000 美元左右，制造业份额达到 30% 以上，相对应的城市化水平应在 60% 左右，而目前山东的城市化水平则仍停留在工业化初期阶段。

从上述各项指标的基本数据可以看出，依据山东的人均 GDP 水平和经济发展水平，将山东的工业化定位于中期阶段，即 560 美元到 1120 美元的工业化的第二个时期，是比较合理的。但是也应看到，山东的工业化进程与标准模式相对照很难一一对应。最为突出的一方面是从工业发展水平和在 GDP 中所占的份额来看，山东似乎已超越了工业化的中期阶段，

---

① 按照钱纳里的计算，当人均收入超过 500 美元（1964 年美元），城市人口就应当在总人口中占主导地位，即城市化水平达到 50%；超过 700 美元时，工业中雇佣的劳动力超过农业。

达到了工业化的后期阶段甚至更高的阶段；另一方面从就业结构和城市化水平来看，山东的工业化似乎还刚刚进入起步阶段，距标准模式的工业化中期阶段还有一定距离。

1.2　山东的城市化与工业化水平的偏差

根据以上分析，山东的工业化与城市化水平实际上存在着很大的偏差。按照钱纳里对发达国家和发展中国家工业化与城市化发展进程的对比研究，城市化是伴随着工业化过程而发生的现象。在工业化初期，城市化就已超过工业化，随后就明显地高于工业化水平了，这是各国城市化与工业化发展的一般规律。以他给出的世界发展模型为例，在低收入区内，城市化率已超过工业化率，但差异不大，但在人均 GNP 大于 300 美元以后，则城市化率明显高于工业化率（见图1—2）：

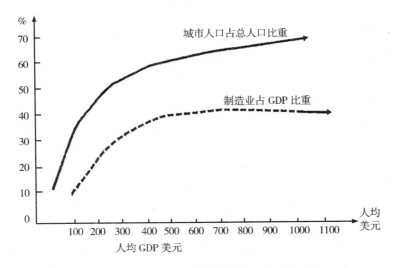

图1—2　发展中国家城市化率与工业化率比较
（根据钱纳里世界发展模型）

然而，用这一模型对照山东省的城市化和工业化发展，则可以发现，山东在人均 GDP100 美元到 1000 美元期间的城市化与工业化的发展轨迹与标准模型截然相反：世界发展标准模型中城市化率的曲线始终在工业化率的上面；而山东此发展模型中城市化的曲线始终在工业化的下面（见图1—3）：

按照工业化和城市化发展的一般规律，伴随着工业化和城市化水平的

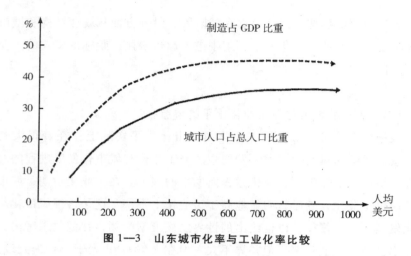

图1—3　山东城市化率与工业化率比较

提高，劳动力在三次产业的就业份额呈现出不同的发展趋势。即第一产业由最初的70%以上到人均1000美元时就业份额下降到25%左右，这是一个最明显的变化。第二、三产业的就业份额则呈现出明显的上升趋势，即由最初的10%以下和20%左右上升至人均1000美元时的35%和45%左右。第一产业的就业份额的迅速减少是城市化水平提高的重要条件。根据钱纳里的多国模型，可以看出城市化发展与第一产业就业份额的变化曲线（见图1—4）：

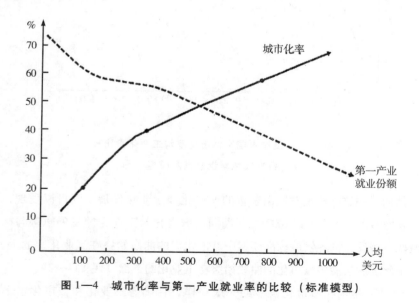

图1—4　城市化率与第一产业就业率的比较（标准模型）

　　然而，用这一模型对照山东省的城市化发展和农村剩余劳动力的转移情况，则可以发现其明显的差别。即标准模型在人均400美元时，第一产业的就业份额已降到50%以下，城市化率接近50%，两条曲线相交；而山东目前人均GDP已超过1000美元，第一产业的就业份额仍高达44.4%，而城市化率仅36%，两条曲线尚未能相交，由此反映了我省农村剩余劳动率转移的缓慢（见图1—5）：

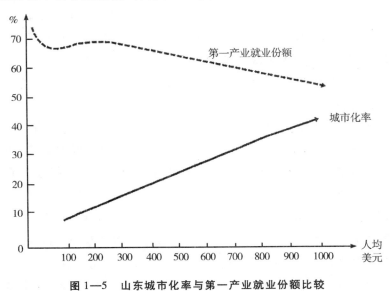

图1—5　山东城市化率与第一产业就业份额比较

1.3　我省城市化滞后的主要原因和危害

　　山东的城市化滞后于工业化，与整个国家的工业化道路的选择和各项制度安排密切相关，与全国的城市化滞后于工业化的状况是一致的。因此，山东的城市化滞后，并非山东自身发展战略和制度安排的失误，而是可以从全国经济社会发展的轨迹中找到原因。

　　我国城市化严重滞后局面的形成，既有资源性约束，也有体制性约束；既有发展战略方面的原因，也有体制改革滞后的原因。在建国后的前30年时间里，我国国民收入中的农业比重由68.4%降到32.8%，下降了35.6%个百分点，而同期城市化水平由1949年的10.6%上升到1978年的17.9%，仅增加了7.3个百分点，城市人口年均上升不到0.25个百分点，城市化速度之慢为各国工业化过程中所罕见。这一阶段我国城市化滞后的主要原因是：第一，为实现"国家工业化"的目标，我国采取了重工业优先发展的战略。由于当时的国际封锁和物质与资本的匮乏，国家只能用低价统购农产品和工农业价格"剪刀差"的手段来支撑工业化。由于重工业所需劳动力有限和就业所需资本的短缺，国家必须采取对农民进入城市的限制。第二，60 年代初期的天灾人祸，出现了农产品供给严重不足的状况，只有通过控制城市人口并压低农民消费水平才能保证城市居民的基本供给。第三，国家当时以生产建设为中心，对城市基础设施建设投入有限，城市无法容纳更多的人口。第四，从 1958 年起，国家制定了严格的户籍管理制度，阻断了城乡居民之间的自由迁移和流动。

发端于 20 世纪 70 年代末期的农村改革，使我国农业生产力得到了迅速发展，为我国农村工业化的起步，积累了资金，创造了条件。从 80 年代初期开始，先沿海后内陆，我国乡镇工业异军突起，带动了整个国民经济的高速增长，吸纳了大批农业剩余劳动力，为改变农村贫穷落后的面貌做出了不可磨灭的贡献。然而，我国的乡镇企业 98% 以上都办在了乡村，它的一个重要特点就是农民"离土不离乡，进厂不进城"。也就是说，进厂的农民虽然职业角色有了改变，但由户籍所标明的身份地位，由兼营农业和居住地不变所形成的传统生活方式并没有根本性改变。我国农村的工业化并未带来农村人口的城市化，造成了农村工业化与城市化的明显偏离。到 1998 年，我国城镇人口占总人口的比重约 30%，比世界城市化平均水平仍低近 20 个百分点。

改革开放以来我国农村人口城市化的速度虽然明显高于前 30 年，但由于计划经济体制的惯性作用，城市化滞后的状况仍然没得到根本性改变。与前 30 年不同的是，这一时期体制的约束因素取代了资源的约束因素上升到主要地位。所谓体制约束因素，是指第一，户籍制度仍然没有大的松动。1984 年国家虽然提出允许农民自理口粮进入小城镇，但效果不明显。城乡居民的自由迁移仍受到严格限制，进城打工的农民无法融入市民社会。第二，就业制度的约束。在计划体制下由国家对城镇人口就业全包下来的体制，排拒了农民进城就业。城里人的"铁饭碗"与农民临时工的"泥饭碗"形成鲜明对比。第三，由国家对城市居民进行财政补贴的商品粮、住房等体制没有改变。在计划体制和城市职工低工资下建立起来的商品粮、住房、医疗及其他福利制度，使得城市人口的增加就意味着政府财政支出的增加，从而必须对城市人严格限制。近年来，虽然这些制度有所松动。但农民进城的成本仍然居高不下，农村人口的城市化仍然存着诸多障碍，这正是造成我国和我省城乡分割的二元经济社会结构长期存在的主要原因。

农民收入低从而农村市场的萎缩已严重影响到整个国民经济的发展。目前，在我国国民收入还比较低，大量低效率的农村剩余劳动力尚未转移出来的条件下，工业品和生产能力已出现了过剩现象，从而投资需求和消费需求不足，经济增长乏力，中国实现现代化的任务更加艰巨。大批人口滞留于农村，使人均耕地等自然资源严重短缺，农业劳动生产率难以提高，从而农民收入低的问题又无法从根本上解决，这就形成了一种恶性循环。应当看到，在我们这样一个农村人口仍占 2/3 以上的大国里，没有农民的现代化和农村人口的城市化，中国的现代化就没有希望。减少农民，正是中国从传统社会向现代化社会转型所要跨过的最巨大、最艰难的门坎。

2　城市化发展的一般规律与特点

2.1　城市化发展的一般规律

从全球范围来看，各国城市化发展的阶段不同，发展水平也不平衡。但城市化作为由传统落后的乡村社会转变为现代先进的城市社会的自然历史过程，有其自身的一般规律。根据学术界的研究，世界城市化进程一般存在三大规律。

（1）城市化的阶段性发展规律。根据多数国家城市化发展过程的分析，城市化演进呈现出"缓慢——加速——缓慢"的阶段性特征。以英国城市化发展进程曲线为例，它反映了城市进程要经过兴起、加快发展和成熟稳步发展三个阶段，在发生兴起阶段，城市化进展缓慢。当城市化水平达到 20% 以后，城市化进展呈加快趋势，在较短的时间内（通常几十年）使城市化水平得到快速提高。当城市化人口超过 70% 以后，变化速度又趋减缓，最终稳定在 80—90% 之间。从而展现了城市化发展的阶段性规律。

（2）大城市超先增长规律。城市化加速发展阶段，同时也是大城市超先增长的阶段；而大城市超先增长，又成为城市化加速发展的重大推动力。从大城市的数量来看，从 1900—1980 年间，全世界 50 万人口以上的大城市增长了 8.7 倍，而其中 250 万至 1000 万人口的大城市增长了 20 倍。从大城市的外延增长看，大城市带和大城市群人口的增长成为显著特点，以一个大城市或几个大城市为中心，不断向外延伸城市地域。

（3）城市化与经济发展的双向互促规律。从城市化的历史来看，现代工业的兴起和发展，为城市化打下了坚实的物质技术基础和社会基础，工业化是城市化的发动机。而城市化的推进和提高，又为工业化的发展提供了便捷的服务、广阔的市场、充裕的劳动力，从而提高了工业的劳动生产率，促进了产业结构的升级和整个社会经济的发展。

2.2 发达国家城市化发展的基本特点

发达国家的城市化起步于 18 世纪 60 年代的英国产业革命，经历了 100 多年的发展，其城市化水平已平均达 80% 以上，其中比利时高达 97%，产业革命与城市化的发源地英国仍高达 92%，荷兰为 88%，联邦德国、澳大利亚与丹麦均为 86%。可以说，绝大多数发达国家的城市化，已基本走完了其兴起、发展和成熟的历程，进入了自我完善阶段。尽管各国城市化的起点、发展方式和达到高度发达所花费的时间都有所不同，比如，英国从 1801 年的 26% 发展到 72% 仅用了 90 年，而法国由 1851 年的 25.5% 发展到 72% 却用了 120 年。美国虽然起步较晚，但从 1870 年的 25.7% 发展到 70% 却比法国提前 10 年，也只用了 90 年，最快的是日本，从 1930 年的 24% 发展到 72% 只用了短短的 40 年。但从总体来看，其城市化进程的历程与特点，在很大程度上代表了世界城市化的总体发展趋势。

第一，发达国家城市化的历史前提是政治上独立的资本主义商品经济。发达国家城市化都起源于工业革命，其历史前提是典型的资本主义商品经济制度，除个别国家外，大部分未遭受殖民主义统治，而且，相当一部分国家都曾经是殖民主义者。比如英国、法国、比利时、荷兰、意大利、日本、美国等国家在"二战"前都曾拥有大量的殖民地。显然，这一历史起点对发达资本主义国家的工业化和城市化所产生的影响是十分重大的，是发达资本主义国家城市化起步早、发展快、成效显著的重要原因。一方面，工业革命和由此而带来的高度发达的资本主义商品经济，使城市的聚集功能日益强化，向城市集中资本、劳力、技术、资源等生产要素成为大势所趋，因此，城市化进程加速就成为历史的必然；另一方面，随着国内的市场饱和、资源短缺，必然要对世界市场和国外资源产生强烈的需求，因此，便产生了对外的领土扩张、资本输出和资源掠夺，这无疑为发达资本主义国家城市化进程的加速，提供了比发展中国家更为优厚的资源储备和发展空间。

第二，发达国家城市化的基本动力是收益最大化。价值规律是左右发达国家城市化进程的基本规律之一。所谓城市引力或城市对各种生产要素的聚集功能，说到底，是价值规律在起作用，因为，无论是资本还是劳动力向城市的大量流动，其内在的驱动力都是争取收益的最大化（当然，这不包括西方国家在工业化和城市化早期对农民的剥夺和驱赶）。在发达国家，使收益最大化成为城市化基本动力的决定性因素有两个：一是人权，二是资本。在资本主义国家中，人权的确立，使人们彻底摆脱了封建制度的人身依附，获得了自由，尽管是"自由得一无所有"，但这为劳动力能够在全社会自由流动，进而也为城市化提供了至关重要的先决条件，因为只有这样，才可能使大量的农村劳动力得以在比较效益的驱动下自由地流入城市，从而形成城市对农村劳动力和人口的无障碍引力。资本的本性或天赋特权是等量资本必须获得等量利润。因此，在发达的资本主义国家，资本可以在价值规律的作用下自由流转，即资本可以为追求超额利润而不断从乡村向城市聚集，因为城市的产业结构、分工水平、聚集功能和由此而产生的规模效益，可以使等量资本在城市获取比乡村高得多的利润。而正是这种劳力和资本向城市的无障碍聚集，促使了发达国家城市化的快速发展。

第三，发达国家城市化与经济发展同步。发达国家的城市人口比重的提高与人均国民民生产总值的增加，呈十分密切的正相关关系。凡是人均国民生产总值高的国家，城市化水平也比较高。而这些国家一般都是发达国家。从发达国家城市化发展过程上看，英、美、法、日等国家城市人口比重的提高与人均国民生产总值的增加基本上也是同步的，只是在城市化水平超过70%以后，城市人口比重提高的速度开始减缓，这种密切相关关系才开始减弱。发达国家城市化与经济发展同步，还表现为城市化率与工业化率呈密切的正相关关系。即发达国家城市人口占总人口比重的提高与从事二、三产业的人数占总就业人数比重的提高是密切相关的。据专家测算，发达国家 1820 年至 1950 年工业化与城市化的相关系数为 + 0.997，1841—1931 年，英格兰和威尔士的工业化与城市化的相关系数为 + 0.985，1866—1946 年，法国的工业化与城市化的相关系数为 + 0.970，1870—1940 年，瑞典的工业化与城市化的相关系数为 + 0.967。最典型的是美国，自 1790 年到 1950 年长达 160 年的时间，其城市化率与工业化率的变动曲线，几乎是两条平等上升的曲线。

需要特别指出的是，发达国家在后工业化阶段，工业的就业比例就呈现稳定甚至有所下降的态势，一般在 30%—40% 左右。这时，农业劳动力向城市的转移主要靠第三产业的发展。或者说，这一时期发达国家城市化率的提高与第三产业的发展也是密切相关的。据世界银行《1982 年世界发展报告》，1960—1980 年，发达国家的城市人口比重由 68% 增长到 78%，同期，第三产业就业人数比重由 44% 增加到 56%，第三产业的产值比重则由 54% 提高到 62%。

第四，发达国家城市病问题呈逐步好转趋势。城市病问题是城市化发展过程中出现的诸如交通拥挤、住宅紧张、环境污染、社会秩序混乱、失业和犯罪率高等被称为"城市病"的社会现象。发达国家的城市化是工业化过程中自然发生的一种现象和结果，因此其城市化过程几乎无一例外地遭受了这种种病痛的袭击和折磨。从发达国家城市化进程看，一般在城市化率达到或超过 50% 左右时城市病表现得最为突出，这主要由五方面因素决定：1. 城市化水平达到 50% 左右，标志着传统的乡村社会开始进入城市社会，这时的经济社会机制正处在新旧交替之际，对新出现的矛盾问题尚无妥善解决的能力；2. 管理者的管理观念、手段和行为方式还在较大程度上受传统的乡村社会影响，没有发生根本转型，对管理对象往往束手无策；3. 城市化作为使人类社会由农村社会转变为城市社会的一种综合性运行机制，其作用的重点因阶段而异。从效益的角度看，当城市化达到 50% 以前，全社会的目标都集中在经济效益方面，生态效益和社会效益往往被忽略，甚至以牺牲生态和社会效益来谋求经济效益；4. 在城市化达到 50% 以前，整个社会的经济实力还不足以支付生态和社会效益的高昂成本，同时，人们对经济、生态、社会效益相辅相成的关系还缺乏清晰的认识，因此也不愿以经济效益为代价，来换取必要的生态效益和社会效益；5. 城市化水平的提高，比如达到50%以上，人们随着经济收入的增长和对生活质量要求的提高，就会在心理感觉上扩张城市病的感应程度。当城市化达到70%以上时，上述现象与问题就会逐步得到根本改变，特别是信息技术革命的到来，在交通、通讯、生态保护等多方面为减轻工业化、城市化带来的诸多生态与环境问题提供了技术上的可能，因而城市病会明显好转。

但从目前的情况看，发达国家城市化仍面临三方面的突出问题：一是过度郊区化，一些西方学者称之为"逆城市化"。虽然这能刺激交通、服务产业的发展，但其过度发展所引起的一系列经济社会问题，诸如加大城市化成本、动摇城市经济基础、交通问题、生态环境恶化问题等等，都对城市化产生极为不利的影响；二是城市人口出生率降低，甚至出现负增长。三是人口老龄化，从发展趋势看，这将是一个世界性问题，但首当其冲的是发达国家，而且已经给发达国家城市化带来了一系列消极后果。如劳动力与科技人员日益短缺和老化，政府用于老龄人口的财政支出不断增加，老年人就业困难和晚景孤寂等等。

第五，一批大都市带和都市区逐步形成。由于现代信息与交通技术产业的飞速发展，发达国家城市化的发展方式出现了新的变化，即城市规模的扩大靠地理位置相近的大中小城市连接，形成了一批大都市带或都市区。这种大都市带（区）的形成，使城市的集中和辐射速度、效率要增加十倍、百倍。目前发达国家主要的大都市带（区）有美国东北部大西洋沿岸自波士顿经纽约至华盛顿都市带；美国沿五大湖都市带；日本东京至九洲太平洋沿岸都市带；西德鲁尔区都市带；英国以伦敦为中心的英格兰南部都市带等等。这些都市带（区）以较快的速度形成相当大的城市规模，以较小的国土面积，集中了相当大量的城市人口。最为典型的是日本，据日本1980年10月的《国情调查》，全国60%的人口居住在3%的国土上，其中又有60%的人口集中在仅占国土面积1%的东京等三大城市。1960—1980年间，日本人口密集区约增加3000万人口，其中三大城市就增加了2000万人。而且，这种趋势有增无减。

2.3　山东城市化发展的国际比较和个性特征

目前，我省城市化水平约为38%，从数字上看已经走出起步阶段，开始进入城市化快速发展时期。但与发达国家城市化同期发展情况相比较，除了在城市引力、乡村推力、产业集聚、产业结构演进、技术进步等方面程度不同地呈现共性发展规律以外，主要还有这样一些个性特征：

第一，城市化滞后于工业化。按经济社会发展的正常规律，工业化时期，城市化应当与工业化同步，甚至超过工业化的发展速度。但基于种种历史与现实的原因，我省城市化的发展大大滞后于工业化。与全国一样，经过数十年的发展，我省工业化程度已经达到世界中等收入国家的水平，但城市化却低于发展中国家的平均水平。据统计，2000年全省工业化水平为44%，高于城市化水平6个百分点，其中，比较发达的济南、青岛、烟台、淄博、潍坊、威海、东营等7市1999年工业化水平为52.3%，城市化水平为48.5%，其他10个地市工业化水平为47.7%，城市化水平仅为29%。而在城市化发展进程最快的日本，1947—1957年工业化水平由28%提高到36%，城市化水平则由28%提高到57%。城市化滞后，不仅直接影响工业化进程，同时也严重影响第三产业乃至城乡经济与社会的正常、快速发展。

第二，城市化发展动力机制不是完全的利益驱动。城市化是人类社会与经济发展到一定阶段的产物，但不同国家和地区在经济社会发展的不同阶段，其城市化发展的动力机制呈现出诸多不同的特质。与全国一样，山东城市化发展的动力机制与发达国家最根本的区别在于其不是完全的利益驱动，而是政治驱动为主。主要表现：其一，行政中心的辐射效应。新中国成立后，我国实行的是中央集权的计划经济体制，政府对经济建设具有绝对的控制权，资源配置完全按国家政府的指令性计划，因此，资金、技术、产业等，大多按计划配置在政府便于控制和管理的周边地区，从而使行政中心城市的发展无论在人口规模、经济规模还是社会服务功能方面均出现乘数效应。同时，城市化的速度、水平还因行政级别的不同而呈现出相应的差异，我省的青岛、威海、莱芜等市，因地方行政级别和隶属关系的改变，在城市化方面引起的相关效应是有目共睹的。同理，一个地方行政中心的迁移，对迁出地的相对衰落和迁入地的快速发展效应，也是显而易见的，古代有东京、长安、北京等都市的兴衰；现代有南京与北京的沉浮；时至今日，河北的保定和石家庄，我省的莱阳和烟台，也很能说明问题。其二，国家政策的决定效应。政策对每一个国家城市化的发展都产生直接或间接的影响，在中国这样一个中央集权国家，政策对城市化的影响力是巨大的。新中国成立以来，最直接对城市化发展产生重大影响的政策之一是户籍政策，这项意在加速我国工业化的政策，使城乡之间人为地设置了人口按经济规律流动的壁垒，直接造成了城市化滞后于工业化的反规律现象；之二是设立市、镇的标准，这项政策的变化，使城市化水平出现统计数字上的人为变动，甚至出现城市化水平的虚假膨胀，比如有研究认为，1978 年以来，中国城市化进程加快，主要是通过"整县改市"、"撤乡设镇"增加城市数量，而不是通过人口进入城市实现的；之三是特区政策，这不仅创造出深圳那样仅用 10 几年的时间，就把一个小渔村发展成为 200 万人口的现代化大城市的世界奇迹，同时，也使上海、珠江以及我省的青岛等诸多沿海城市出现超常速的发展。其三，制度空间的影响效应。随着我国经济体制的不断转换，市场经济这只看不见的手正在逐步进入我们的经济社会，并在越来越多的空间和领域，与政治机制一起左右资源的配置。因此，利益最大化的驱动机制在推动城市化进程中的作用，也在这个空间中逐渐得到强化。这种利益驱动的强弱程度和强化速度，几乎完全取决于制度空间的大小和其完善的速度。比如城市对人才、资本、技术等要素的引力机制，一视同仁的公平竞争环境、宽松有利的产业发展政策，公正合理的农村人口进城的机会成本，等等。显然，在这些方面的制度还没有为利益驱动准备好足够的空间。

第三，中心城市综合实力不强。城市化不仅仅是人口和建筑物的简单聚集，而是人类社会和经济发展的一个相互作用的重要过程和结果。由于计划经济体制、二元经济结构等历史原因，我们不仅失去了城市化与工业化同步发展的历史机遇，同时，也失掉了城市化对整个经济发展的拉动能力。我省虽有济南、青岛等这样一些中心城市，并且已开始形成山东半岛城市群，成为全国五大城市群之一，但城市功能尤其是对区域经济的拉动作用，不仅无法与发达国家相比，与国内其他城市群相此也远不能及，特别是济南、青岛城市功能发育还很不充分，与省外同类主要城市相比，无论是经济指标还是基础设施，大多处于中下水平。同时，区域产业布局雷同，分工不合理，市地产业结构相似系数在 90% 以上，而且产业层次大多不高，"大而全"、"小而全"的现象严重，互补性差，据有关部门测算，1997 年 50% 以上的产品生产能力利用率在 60% 以下。再加上第三产业发育不全，城市门槛太高，城市下岗人员增加等因素，使城市对要素的引力和容量都大打折扣。第四，小城镇规模偏小，经济功能较弱。与发达国家小城镇形成的历史动因和发展机制不同，我省小城镇规模过小，且多以政府功能而不是经济功能为主，虽然在20世纪80年代末至90年代初，曾因乡镇企业的迅猛崛起而被视为我国农村城市化的有效途径，但多数因规划布局不合理、产业结构低水平重复以及经济体制和管理方式等方面的问题，而未能达到预期效果。有关专家指出，城镇人口规模若低于5万人，则形不成对第三产业发育发展的需求，其容纳农村转移人口的能力就会很弱，同时，城镇过度分散，还会因低水平重复投资建设而加大城市化的机会成本和减缓城市化的发展速度。

3　建国以来我省农村人口转移的概况、特点与城乡发展的互动关系

随着经济发展和工业化水平的提高，农村人口发生产业转移和空间转移，城市化水平提高，这是由传统社会向现代化演进的客观规律。新中国建国以来，特别是20世纪80年代后，山东省农村人口也表现出较高的流动性，转移人口的数量、构成、方向都较建国前发生了较大变化。农村人口转移表现为两种形式：第一种是结构性转移，即由于一些政策、指令等结构性因素所导致的农村人口转移到城镇，如建制镇政策导致城镇范围内非农业劳动人口的比重不断上升；第二种形式是自然性转移，指农村人口出于经济等各方面的要求，自发形成的地域转移。这里我们将结合有关资料，纵向梳理建国以来山东省农村人口转移的概况，以探讨农村人口转移的经济、社会、文化等原因以及农村人口转移对城乡关系的影响，从而探讨农村人口转移的动力机制和基本规律。

3.1　建国以来我省农村人口转移的基本概况

农村人口的转移与城镇化水平呈正相关关系。农村人口转移的规模、数量、结构等因素可反映出一个地区的城镇化水平。故通过考察城镇化水平也可间接地考察农村人口向城镇的转移状况。

建国50多年来，山东省城镇化水平的变化较大，在国内已达到了较

高的城镇化水平。山东城市数量由建国初的几个增加到了 1998 年的 48 个；城镇人口由 1949 年的 299 万人增至 1998 年的 4958.7 万人，年均增长大大高于总人口增长速度（1949—1990 年年均递增 1.52%）。1998 年建制镇个数达 1391 个，比 1985 年增长 73.9%。市区非农业人口 100 万以上的特大城市有 3 个，50—100 万人的大城市 5 个，20—50 万人的中等城市 19 个，20 万以下的小城市有 21 个。城镇化水平已从 1949 年的 6.6%，提高到了目前的 38%，高于全国的平均水平（全国为 30.6%）。

尽管我省的人口城镇化水平提高显著，但是其中却经历了一个曲折的发展过程，城镇化水平的变化具有明显的阶段性。

（1）城镇化迅速发展时期（1949—1960 年）。建国初期，从 1949 年至 1957 年，城镇人口由 299 万人增至 536.7 万人，年平均增长率为 7.59%，是总人口年平均增长率的 3.5 倍。特别是 1958 年后，由于"大跃进"、"大炼钢铁"等经济建设上的大运动及新建城市等原因，市镇人口增加迅猛。三年间，新设城市 3 座，城镇人口增加了 1 倍多。仅 1958 年，全民所有制职工就增加了 147.87 万人，结果形成了这一时期市镇人口盲目增长的局面。

（2）城镇化逆向发展时期（1961—1966 年）。这时期由于贯彻执行了"调整、巩固、充实、提高"的八字方针，大力精简城市人口。从而出现了城镇人口的第一次回流，城镇化水平由 1960 年的 24.75% 回落到 1966 年的 11.40%。

（3）城镇化停滞时期（1967 年至 70 年代末）。在"文化大革命"前期，由于提倡知识青年"上山下乡"等运动，城镇化又出现逆向发展。到 1971 年后，市镇人口才开始缓慢回升，城镇化率由 11.40% 上升到了 70 年代末的 13% 左右。

（4）城镇化调整发展时期（80 年代初至 90 年代初）。在改革开放初期，传统的城乡二元结构并未发生根本改变。国家仍然严格控制农村劳动力进城做工，城乡人口流动率较低。但这时期由于主要推行了发展"小城镇"和乡镇企业的政策，故小城镇人口发展迅速。如乡镇企业个数 1982 年为 21.85 万个，1990 年增加到了 143.59 万个。农村中从事非农产业的人员比重由 9.61% 提高到了 25.1%。①

---

① 《跨世纪的中国人口》（山东卷），中国统计出版社 1994 年版，第 184 页。

（5）城镇化发展新时期（90年代以来）。

90年代后，随着改革的深入，我国经济又进入高速发展，非农产业吸纳劳动力的能力提高。同时国家放宽了户口限制，进一步调整了城乡关系政策。因此出现了大量的农村流动人口，城乡人口流动活跃起来（见图3—1）。

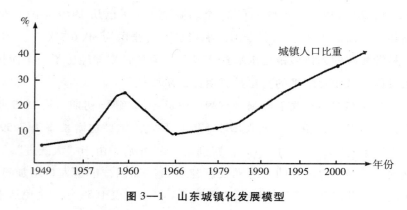

图3—1　山东城镇化发展模型

3.2　山东农村人口转移的基本特点

综观我省建国以来农村人口转移的基本情况，可以总结出如下一些基本特征：

第一，农村人口转移以政策推动型为主，人口转移由波动逐渐趋向稳定。

西方国家城市化的发展主要是一种自然而然的过程，先是农业发展，为城市化准备条件，然后城市发展，城市化水平逐步提高。而中国的城市化的发展受各种社会、政治、经济发展等因素的影响，故具有明显的政策性、被动性特征。所以人口转移具有起伏性。

尤其是在1978年以前，整个社会处于动荡阶段，这种特点很明显。当时为维护社会稳定、进行社会控制、减少农村人口向城镇的转移，国家制定了一系列政策。如1958年1月全国人大常委会通过并颁布的《中华人民共和国户口登记条例》，规定我国全面运用户籍管理控制人口转移，控制农业人口转变为非农业人口。同时政府又陆续做出了控制人口转移的与户籍制度相配套的政策，如统购统销制度、城市用工制度等，进一步造成城乡的分割与对立。

业收入已成为农民收入增长的主动力。

3. 收入形态由实物型向现金型转变，现金收入所占比重提高。农民收入从形态看，可分为现金纯收入和实物纯收入。人民公社体制下，农民参加生产队劳动记工分，按出工多少和人口数量分配粮食，如果年终有节余，可分得少量现金，农民的收获基本是粮食等实物。改革开放以后，随着城乡市场的活跃，农民生产的粮、棉、油、蔬菜、水果、生猪、禽业等农产品大部分拿到市场上出售，农产品商品率大幅度提高，农民现金收入明显增加。1991 年全省农民人均收入为 809 元，其中以现金形态得到的收入为 286.7 元，占 35.5%。近几年随着农民工资性收入和财产性、转移性收入的增加，农民现金收入增长更快，农民收入形态已变为以现金为主。2000 年，在农民人均纯收入中，现金纯收入的比重达到 78.4%，比 1995 年提高 16.1 个百分点。

4. 收入由均衡增长向非均衡增长转变，农户间收入差距拉大。我省农民收入在总体水平提高的同时，其内部差异也呈扩大趋势。反映居民收入分配差异程度的基尼系数，在 20 世纪 80 年代初期只有 0.2，1993 年以后超过 0.3，九十年代末扩大到 0.4。按照国际标准，我省农民收入已经进入绝对不平均区间。造成这种差异的原因是农民增收不平衡，以非农产业为主的农户收入较高且增长较快，以农业为主的农户收入较低且增长较慢，部分纯种粮食的农户甚至收入下降。据一项入户调查资料显示，2001 年邹平县好生镇山旺村 8 户农民中，3 个经营工商业和外出打工的户年人均纯收入分别为 26870 元、5180 元和 5095 元，平均为 12382 元；2 个既搞种植又搞养殖的户分别为 3070 元、1920 元，平均为 2495 元；3 个纯种地的户分别为 965 元、816 元和 599 元，平均为 793 元。三种不同类型农民的平均收入之比为 15.6∶3.1∶1，收入差距明显。

（三）当前农民增收面临的主要困难

1. 农产品价格难提高。改革开放以来，特别是进入 90 年代以后，国家多次调高粮食、棉花收购价格，对解决农产品供求矛盾，增加农民收入发挥了积极作用。据测算，"八五"期间，粮食及主要农产品价格提高对农民收入增长的贡献率为 60% 左右。近几年，多数农产品价格已经接近或超过国际市场价格，在激烈的市场竞争中，主要农产品价格开始回落，直接影响到农民收入增长。据统计，1997—2000 年间，我省农产品收购价格总指数下跌了 34.5%，因农产品价格下跌导致全省农民人均减收 225元。加入世贸组织后，国内外农产品的竞争将更加激烈，从国际农产品价格长期走势看，国内农产品价格的上升空间已经不大，有些竞争力不强的品种，价格还会进一步下降。

2. 农产品增产潜力有限，增产难增收。我省人多地少，随着经济发展和人口增加，人多地少的状况将进一步加剧。我省主要农作物单产水平已经居全国前列，在品种和技术没有明显突破的情况下，单产很难有大的提高。这决定了我省农产品总产量的增长潜力不大。我省农业是 70% 的人口生产给 30% 的人口消费，农产品消费的弹性系数又小，很难走出"一生产就多，一多价格就跌"的怪圈。即使某个时期产量增加，由于受市场需求的制约，仍然会增产不增收。

3. 开拓国内外市场的难度加大。加入世贸组织后，随着关税减让和市场的进一步开放，国外一些品质高的农产品进口会增加，农产品生产面临的竞争压力将加大。目前国内多数农产品技术含量低，品质不高，品种结构不合理，特别是小麦、玉米、大豆等几种比较敏感的农产品，进口的压力更大，市场竞争将更加激烈。

4. 乡镇企业效益普遍下滑，农民工资性收入难以增加。乡镇企业曾为解决农村劳动力就业，促进农民增收做出了巨大贡献。近些年来，受市场竞争的影响，乡镇企业效益普遍下滑，面临改制、重组或被淘汰的考验。为了生存和发展，乡镇企业纷纷采用资本和技术替代劳动力的方式，加快了企业技术进步和经济增长方式的转变，吸纳农村劳动力的能力明显减弱。"九五"中后期，全省原来在乡镇企业就业的农业劳动力减少近230 万人，仅此一项，降低农民收入近 120 亿元。有些乡镇企业尽管仍保留较多的人数，但是工人工资增加很少。目前，在城市企业用工基本饱和，农村个体私营经济没有长足发展的情况下，保持农民工资性收入持续增长的难度越来越大。

（四）农民增收难的原因分析

1. 农民人均占有资源短缺，农业劳动生产率低。我省人均占有耕地1.12 亩，平均每户只有三到五亩，农户经营规模小。这些土地在承包时，一般被分成互不相连的若干块；很难搞规模经营。同时大多数农民的家底不厚实，人均存款只有几千元，没有能力从事二三产业。对于大多数农民来说，要增加收入只有靠提高产出，但没有资源和投入的增加，产出便无从谈起。全省农业资源潜力十分有限，中低产田占耕地面积的70%，其中纯旱地占30%；水资源也很短缺，人均占有水资源350立方米，是全国平均水平的1/6，全省年降雨量仅有600多毫米，且旱涝不均，丰水年、缺水年农业灌溉缺水率分别为30%和50%。资源短缺与增加产出的矛盾将长期存在。

2. 农业产业化程度低，难以适应市场需求。现代市场竞争要求农业和农民有灵敏的市场反应能力、快捷的市场应变能力和较强的抵御风险能力。我省农业产业化水平虽然有了很大提高，但在有些方面还不适应市场的要求。一是对多样化的市场需求反应滞后。现代市场变化无常，机会稍纵即逝。由于大多数农民信息渠道不畅，生产往往跟不上市场的变化，造成农产品低水平过剩。二是农产品加工业落后，产业链条短，加工增值少。随着生活水平的提高，对农产品的需求不断升级，人们对原料型、粗加工农产品的需求减少，对加工制成品和优质产品的需求增加。由于农产品加工能力薄弱，加工的广度和深度不够，提供到市场上的农产品仍然以初级产品为主，科技含量低、附加值少。

3. 农民的组织化程度低，难以抗拒市场风险。农业生产经常要面对自然风险和市场风险的考验，农户一家一户经营，抵御风险的能力不强，必须靠利益机制连接起来。目前我省龙头企业数量少，规模小，对农民的带动力不强，农村中介服务组织发育得也不完善，还没有真正承担起组织农民的作用。

4. 农村剩余劳动力存量大，转移渠道狭窄。农业人口比重大，大量剩余劳动力滞留在土地上，是农民收入难以增加的根本性制约因素。从目前看，全省3600万农村劳动力，除乡镇企业就业1100多万人，农林牧渔业需要1000万人外，有1500万左右的农村劳动力处于隐性失业状态。目前我省工业化率为44%，城镇化率为38%。国外同等发展程度的国家和地区城市化率一般在50%左右。城市化滞后限制了第三产业的发展，大大影响了城市吸纳农村剩余劳动力的能力。"九五"以来，全省累计新增农村劳动力约为500万人，累计转移到非农产业的农村劳动力约为600万

人，净转移 100 万人，平均每年转移 20 万人。"十五"期间，我省新增
劳动力和剩余劳动力预计将达到 800 万人，平均每年需要转移的农村剩余
劳动力约为 160 万人。转移能力与待转移人数之间的巨大差异，在短时间
内很难改变，农村劳动力就业的问题将更加突出。

5. 农业亟须扶持保护，但缺少相应措施。农业是基础产业，农民是
弱势群体。从近几年的情况看，仅靠农民自身的力量来持续增加收入是不
够的，需要政府和社会各界的大力扶持帮助。加大对农业的支持和保护力
度，用工业资本扶持农村经济发展，帮助农民走向富裕，是新时期农民增
收的迫切要求。但从我省目前情况看，由于人口多，底子薄，负担重，城
市经济尽管积聚了一定实力，却还没有足够的实力支援农业。城市经济不
仅尚未对农村经济进行"反哺"，反而仍然靠剥夺农业和农村经济来支持
发展。综上所述，当前农民收入增长缓慢是农业和农村经济阶段性变化的
集中体现，是各种因素相互作用、各种矛盾相互运动的结果，是我国经济
和社会发展的必然。增加农民收入，必须多管齐下，综合施治，从解决制
约农民收入的深层次矛盾入手，从整个国民经济发展的全局考虑，在国际
经济一体化的大背景下，按照"三个代表"重要思想的要求，通过大力
发展农村生产力，调整城乡经济关系，不断提高农民的收入水平，促进全
省城乡经济平衡发展。

二　增加农民收入,促进山东城乡
经济平衡发展的总体思路

增加农民收入关系国民经济的全局，不能单纯从农业本身来考虑，应
放在更为广阔的背景下，特别是放在调整城乡关系的宏观背景下来思考。
从长远发展看，只有通过调整城乡关系，逐步解决长期存在的城乡二元结
构问题和城乡发展严重不平衡问题，才能从根本上解决农民收入问题。

（一）调整城乡关系是增加农民收入,促进城乡经济平衡发展的根本
性措施

任何一个国家要跨入现代化的行列，都必须大力推进工业化。新中国
建立初期，就明确提出了实现"国家工业化"的目标，并且动员全社会

的力量为之奋斗。那时，中国还是一个典型的农业大国，农业份额在国民经济中占到了65%以上，工业基础极其薄弱。在这种条件下，必然要农业部门为国家的工业化积累大量的资金。从20世纪50年代开始，国家采取了从农民手中低价统购农产品，再对城市居民和工业企业低价统销，用以维护城市工业的低工资和低原料成本，增加工业部门利润，集中起国家工业化的建设资金。这种积累模式，一方面，通过低价统购和工农业产品价格的"剪刀差"集中大量的资金、物资、劳力来支撑工业化，在一定程度上以牺牲农业为代价；另一方面，国家又实行了严格的城乡分割的户籍制度，把农民固定在农村，使他们无法直接分享工业化的成果。从20世纪70年代末开始的农村改革，极大地调动了农民生产的积极性，国家也多次提高了农产品收购价格，使得工农业产品的价格"剪刀差"一度缩小，农业生产大幅增长，农民收入有了较大提高。但80年代中期以后，随着改革重点向城市转移和我国工业化从初期阶段向中期阶段过渡，原有的计划经济体制模式向工业发展倾斜的惯性再一次表现出来，使国民经济出现了"工业过热、农业过冷"的反差。90年代以后，工农业发展不平衡和城乡关系发展不平衡的问题更加突出，城乡分割的二元经济社会结构虽然有一定松动，但基本格局仍然没有大的改变，主要表现在以下几个方面：

1. 农业部门长期为工业和城市发展积累资金，缺乏自我积累和发展的能力。我国目前从总体上看虽已进入工业化中期阶段，工业部门已经具备了自我积累和自我发展的能力，但由于传统体制的惯性作用，农业部门仍然承担着向工业和城市提供积累的责任。最突出的表现就是直到1995年，国家仍以低于市场价格大约30%—40%幅度征购粮棉，使农业部门的利益直接流失。另一方面，农用生产资料的涨价使价格"剪刀差"进一步扩大，农业生产成本提高。据专家估计，20世纪80年代以后，通过"剪刀差"等形式转移出去的农业剩余价值达到6000多亿元。农业自我积累和自我发展的动力受到影响。

2. 农业物质技术薄弱，难以适应国民经济发展的要求。长期以来，国家对工业实行倾斜政策，对农业投入严重不足，农田水利等基础设施失修、老化，抗灾能力很低。从国家支援农村生产支出和各项农业事业费支出看，1990年占财政总支出的7.2%，1995年下降到6.3%，2000年下降到 4.7%，呈逐步下滑的趋势。从我省支援农业的支出看，1981 年占地方财政支出的 11.2%，1986 年降至 7.3%，1991 年降至 4.6%，1996 年下降到 2.1%。近几年，我省的财政支农有所增长，2000 年上升到 6.7%，2001 年为 6.2%。但从实际支出看，农、林、水利、气象等部门的事业费支出占了一半以上，实际用于支援农业、农村生产的支出仅占地方财政支出的 3.2%。

3. 农民收入低、负担重，影响了生产和投入的积极性。从全国看，1989—1993 年，农民收入的年平均增长率只有 1.9%，1994 年粮棉收购价格大幅提高后，农民实际收入仅增长 5%。1999 年以后呈下滑趋势，近两年才有恢复性增长。从城乡居民的收入差距看，1984 年曾使城乡居民收入差距缩小为 1.7∶1。1985 年后，这个差距开始拉大，2000 年达到 2.79∶1。2001 年，我省城乡居民收入差距为 2.53∶1。农民种地一年的收入不及城市某些行业职工一个月的收入。同时，农民负担重的问题依然存在。据农业部的一项调查，近几年我国农民的实际负担在人均纯收入的 10% 以上，远高于国家规定。我省农民负担问题也比较突出。2000 年，全省从农民手中收取的各项农业税费和"三提五统"等超过 100 亿元。城市的各类公共设施支出和教育支出均来自财政拨款，而在农村，则是"人民道路人民修"、"人民教育人民办"，全部需要农民掏钱。"九五"期间，我省农民纯收入总计增加不足 700 亿元，而从农民身上拿走的税费则近 500 亿元，影响了农民生产和投入的积极性。

4. 农民消费水平低，农村市场容量小，工业发展受到制约。由于农民收入低，消费水平也低，对工业品的需求量小。近几年，除少数富裕地区的农村外，大多数农民的消费还只集中在食品和住房方面，尚未形成大规模的农民购买能力。据统计，占我省总人口近 70% 的农村人口，在全省社会消费品零售总额中的比重只占 30% 左右。农村市场活跃不起来，自然制约了工业的发展。

5. 农村剩余劳动力转移缓慢，农村城市化和现代化滞后。由于长期实行城乡分割的户籍政策，严格限制农村人口流入城市，大量的农村剩余劳动力只能就地向非农产业转移。"七五"时期，我国乡镇企业大发展，每年转移的农业劳动力 1000 万人左右。乡镇企业与小城镇建设结合起来，对于推进中国农村的工业化、城市化和现代化做出了巨大贡献。20 世

90 年代以来，乡镇企业转移农村剩余劳动力的速度明显减缓，"九五"期间，全国乡村两级企业固定资产平均每年增长 186.4%，每万元资产吸纳的就业人数却下降了 40%。对于农村 1.5 亿有待转移的剩余劳动力和每年农村新增的 1300 多万劳动力来说，这一转移速度明显缓慢。近几年来，由于城市对外来劳动力的政策限制，使农村剩余劳动力跨区域流动的就业成本上升，农村剩余劳动力跨区域流动的增长速度也在减缓，既影响了农民收入的提高，也影响了农村城市化和现代化的进程。

综上所述，可以看出城乡二元经济社会结构的存在以及城乡关系发展的不平衡，是农业效益低下、农民增收困难、农业发展缓慢的重要原因。因此必须对现有的城乡关系进行重大调整，逐步扭转城乡关系发展严重不平衡的现状，为增加农民收入，促进城乡经济协调增长创造空间。

（二）调整城乡关系必须与工业化、现代化同步并进

城乡关系的本质是工农关系。调整城乡关系，在很大程度上是调整工业与农业的关系，促进工农业协调发展。世界各国的工业化和现代化过程表明，没有农业为工业化过程提供资本积累和其他支持，工业化就难以成功，工业化和现代化的深入发展就是一句空话。只有工农业协调发展，城乡关系平衡发展，才能使国家的工业化和现代化顺利向前推进。

在工业化过程中，由于大量人口由农村转向城市，为这些人口提供粮食和其他副食品自然就由农业承担。研究表明，西方国家在产业革命的 40—60 年中，农业生产率一般增长了 40% 左右，说明农业增长与工业化的起步发展应是相辅相成的。尤其是在工业化初期，资本和劳动力由农业部门向工业部门转移，工业的发展需要大量的资本投资，仅靠自身的积累远远不够，必须依靠农业的积累。资本积累从农业部门向工业部门转移一般有两种方法：一种是依靠市场力量自动转移，即依靠农业与其他部门的商品交换；另一种是依靠政权力量的强制转移。即政府采取价格控制、间接税和直接税、工农业产品价格剪刀差、强制性低价收购农产品等手段，把农业剩余转到工业部门用于投资。这种方法虽然可以使工业化的速度大大加快，但也容易挫伤农民的积极性，使农业生产效率低下，积累减少，反而使工业化缺少后劲。劳动力转移是调整城乡关系的重要环节。工业化所需要的劳动力投入，主要依靠农业劳动力向城市转移，以补充工业劳动

力供给不足。同时，农业劳动力的转移必须以农业生产不下降为前提，以满足工业化所需要的大量农产品供给。

调整城乡关系的过程，也是发展商品经济和市场经济成长的过程。在这个过程中，工农业产品的交换是必不可少的。农村是国内工业品的重要市场，农民对农机、化肥、农药等农用生产资料和服装、家具、日用品等消费资料的需求，刺激了工业生产的扩张。同时，农民要购买工业品，就必须到市场上销售农产品，向非农业部门提供食品和原料等。随着工业化水平的提高和社会进步，一方面，农业技术进步和生产率提高以及农民生活水平的提高对工业品的需求日益扩大；另一方面，大批农业剩余劳动力转移到非农产业和城市，农业部门所提供的农副产品的需求也日益增多，农业对城市工业发展的作用更加突出，协调发展的意义尤显重要。

从世界范围看，许多国家在工业化起步时期，需要大量外汇从发达国家引进先进技术和设备，但由于工业化初期的产品相对落后，缺乏国际竞争力，靠工业品出口积累外汇十分困难。比较而言，农产品等初级产品则在国际贸易中具有优势地位。农产品不像工业品那样，在质量、品种等方面先进和落后的区分十分明显，只要通过增加土地面积和劳动就可以扩大产量，不需要大量的资本投资。这对于劳动力资源丰富而资本稀缺的发展中国家来说，以出口农产品等初级产品来换取外汇支持工业，是十分可行的发展战略。

城乡经济的协调发展，对整个经济和社会事业的可持续发展意义重大。随着工业化的发展，工业和人口逐步向城市聚集，工业废气、废水、废料排放和建筑、生活垃圾集中，导致城市污染严重，生态环境日益恶化。而农业生产则基本上没有污染，能够实现生态平衡，保持良好的生态环境。当工业化的发展使"城市病"日益突出时，农村便成为人们休憩、休养、旅游乃至生活的去处，这也是农业必须与工业化、现代化同步并进的选择。

应当指出，在工业化发展的初期阶段，农业为工业化起步所提供的资本积累、劳动力供给、食品与原料供给、外汇供给等十分重要。没有农业的同步增长，工业化的起步将非常困难。在工业化发展的中期阶段，由于工业自身已经有了一定的积累能力和出口创汇能力，产业结构逐步升级，工业就不能再单靠农业来提供积累和支持，而要给农业休养生息的机会，

20 世纪 80 年代以来，中国发生了深刻的变革，明确了以经济发展为导向，社会趋于稳定发展，同时户籍制度以及与其有关的政策有所松弛，一些新政策、规定的实行，导致农村人口转移呈平稳上升趋势。国家还调整了工业化战略，对农村乡镇企业采取了积极扶持的政策，农村工业迅速发展起来，开辟了农村剩余劳动力转移的新天地。国家对长期实行的严格限制农村人口向城市转移的户口迁移制度进行了相应调整。1986 年国务院又做出决定放宽建制镇的设置标准。这些调整促进了小城镇的兴起，推动了农村人口的转移。

第二，受传统计划体制和户籍制度的影响，人口迁移受到抑制。

我国由于长期实行计划经济体制，社会所形成的一个鲜明特点就是"城乡二元结构"。即通过行政手段"阻隔"城乡人口等各种生产要素的流动，而形成的一种城乡分割，划地为界，身份有别的社会状况。

与之相应的是，人口流动受到严格限制，城市发展水平滞后。如山东省 1952 年非农产业创造的国内生产总值所占比重是 34.2%，城市化水平是 6.9%。而到 1998 年，非农产业创造的国内生产总值所占比重上升到了 83%，城市化水平却只是 35%。由于我国长期以来实行的是一条"非城市化"的工业化道路，故城市化与工业化发展脱节。

长期实行的户籍制度也是一个重要阻碍因素。1958 年《条例》规定：公民由农村迁往城市，必须持有城市劳动部门的录用证明，学校的录取证明，或者城市户口登记机关的准予迁入的证明。严格限制农村人口向城市流动的户口迁移制度与计划经济下的粮油供应制度、劳动就业制度、社会福利制度结合在一起，形成一道坚固的防线。

第三，农村人口转移存在着明显的地区差异性。

人口转移与各地区的社会经济发展水平密切相关。由于我省社会经济发展具有明显的地区差异性，因而农村人口转移存在着明显的地区差异性。调查资料显示，山东东部地区（含青岛、烟台、威海、潍坊、淄博、济南）城市化水平已达到 48% 左右，而西部地区（含菏泽、聊城、德州、滨州）城市化水平尚不足 30%。

3.3　山东省农村发展与城市发展的互动关系

事实上，人口转移是与社会经济结构密切相关的过程，它深受城乡关系结构的制约。如著名经济学家刘易斯提出的"两部门结构发展模型"①，即分析了二元经济结构对发展中国家农村劳动力向城市转移的影响。他认为发展中国家的国民经济结构由传统的自给自足的农业经济体系和城市现代工业体系所组成，即为二元经济结构。由于这两类结构存在着显著差别，以及收入方面的不平等，故导致了工农业两个经济部门之间的劳动力转移，引起农村人口向城市的转移。

我国是一个典型的"二元结构"的国家，城乡之间存在着显著差别。例如根据蔡昉所提出的反映二元结构状况的"结构反差指数"，我国1952—1980 年，二元结构反差不仅没有随着人均国民收入水平的提高而缩小，反而是扩大的趋势。改革开放后这个指数才开始下降。见下表。②

改革以前的二元结构反差

年份	1952	1957	1962	1965	1970	1975	1978	1980
人均国民收入（元）	104	142	139	194	235	273	315	376
结构反差指数	0.051	0.094	0.100	0.114	0.144	0.147	0.137	0.118

建国初期，山东省在整体上仍处在传统农业社会和农村社会，处在前工业化阶段。社会产业结构上，山东省仍是一个以传统农业为主的农业省。1952 年，在工农业总产值中，农业总产值占 66.6%，工业总产值占 33.4%。社会就业结构上，劳动力主要集中在传统农业部门。山东省同新中国一样，面临着工业化的艰巨任务，故也走上了通过工农业产品价格剪刀差为工业积累资本的道路。正是在这一阶段，户籍制度和统购统销制度在城乡之间划出了一道界限，最终形成了严格的城乡二元结构。

到 1978 年时，在工农业总产值中，农业总产值下降到 25.6%，工业总产值则上升为 74.4%。③ 但农村发展和农民的生活水平、社会地位都处

---

① A. 刘易斯："劳动无限供给条件下的经济发展"，《现代国外经济学论文选》，商务印书馆 1984 年版。

② 蔡昉：《中国流动人口问题》，河南人民出版社 2000 年版，第 38 页。

③ 《山东省统计年鉴》（1994 年），第 14 页。

于社会的边缘位置。农民同工人相比，无论是在收入方面，还是在社会保障和福利待遇方面都处于劣势。1978 年之前的城乡流动先是由政治命令拉动的结构性社会流动；后来则只能通过非常有限的几条途径（上学、招工和参军）在非常有限的程度上进行，基本上无自主性而言。

这种异化的互动关系导致农村发展滞后、城市发展后劲不足，日积月累，最终引起农村发展和城市发展互动关系的变化，其时间跨度和国家宏观的农村发展和城市发展的互动关系变迁的时间跨度基本一致。

20 世纪 90 年代后，城乡关系结构才有所改变。如 1990 年，山东省在工农业生产总值中，农业的生产总值为 22.7%，工业生产总值为 77.3%。[①] 在全省就业人口中，第一产业就业人口占就业人口的 78.80%，第二产业就业人口占就业人口的 12.06%，第三产业就业人口占就业人口的 9.14%。与 1982 年相比，第一、二产业就业人口比重下降了 1.24 个百分点和 0.15 个百分点，第三产业则回升了 0.59 个百分点。可以看出，随着经济建设的不断深入，山东人口产业结构已开始转变，但仍未摆脱传统就业结构模式，转变的速度也很慢，第三产业就业人口比重比全国平均水平低 3.44 个百分点，在全国 30 个省（市、自治区）中居第 27 位（从高到低）。

根据第四次人口普查的资料，1990 年全省流动人口共 83.55 万人，占全省总人口的 0.99%。流动人口以有农业户口人口为主，且男性多于女性；流动人口的地区分布差异显著，流向又有一定的规律性，即从经济欠发达地区流向经济发达地区，从贫困地区流向富裕地区，从农村流向城镇；和原有的流动方式相比，规模颇大的自发的"民工潮"占据主要地位，而且由于整体文化素质较低，流动人口多从事建筑业、商业、饮食服务业和日常生活制品修理业等。

现在，中国正积极推进城市化，使农村发展与城市发展的互动关系和谐化，这是农村和城市经济继续发展的要求。而要实现这个目标，就必须对中国原有的城乡二元结构进行改造，积极推进中国城乡结构由二元对立松动阶段向全面融合阶段的顺利转型。中国农村发展与城市发展和谐互动关系的实现必须依赖城乡二元结构的顺利转型。

---

① 《山东省统计年鉴》（1994 年），第 14 页。

虽然目前农村和城市发展的互动关系已进入相互调整、适应阶段，原有的不合理的互动关系有了较大的改观，但通过对实际情况的调查分析我们发现，实现农村和城市发展的和谐互动，顺利推进山东省农村城市化的进程还有很多工作要做。

4 山东农村人口转移和城市化的动力机制与面临的主要困难

4.1 山东农村人口转移的动力机制

促使农村人口转移的动因主要有两个方面：一是结构性因素，这是人口转移的宏观动力；二是转移人口的个体特征，这是人口转移的微观动力。

结构性因素主要包括：

（1）农村人多地少，出现了大批剩余劳动力。农业人口不断增长和耕地面积日益减少所形成的现实是农村人口转移的原动力。建国之初，由于人口政策的失误，使我国人口增长速度非常快。山东人口由 1949 年的 4549 万人增长到 1998 年底的 8838 万人。50 年间总人口接近翻一番，而同期由于城市基本建设用地和城乡聚落的扩展，人均耕地面积不断减少。日益尖锐的人地矛盾产生了巨大的推力，迫使农村人口向城镇和非农产业转移。

（2）城乡差别存在所产生的巨大拉力作用。建国后，由于长期实行重城市轻乡村的政策，结果造成了工农差别和城乡差别扩大，使城镇对农村人口转移产生了巨大的吸引力。城镇与乡村相比，不仅具有便利的生活服务设施和文化娱乐设施，而且具有更高的收入和生活消费水平。城乡收入的差异是造成乡城人口迁移的巨大动力。

促使农村人口转移的微观因素主要是个体文化心理特征发生转变：由传统的生存原则（乡土情结）到现代生存方式的转变。

从 20 世纪 50 年代到 80 年代初，制度性因素成为农民转移的决定因素，加之经济和社会生活的政治化倾向，强调集体主义、牺牲个人来获得集体利益。农民转移与否取决于现实外在条件的需要，取决于制度性和政策性因素。然而传统的乡土观念也在一定程度上起作用。斯科特提出的

"生存伦理"（subsistence ethic）可部分地解释中国传统社会农民相对地固定于乡土、不外出或转移的原因。"生存趋向的农民宁可避免经济灾难而不是冒险去最大限度的增加其平均效益。"生存伦理支配下的广大农民宁可守着有限的地块土中刨食，也不愿冒险进入一个也许收益更大但却是他们完全陌生的环境。"乡"、"土"是他们割舍不开的心理情结。①

但20世纪80年代末到90年代初由于推行了市场经济新体制，个体追求发展、改变生活方式的意识觉醒。而且人口转移趋向"经济理性"，即通过转移的成本与收益的比较来决定迁移行为。转移者迁移时，对迁入地和迁出地预期效益进行比较，并计算相应的成本。由于转移效益大于成本，农民转移时对成本进行控制，成本降低。而且随着市场经济的发展，人们的思想意识越来越趋于现代和开放，个人素质不断提高，这越来越有助于转移的实现，农村人口转移将不断增加。

4.2 改革开放以来城乡分割体制的松动和人口流动的有利条件

20世纪90年代中期以来，随着经济体制改革的深化，原来在计划经济体制下形成的城乡分割的藩篱正受到多方面冲击，打破城乡隔绝体制的条件正逐步成熟。首先，城市就业已经逐步形成市场化格局。过去那种城镇居民就业由国家包下来的做法已不复存在，大中专院校毕业生国家也不再包分配，自由择业已成为主要的就业方式。其次，城市粮油供应已全面放开。过去那种对城市居民由财政进行补贴的粮油供应方式已经改变，城市居民的食品供应也走向市场化。第三，住房、医疗、养老等福利制度通过改革，正逐步走上社会化轨道。城市居民过去享受的一系列特权和福利正在减少。第四，阻隔城乡人口自由流动的户籍制度正在松动，其强制性已大大降低。市场在配置劳动力资源方面正发挥着愈来愈突出的作用。第五，城市基础设施有了很大改进，电力供应充裕，城市道路交通改善、住房建设进度加快，为容纳更多的人口创造了条件。

4.3 山东农村人口转移面临的主要障碍

目前推动农村人口城市化仍有诸多障碍，农民进城的门槛仍然过高。

---

① 黄平主编：《寻求生存——当代中国农村外出人口的社会学研究》，云南人民出版社1997年版，第100—101页。

这主要表现在：

第一，户籍制度的改革严重滞后。我国的户籍制度经过 40 多年的延续，已经固化到人们的观念和思维方式之中，这种观念不仅仅是把农民看成是"二等公民"的不平等，而且认为一旦放开户口就会天下大乱，怕农民进城会抢城里人的饭碗，会引起治安混乱等。这种传统观念的存在，使户籍制度改革步履维艰，难以迈出大的步伐。而户籍制度不作大的改革，传统的城乡分割的二元经济社会结构就难以改变，中国的市场化和现代化进程就会受到严重阻碍。

第二，城市就业形势严峻，吸纳农村劳动力就业的能力下降。90 年代中期以来，我国经济格局发生了重大变化，即由短缺经济转变为过剩经济，城市多数企业生产经营遇到困难，大批职工下岗待业或失业，从而吸纳就业的能力急剧下降。农民进城寻求工作的机会大大减少。部分城市为了解决下岗职工的再就业问题，明确规定某些工种只允许具有本地户口的人来就业，不得吸纳外来人口。这些土政策也限制了农民进城。

第三，农民进城须放弃土地，支付较高的成本。如果不考虑户籍管理等制度性因素，允许农民进城，农民也未必愿意付出交出土地等代价。目前，农民要进城定居，转为非农业户口，就必须交出土地，放弃土地的经营权和收益权。这必然造成农民的直接财产权力损失。特别是在城市"铁饭碗"不复存在的前提下，农民一般不愿意放弃自己的土地，因为这是他最后的生活保障。近几年，原来已经花钱购买了城镇户口的一些农民已经后悔，认为既失去了土地，又缺乏稳定的职业，很不合算。

第四，农民进城的门坎仍然过高，限制政策过多。目前，许多城市为控制人口的机械增长，都对迁入人口收缴城市增容费，这无疑增加了进城的难度。此外，农民进城遇到的另一个最实际的困难就是住房问题。农民进城不可能享受福利分房，只有购房和租房两种选择。而购房和租房没有相当的经济实力和较高的工资收入，几乎是不可能的。农民进城打工经商还有子女上学入托难等问题，他们必须在许多方面付出比城里人更多的费用。

第五，小城镇建设滞后，对农民的吸引力不够。目前农民对于进入小城镇兴趣不大，原因是小城镇建设滞后，过于分散，形不成规模，既不能为农民提供多少就业机会，在生活条件上也不比农村有明显的优越。小城镇目前仍然以乡镇政府所在地为基础。布局的分散，基础设施的落后，人口密集度低，第三产业的不发达，都不足以吸引农村人口，因此，小城镇建设如不改变现有分散格局，提升建设水平，那么对推进农村人口城市化的作用就会大打折扣。

第六，农民科技文化素质低，进入城市就业困难。这也是农村人口转移的根本性障碍。一般来说，城市聚集的产业，需要较高素质的劳动者，从目前来看，硕士以上毕业研究生供不应求，大学本科毕业也大多能在城市找到工作，而大中专以下毕业生在城镇就业就显得十分困难。多年以来，由于农村教育水平较低，滞留于农村的人口科技文化素质较低，因而向外转移困难，即使进城打工的农民，也绝大多数在城市边缘生存，在一些工资低、劳动强度高的岗位工作，很难真正融入城市社会。

5　未来 10 年山东农村人口转移与城市化的战略目标战略布局和战略重点

5.1　战略目标的确定

山东省要加快城市化进程，加快农村人口向城市转移的速度，是基于以下几个基本判断：

第一，山东的城市化进程明显落后于工业化进程。根据钱纳里的世界发展模型，山东目前人均 GDP 已达 1100 美元左右，相应的城市化发展水平应为 65% 左右，而目前我省城市化水平约 38%，落后标准模型 27 个百分点。提高城市化水平是未来 10—20 年山东经济社会发展中最为艰巨的任务。

第二，农村人口规模庞大，农村剩余劳动力向非农产业和城市转移缓慢是山东经济社会发展的主要制约因素。目前在山东 9000 万人口中，按户籍划分的农业人口占 74.3%，农村实际居住划分的农村人口约占 62%。由于农村人口规模庞大且收入水平低，使工业品在农村销售困难，市场规模无法扩大，从而制约了城市工业的增长。要提高农村居民的收入水平，根本的出路是要解决农村剩余劳动力向城镇转移问题。城市短缺和农村人口向城市转移困难，已成为制约山东经济社会发展的主要"瓶颈"。

第三，加快城市化发展和农村人口转移是未来 10—20 年山东经济社会发展的新增长点和主要推动力量。2000 年，山东省社会消费品零售总额中，县以下农村仅占 28.6%，加上县一级也仅占 38.2%，这说明占人口 70% 左右的农村市场极端萎缩，农民购买力太低，无法拉动经济增长。要提高农民收入，扩大农村市场，就必须加快农村人口转移和城市化步伐，这是新世纪山东经济增长的主要动力源。

第四，加快农村人口转移和城市化进程，是山东实现现代化的前提和必要条件。在新世纪，山东作为沿海发达省份，要率先实现现代化，必须以农村人口的减少和城市化水平的提高为前提。世界发展的历史已经证明，在一个农业人口占多数的国家和地区，是无法耸立起现代化大厦的。没有城市化的工业化不能带来现代化。加快农村人口转移和城市化进程，是山东走向现代化所必须解决的重大课题。

2000 年 5 月，山东省委和省政府做出了《关于加快城市化进程的决定》，把加快山东的城市化进程作为新世纪开始的一项重大战略，是十分正确的。《决定》中提出的战略目标是：到 2010 年，全省基本形成职能分工明确、空间布局合理、等级规模有序、设施完善高效的城镇体系，使我省成为全国城市化发达的地区之一，向城镇转移农村人口 2000 万，全省城市化水平达到 50% 左右。这是一个鼓舞人心的目标，也是符合山东实际的目标。经过努力，实现这一目标，就能为我省实现社会主义现代化打下良好的基础。

实现这一目标，对于山东这样一个人口大省和农业大省来讲，又是一项十分艰巨的任务。因为第一，以现有的城市化率为 38% 为起点，在 2010 年达到 50%，意味着每年我省城市化水平必须提高 1.2 个百分点以上，这个速度要高出整个 20 世纪 90 年代的速度。第二，以现有的人口为基数，考虑到农村每年的新增人口（约 30 万—40 万人），如达到 2010 年城市化水平 50% 的目标，则每年需转移农村人口 140 万—150 万人；如达到 2010 年转移农村人口 2000 万人的目标，则每年需转移 200 万人。以山东 139 个县市区计，平均每个县市区每年应转移农村人口 1.1 万人以上。可见其任务的艰巨性。第三，我省各地区间经济发展不平衡的问题比较突出。对于工业化水平和人口素质都比较高的东部地区来说，农村人口转移可以以就地转移为主，转移成本较低，而对于工业化水平和人口素质都比较低的西部地区来说，农村人口转移将会以异地转移为主，人口迁移的成本高，困难大。

我省要实现 2010 年城市化水平达到 50% 的目标，必须有切实可行的转移农村人口的措施，各市地和县也要有分阶段实施的计划。根据我省经济发展水平不平衡的情况，不同的地区可以提出不同的目标，来确定农村人口转移的速度。我省东部地区，包括青岛、威海、烟台、潍坊、淄博、济南、应达到每年提高城市化水平 1.5—2 个百分点的目标；中部地区，包括东营、枣庄、济宁、泰安、莱芜、日照、应达到每年提高 1—1.5 个百分点的目标；西部地区，包括临沂、滨州、德州、聊城、菏泽、应达到每年提高 0.8—1 个百分点的目标。按此目标来分解和确定本市和县区农村人口转移的数量，可以做到心中有数。

根据这一规划，山东的城市化率提高到 50% 以后，即 2010 年以后城市化率与工业化率的比较将趋向常态，即城市化率超过工业化率（见图5—1），使城市化走上正常发展的轨道。

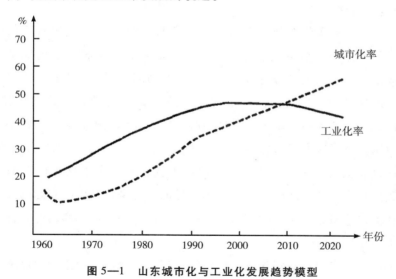

图5—1　山东城市化与工业化发展趋势模型

根据这一规划，在山东城市化水平不断提高的同时，大批农村人口转移到城镇，农业中的劳动力逐步减少，在近几年内，山东城市化率与第一产业就业份额的比较曲线即可产生交叉，从而山东的发展与标准模型相符（见图5—2）。

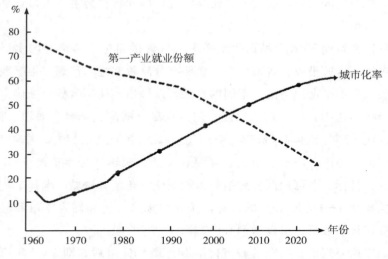

图 5—2   山东城市化率与第一产业就业份额比较发展趋势模型

5.2 战略布局

关于山东城市化的战略布局,省委省政府在"关于加快城市化进程的意见"中指出:全省城镇布局应体现中心集聚、点轴拓展的原则,逐步形成以中心城市和沿海港口为依托,以交通运输干线为主轴的集约开发态势。形成"两大中心、四个层次、五条城镇发展轴线"的总体格局,即济南、青岛两大中心城市;省域中心城市、区域性中心城市、中小城市和小城镇四个层次的城镇体系;形成济青聊、日菏、京沪、京九、沿海五条城镇发展轴线,实现以点带线,以线促面,推动全省城镇体系网络发展。我们认为,这一战略布局是基本合理的,也是符合山东实际的。

在上述战略布局中,我们认为从世界城市发展的规律和趋势看,需补充以下三点:

第一,要突出以青岛为龙头的沿海城市带。目前,山东沿海已隆起一条城市带,从北向南,已有龙口、蓬莱、烟台、威海、荣城、文登、乳山、即墨、青岛、胶州、胶南、日照等大中小城市近20个。这些城市得开放风气之先,经济发达,城市化进程将快速推进,在环渤海地区和东北亚地区都具有重要地位。青岛的发展应以国际化大都市为目标,在发展规划和政区设置上应给予其充足的发展空间。

第二，要强化以济南为中心的都市圈。济南作为山东的省会城市，其辐射带动作用明显，周围已形成由大中城市形成的城市群。济南周围的100公里左右，已有淄博、莱芜、泰安、聊城、德州等城市，形成山东中部的环状城市群，也可以称为"一小时都市圈"（高速公路一小时通达）。山东城市化发展要充分发挥济南的辐射带动作用，使周围的城市布局更加合理，集聚作用更加突出，真正形成以济南为中心的，带动山东城市化发展的都市圈。

第三，要发展以青岛、潍坊、淄博、济南为轴线的大都市连绵带。沿胶济铁路发展起来的这几个城市，均已达到了特大城市和大城市规模，将来将有可能形成大都市连绵带。从世界城市化发展的历程和经验看，都市圈和大都市连绵带将成为人口和产业的聚集中心，是经济最为发达的地区，可以有力地带动周边地区发展。山东的城市化布局应该考虑上述因素。

5.3　战略重点

长期以来，山东农村劳动力转移有两个显著特征，第一是以就地转移为主，即主要是在农村内部，到乡镇企业工作，或到乡镇或县城经商，到县城范围以外就业的人数较少。第二是以兼业型为主，即绝大多数转入非农业部门的劳动力并没有完全脱离农业，而利用闲暇时间来经营农业。有相当比例的劳动力属于季节性的转移，农忙务农，农闲时务工经商。这两个"为主"造成的直接后果就是，提高了农村的工业化水平，但没有形成农村人口的大规模集聚，使农村人口的城市化滞后于工业化。

要加速山东城市化进程，农村剩余劳动力转移模式必实行两个转变，即从过去的以就地转移为主转变为以异地转移为主；从过去的兼业型为主转变为专业型为主。这是一种战略性的转变，也是加快山东农村人口转移的必然选择。所谓的异地转移为主，就是要打破过去那种"离土不离乡"、"进厂不进城"的模式，使农村劳动力真正走出农村，到大中城市和城镇创业或打工经商；所谓以专业型为主，即在前一种转移模式实现转变的基础上，使农村人口真正离开黄土地，从事专业化的生产经营，真正减少从事农业劳动的人口，从而提高农业劳动生产率，化解我省人地关系高度紧张的矛盾，从而切实推进我省农村人口城市化进程。

关于城市化战略重点如何选择，我省"关于加快城市化进程的意见"中提出，要"实施积极的城市化战略，合理发展大城市，重点发展中小城市，积极发展小城镇，形成大中小城市和小城镇协调发展的城镇网络"的指导思想。这一指导思想和原则，实际上是一个坚持多元化发展的方针，即大中小城市和小城镇都要发展，从总体上看这一方针是正确的，因为从山东的实际来看，城市短缺的问题特别突出，各类城市、城镇都需要大发展，但是这一方针也存在着重点不突出的问题，即推进城市化，我们的着力点应放在哪里，还不十分清晰。

我们认为，要推进山东的城市化进程，重点要抓好大城市和小城镇的工作，也就是要走"抓两头、带中间"的道路。

国际经验证明，城市，特别是规模较大的城市，会产生明显的聚集效应，从而带来更高的规模效益，更多的就业机会，更强的科技进步动力，更大的经济扩散和辐射效应。山东目前大城市还比较少，只有济南和青岛有较强经济实力和辐射带动的能力，未来一段时间，仍应集中力量发展大城市，力争在未来10—20年时间真正形成的济南和青岛为中心的两个都市圈，形成沿海和沿胶济铁路的两个大都市连绵带。以此来吸纳更多的农村人口，提高山东的城市化水平。

积极发展小城镇，并不意味着要走以小城镇为主导的分散型的城市化道路。发展小城镇，主要着眼于一是小城镇与农村地缘关系密切，农民进入小城镇比进入大中城市付出的心理成本和经济成本要低一些；二是小城镇的发展可以把城乡两个市场较好较快地连接起来，迅速促进农村二、三产业的发展，由此大量吸纳农村剩余劳动力，进而促进农业规模效益的提高和农民收入的增长。但是发展小城镇不是搞遍地开花，使现有的乡镇所在地都变成小城镇，而是重点支持和发展县城关镇和中心镇，使之尽快成长壮大为城市，使农村人口向县城和中心镇集中，从而加快农村人口城市化进程。

"带中间"并不意味着忽略或不重视中小城市的发展。这是因为广大中小城市已基本上进入了城市发展的正常轨道，在城市规划、基础设施建设、产业发展、人口管理等方面已有一套制度化的东西，只要正常发挥其功能和作用，就能不断集聚人口，放大规模、辐射农村，从而加快自身的发展。在山东，中小城市发展也可率先放开户口限制，使有能力，有资金的农村人口可以直接进城创业。从而使山东的中小城市快速膨胀壮大，与大城市和小城镇共同构成科学合理的城镇化体系。

6　推进山东农村人口转移和城市化的对策和措施

中共中央在关于"十五计划建议"中提出，要不失时机、积极稳妥地推进城镇化，把它上升为战略性、宏观性和政策性的大问题，从而使中国的城市化政策第一次从其他政策的配套层次上升到核心政策层面。这表明我国以工业化为主体推进国家现代化的发展思路，已经转换到以城镇化为主体推进国家工业化和现代化的整体战略思路上来。因此，地方各级政府及时抓住这个机遇，彻底清理现有的影响城市化进程的有关政策，创新性地制定各种制度与政策，加快城市化步伐。

6.1　加快农村剩余劳动力转移的对策措施

（1）把加快城市化作为转移农村剩余劳动力的根本出路。

当前，山东省要顺应经济发展的客观规律，依靠加快城市化进程来改造面临困境的农村分散工业化方式及其剩余劳动力转移方式，将市场化、工业化与城市化三种力量协调起来，将农村剩余劳动力转移与城市化建设结合起来，校正和解决既有的劳动力转移方式产生的各种问题，开辟山东农村剩余劳动力转移的新阶段。要在市场机制的作用下，因势利导地推动，以合理的城市化政策，培育大容量的就业载体，着重解决以下几个问题。

第一，取消以户籍制度为代表的对农民变更身份的限制，取消不必要的行政命令对劳动力流动的人为干扰。户籍管理要从原来的以出生地管理为主转变为以居住地管理为主的管理方式，山东省在户籍政策方面已有重大调整，关键是认真落实，要鼓励各级城市政府在条件许可的情况下逐步降低农民进入城市的门槛。根据"先易后难、逐步放开、分类管理"的原则，把已在城镇工作多年的农民尽快转为市民，把在中小城市、县政府驻地镇及以下小城镇有合法固定住所、稳定职业或生活来源的农民，均可根据本人意愿转为城镇户口，并在子女入学、参军、就业等方面享受与城镇居民同等待遇。

第二，尽快建立和形成城乡统一的劳动力市场。在市场调节供求，农民自主就业的前提下，健全就业服务体系，加强政府宏观调控，逐步形成统一开放、竞争有序的劳动力市场。有关劳动就业方面的法律法规要体现统一劳动力市场的精神和原则。要创造条件解除城市劳动力市场对农民工的歧视，逐步建立一切劳动者的权利平等关系，努力通过这些改革免除农村劳动力迁入城市的后顾之忧。目前，要大力发展连接劳动力供需双方的职业介绍机构，职业介绍机构要接受农民和企业的选择，在竞争中发展，不能利用行政手段，强迫农民接受服务。要加快劳动力市场信息网络建设，当前要抓好地区性、区域性劳动力市场供求信息的搜集和发布，加强农村劳动力资源和转移状况的调查和不同地区劳动力市场信息的交流，形成统一的劳动力信息市场网络。第三，健全外出农村劳动力的社会保障体系，减少他们的后顾之忧。由于外出农民缺乏有效的社会保障，使他们仍视土地为"活命田"，尽管已有不少人转移到城镇或大中城市，但仍不愿交出土地，另一方面，他们又不愿对农田投资，往往造成土地撂荒，影响农业生产。在这种情况下，按照"明确所有权，稳定承包权，搞活使用权"和"依法、自愿、有偿"原则，探索促进土地流转的有效办法，尽快出台促进土地合理流转的法规。我们认为，健全的土地使用权流转制度会产生一个适当的"土地使用权价格"，部分离开土地的农民会凭借这个收益解决自己在城市的社会保障问题。

（2）加快乡镇企业和个体私营经济发展，增加农村剩余劳动力就地转移的载体。

虽然目前乡镇企业遇到了重重困难，就业劳动力明显减少，今后乡镇企业也必须由外延扩大为主转向集约化发展，吸纳劳动力的能力会继续减弱。但依靠发展乡镇企业，推进农村工业化、城镇化仍是山东加快农村剩余劳动力转移的现实选择。尽管近年来山东省乡镇企业就业出现负增长，乡镇企业就业弹性下降，但这并不意味着乡镇企业就业不再增长。乡镇企业面临的困境和在此基础上的改革和创新将有助于改进自身的不足，从而获得就业的发展机遇，增强其扩张就业的能力。

在新的条件下，山东省乡镇企业要调整发展战略。一是要充分发挥农产品生产基地的优势，大力发展以农副产品为主要原料的加工业，搞系列化生产，以扩大乡镇企业对劳动力的需求。二是以农业产业化带动相关产业的发展，扩大非农产业对劳动力的需求。三是动员农村的各种力量，大力发展各种形式的个体私营企业，为农村剩余劳动力多渠道转移创造条件。个体私营经济，不需要国家和集体直接投入资金。要继续解放思想，加强引导，科学实现，创造条件，使之加快发展。

严格农村城镇的区域规划与区域布局，是推进乡镇企业发展和农村城镇化进程的前提。"以乡建镇"模式已给山东省小城镇区域布局带来严重后果，出现了"过度城镇化"现象。过去，无论是各地推进农村城镇化的实践，还是有关的研究文献，对小城镇的发展，往往比较注重城镇本身的建设规划，而忽视在更大的范围内进行农村城镇的区域规划与区域布局。因此，在加快乡镇企业产业结构调整优化的同时，要进一步调整乡镇企业布局，把发展乡镇企业与小城镇建设特别是中心镇建设结合起来。

一是借资产重组、企业升级的机会，调整和优化地区产业结构，运用财政、金融、税收等经济手段，使过度分散的乡镇企业适度集中，通过完善基础设施建设，加强社会化服务，取消不合理收费，减轻企业负担，改善企业发展的外部因素。按照城市需要和对企业有利的原则，形成连片经营，产生集聚效应，促进农村工业小区建设，使其成为区域经济的"增长点"和"发展极"。

二是拆除城乡壁垒，让农民以平等身份参与城镇建设，农民进城的根本动因是为了获得新的生产要素重新组合的机会，而不是为了单纯地追求城镇生活。目前小城镇公用基础设施建设的中长期信贷资金几乎得不到银行的支持。要拓宽小城镇融资渠道，在增加政府投入，引导社会投入的同时，让农民通过各种形式参与小城镇建设，坚持谁投资、谁所有、谁管理、谁受益的原则，允许投资者以一定的方式收回投资。

三是切实搞好小城镇建设规划，淡化建制规格，坚持走城镇建设与经济建设统筹规划，同步发展的道路。不能把小城镇发展仅仅当作解决农村问题的一个途径，应该按照城市化的要求确定小城镇的发展方向，使小城镇发展与城市化趋势有机结合起来。在统筹规划、循序渐进的前提下，发挥市场机制的作用，在大中小城市和城镇之间建立畅通的资金流动系统，使小城镇不仅发挥活跃农村经济的作用，更能承载城市所分流的经济功能。为此，要切实改变原有的市镇设立标准，为富有活力的小城镇建设提供更多的空间、产业升级条件和吸纳农村劳动力的机会，打破行政区划界限，以吸纳农村人口而不是管辖农村人口为宗旨，走经济增长促人口集聚的城市化道路。按照当地经济社会发展的总体战略搞好小城镇的规划和布局，防止不切实际地滥铺摊子，盲目扩张小城镇数量和规模。

（3）制定和完善有利于增加农业就业容量的政策。

目前山东省存在着大量农村剩余劳动力，是客观现实，但存在着剩余劳动力并不意味着农村和农业就没有进一步吸纳剩余劳动力的潜力。与世界农业发达国家相比，山东省农业生产力水平还比较低，通过不断加强农业资源的深层次开发利用，农业对劳动力需求潜力还是较大的。全省尚有未开发的可耕地约 200 万亩，尚未开发的宜林山地、河滩面积约 1400 万亩。另外，全省农林水利基础设施、交通、通讯、农村电网改造、城镇建设、生态环境保护也需要大量农村劳动力参与。要抓好农村劳动力价格低廉的时机，加强农业和农村基础设施建设。有关部门在配套措施上还要进一步加大对农业综合开发的投资力度，实行科技、资金、物资和政策的配套投入。在政策上，要防止工农业产品价格剪刀差进一步扩大，防止城乡收入差距和地区差额进一步扩大，这是调节农村劳动力就业压力、使其有序流动的主要阀门。

（4）改善农村教育，提高农民科技文化素质和职业技能。

农民素质的高低对农村经济发展起着决定性的影响，同时，也是农村人口能否顺利向城市转移的根本条件。目前，我国农村人口素质低的问题特别突出，这对于农民进城找到合适的职业，是最大的制约因素。

改善农村教育，首先要在继续搞好义务教育的同时，大力发展职业技术教育。对于大部分升学无望的农村青年，可以进入职业高中或中专学习。城市的职业高中和中专要把招生重点放在农村。职高和职专要按照当地经济发展的需要设置专业和课程，培养农村实用人才，同时也可以为乡镇企业和城市培养人才。要切实重视并办好各类农业和成人职业技术学校，加强师资队伍建设，这是农村教育结构调整的基础和重点。这需要在教育体制上进行改革，使之适应农村经济发展的需要，适应城市化的需要。各级领导部门要充分认识到办好农村职业技术教育，是一种人力资本投资，它的收益将远超过物质资本的投资，地方政府要舍得花钱，搞好这一基础工程。

6.2　加快山东城市化进程的对策与措施

（1）科学规划、合理布局，构造全省功能互补、规模适宜、等级有序的城镇体系，矫正城市发展方略。

山东省初步形成的"两大中心、四个层次、五条城镇发展轴线"的网络化城镇体系框架构想是可取的，强化济、青两个特大城市的带动作用，重点发展区域性中心城市，大力发展中小城市、积极发展小城镇的战略思路也是正确的。但还必须特别注意：第一，现代城市化推进的趋势已到了大都市圈、大城市群的层次，济南市地处环渤海地区的外沿，南北分别受到宁沪杭和京津唐大城市群的竞争压力，发展受到一定抑制，但济南拥有苏、鲁、皖、豫、晋、冀边界的广大腹地，优先迅速发展济南市，充分利用该巨大区域的集聚潜力形成该区域的最大中心地，当逢其时，机不容失；第二，与上述几省毗邻的临沂、枣庄、菏泽、聊城、德州本来已是本地区区域性中心城市，已经具有一定的规模和基础，于同类城市之中，优先发展这几个城市，对于吸引外省财富和要素，用3—5年的时间形成50万人口以上的大城市，进而扩大对本区域经济的辐射和带动作用，具有十分重要的意义；第三，业已为组群式城市的（如淄博、枣庄），或具组群式城市发展潜力的（如济宁、潍坊、烟台等），要搞好功能分区，保证做到功能互补、结构合理；第四，加强中心镇的规划布局，中心镇是新时期农村经济和小城镇建设相互促进的必然产物，是构成具有中国特色的现代化新型城镇体系的一个重要环节，中心镇处于县城内的中心地位，加快中心镇建设，对于带动和促进农村区域经济的发展和社会的全面进步具有重要作用，中心镇规划要与当前正在编制的《小城镇发展布局规划》相结合，并为其进一步发展为中小城市留有充分余地。

要加强规划工作的组织与协调，保证规划的前瞻性、科学性、可行性和权威性，城镇体系规划是全省城市化进程的宏伟蓝图，规划是各项建设的龙头。但在实践中可能会存在各级规划主体制定规划目标的冲突，城市规划与其他规划的矛盾等问题，这就要求城镇体系规划必须要加强组织与协调。要改变过去那种依靠"县改市"、"县改区"、"乡改镇"等通过"翻牌"方式提高城市化水平的做法，切实提高城市化对经济增长的实质性刺激和带动作用，设立市镇建制的标准要相对稳定，城镇人口统计口径也不宜频繁调整。建议从第五次人口普查开始，按照国际通行规则，建立按照常住地和职业特点划分的城镇人口统计口径。

（2）构造全省CCIS，突出各自城市特色

这里的CCIS（City's Certificate Identification System）是指城市形象识别系统。山东省幅员辽阔，各地风俗习惯各异，因此，省级政府从宏观上把握，突出各地优势，发展各地不同的城市特色，对于加快全省的城市化进程，具有十分重要的作用。

——突出济南"山、泉、湖、河、城"融为一体的城市特色。规划建设十个以上绿化广场，五个区级公园，扩建改造大明湖、趵突泉、千佛山等主题公园，综合治理环城公园和城市出入口，建设小清河、黄河、二环路林带，控制环境污染，推广清洁能源和燃气公交，强化城市综合服务功能，把济南建成全省最大的区域性资源配置中心，并使其逐步向国际化大都市发展。

——突出青岛"山、海、城"一体的自然景观特色。对主要路段、河流、广场及山体进行绿化美化，人均绿地面积达到 12 平方米以上，综合治理水、大气和垃圾污染，关、停、转、迁污染严重的企业，建设小涧西大型垃圾处理厂，消除污染源。强化其对外贸易、涉外金融、高新技术引进以及国家级旅游度假区的功能。

——突出古运河沿岸诸城市的"运河文化"。这类城市包括济宁、聊城、德州等，它们都曾是繁华的商埠，是重要的商品集散地，当地市民有较好的经商意识，可以大力兴办各类小商品批发市场，使其成为所在地域的市场中心。

——突出鲁中北地区的"齐文化"。此类城市包括淄博、滨州、东营、潍坊等市域的县级城市，它们具有深厚的历史文化底蕴，在现代商品经济时代予以充分发掘，古为今用，会使地方品牌更加厚重。

——突出鲁中南地区的"鲁文化"。充分利用泰安的"山"、曲阜和邹城的"庙"，弘扬"鲁文化"，以旅游项目建设为主要内容，加快城市化进程，借以促进旅游业乃至整个区域经济发展。

——突出沿海城市的"海洋文化"。如日照、威海、烟台等沿海城市，要充分利用海洋优势，大力发展海洋产业，集聚资金，加快城市化进程。

（3）树立正确观念，优化战略思路

城市化不是一个简单的人口向城市集中、建成区面积扩大的简单问题，而是自然、人文、经济和社会等因素有机组合的复杂的系统工程。因此，各级政府必须正确认识城市化问题，进行优化的战略构思。一是树立可持续发展观念，确立长期发展目标。二是树立"以人为本"观念，深化城市化的内涵。三是树立创新观念，增强城市活力。四是调整和优化城镇产业结构，增强城镇经济聚集功能。五是加快城镇生产要素市场的培育，促进资源优化配置。

（4）建立多元化投融资机制，拓宽城镇建设筹资渠道，为加快城市化进程提供资金保证

资金是现代经济的"血液"，城市在区域中心的集聚功能主要是通过这种"血液"流动来实现的。城市体系硬件设施的建设也需要巨额资金的投入。资金成了城市快速发展的限制性因素。因此，如何广拓资金来源，为城市建设筹集充足的资金，便成了加快城市化进程的关键。

——加大政府对城建资金投入，调整或归并零星建设收费项目，集中收取城市基础设施配套费，用于城市基础设施建设。

一是加大各级财政支出中城建资金的份额。省级财政主要支持全省城镇体系中的两个中心城市的基础设施和公共设施、中心镇的建设，重点支持地方财力有限但又亟须建立起竞争优势的周边区域性城市如日照、临沂、枣庄、菏泽、聊城和德州等市的建设，重点支持对外公路、铁路、机场、港口等重大项目的建设。

二是收费项目集中专项用于城市基础设施建设。地方开发建设项目中的基础设施配套费集中由市财政统一管理，专项使用；提高燃油税用于城市道路建设的比例，加快城市道路交通建设；在电价中征收的城市公用事业附加费，要专项用于市政公用基础设施建设，等等。

——充分利用市场机制，扩大直接融资比例，融入城市建设所需资金

一是加大政府市政债券发放份额。市政债券是指地方政府或其授权代理机构发行的有价证券，其功用就是筹集资金，用于市政基础设施和社会公益性项目的建设。市政债券分一般债券和收益债券：前者是以地方政府的资信和征税能力为基础，保证投资者能按期收回本金并取得利息，所筹措的资金往往用于修建普通公路、飞机场、公园以及一般市政设施等；后

者是指政府的授权代理机构为了投资建设某项基础设施而发行的债券。

二是适当利用股票进行市政建设融资。西方经济发达国家地方政府大多是通过发行市政债券的方式筹措市政建设项目所需资金，发行股票进行股权融资则相对较少。我省可以考虑适当采用股票方式进行融资，特别是以国有企业形式运营的项目，如电厂、通讯、污水处理厂、公交公司等营利性的项目。

三是加大项目融资力度。市政建设项目融资的若干形式中，以 BOT 融资最为典型。BOT 是 20 世纪 80 年代国际上出现的一种比较新颖的基础设施建设投融资方式。该方式一改过去基础设施建设项目完全由政府负责的做法，采用政府授权、民间经济组织（项目公司）融资建设并运营，待特许期满后项目再无偿转让给政府的形式。我省民间拥有巨额资金并具有相对集中性和较强的抗风险性这两个显著特征。因此，合理引导民间资本参与 BOT 项目，既十分必要，也完全可行。

四是充分利用其他融资方式。首先，积极组织发放市政建设彩票、福利彩票、体育彩票等募集资金，分别用于市政建设项目、养老院或福利院等社会福利设施以及体育设施建设；其次，通过特许经营权转让筹集市政设施建设资金；第三，可以考虑借助收益权投资的方式获取部分市政设施建设资金。

——培植多元化投资主体，充分利用国内外金融机构贷款，广拓城市建设资金来源

一是促进政府投资的职能转换。我国社会主义市场经济体系的建立，加快了政府职能的转换，使一般竞争性项目的投资主体，由政府转为企业和个人，政府作为"市场失灵"情况下的特殊投资主体，在公益性和基础性领域中发挥主导作用。民间资本进入基础设施投资领域，不仅不会影响国有资本对这些关系国计民生领域的控制，而且有利于促进政府投资职能的转换。

二是激励和引导企业与个人投资于市政建设。企业是城市经济的主体，当然也是城市投资的主体。现代企业制度下，企业（包括国有企业）已经摆脱了政府的附庸地位，而成了投资的独立决策主体，政府不能命令只是激励和引导企业进行市政建设投资，但须尽量以市场机制来运作，如以冠名权或收费许可作为回报。济南的将军路、青岛的海尔路及园区其他

基础设施和公共公益设施的兴建便是一个较好的例证，可以总结并予以推广。至于个人投资，则主要集中在小城镇建设上，如富裕农民可以到小城镇购地并按照规划建房，分担部分小城镇基础设施和公共公益设施投资。

三是充分利用国内外金融机构贷款。中国已经加入 WTO，山东省地处沿海经济发达地带，国内外金融机构必将抢滩山东，从而为山东省加快城市化进程的资金供给提供了机遇，但考虑到该项资金使用成本较高，一般要考虑市政建设项目资金暂时短缺而急需时使用，或者应用于收益性较好的短期项目。

（5）充分利用市场机制，盘活城市土地资本

随着城市土地使用制度改革的深化，土地资源的资产价值得到体现，但目前国有土地资产通过市场配置的比例不高，透明度低；划拨土地使用权土地大量非法入市，隐形交易大量发生；随意减免地价，挤占国有土地收益的现象严重，使得大量应由国家取得的土地收益流失到少数单位和个人手中。所有这些都严重影响了城市土地的合理开发、利用和保护，影响了城市土地资产或资本运作效率，并且容易滋生腐败现象。因此，必须采取措施，盘活城市土地资本，实现土地资产增值保值。

——严格控制建设用地供应总量。各级城市政府应按照城市总体规划、经济结构调整、产业发展和居民生活及居住质量改善的需要，科学制定土地供给年度计划，严格控制新增建设用地供应总量，而把城市土地利用引导到对存量建设用地的调整和改造上来，优化土地利用结构，实现城市土地的集约利用。突出市场机制配置土地资源的基础性作用，充分实现土地资产价值，提高土地资源利用效率。为了增强政府对土地市场的调控能力，有条件的地方政府可以划出部分土地收益用于收购土地，实行土地收购储备制度。

——大力推行国有土地使用权的招标和拍卖。鉴于目前土地供应市场机制配置比例和透明度均较低、城市土地资产价值显现不足和运作效率不高的严峻现实，各地要大力推行国有土地使用权招标、拍卖。国有建设用地供应，除涉及国家安全和保密要求外，都必须向社会公开。商业性房地产开发用地和其他用地供应计划公布后同一地块有两个以上意向用地者的，都必须由市、县人民政府土地行政主管部门依法以招标、拍卖方式公开提供。确实不能采用招标和拍卖方式的，方可采用协议方式，但必须做

到在地价评估基础上集体审核确定协议价格，并将协议结果向社会公开。土地使用权交易要在有形市场上公开进行，并依法签订土地交易（转让、租赁、抵押等）合同，办理土地登记。

——加强土地资产收益和价值管理。要进一步加强国有土地收益的征收和管理，任何单位和个人均不得减免、挤占、挪用土地出让金、租金等土地收益。对于低价出让或租赁土地、随意减免地价、挤占挪用土地收益，造成国有土地资产流失的，要依法追究责任。为了切实加强地价管理，要尽快建立全省地价动态监测信息系统，对全省城市地价水平动态变化情况进行监测，并及时进行平衡和调整，加强城市土地价值的宏观管理。

——规范土地审批的行政行为。首先，要坚持政企分开、政事分开，土地行政主管部门一律不得兴办房地产开发经营企业、中介服务机构等，以免不公平现象发生。其次，要坚持规范管理、政务公开，土地资产供应和处置等报件和批件要严格按规定程序办理，同时还要增强服务意识，办事制度、标准、程序、期限、责任等要向社会公开。第三，要坚持内部会审、集体决策，诸如农地转用、土地征用、用地审批、市地置换、土地资产处置、供地价格确定等，一律要经过内部会审、方案论证、集体决策。

6.3　正确发挥政府在推进山东农村人口转移和城市化进程中的作用

（1）遵循市场经济规律，充分发挥市场经济在推进城市化过程中的作用

城市化进程虽然需要政府的规划、指导和推动，但它更多的是通过人们趋利、求新的生产方式、交换方式和生活方式，由"看不见的手"自然推动的一个过程。城市化的动力是效益。人们为什么走出农村向城市集聚？从经济规律来看，一切生产要素的聚散、重组都有是为了以最小的投入创造最大的效益。城市化就是为了节省时间，追求最大的效益。这种集聚带来的不仅是时间的节约、要素的节约，更为重要的是人口的集聚改变着人的社会关系，引起人自身的升华，从而产生更高的物质文明和精神文明。效益机制就是市场机制。只要利大于弊，要素就继续向城市集聚，城市规模就会继续扩大。

各级政府加速城市化的工作不是把人和企业人为地向城里推，而是要

加速改革，扫除城市化的一切人为的障碍，创造城市化顺畅发展的经济社会环境，把现实生活中城市化的巨大潜力释放出来。

（2）健全就业和社会福利制度，提高居民生活质量

——出台相关的土地政策。没有相应的社会保障制度，即使目前国家允许具备一定条件的农民落户于城镇，同时这部分农民也具备了在城镇生活的能力与稳定的收入来源，但如果难解其后顾之忧，他们依然不愿放弃土地，而将其视为生活的最终保障条件，相应地则会在农村造成土地难以流转与规模经营的问题。要结合农民承包土地30年不变的政策，试行暂不要求农民退还承包地和自留地，以使用权的转包或入股的方式从原承包地获取一定的收益，用以支付进城初期的安置费用，待下一轮土地承包时再进行调整。

——制定扩大就业的各项政策。充分就业是城市社会安定和居民生活质量提高的一个重要前提条件。当前中国的城市面临着农民进城就业和失业与下岗职工再就业的三重压力，自谋职业具有很大的盲目性，以济南为例，出租车容载率攀升、露天烧烤屡禁不止，便是一个较好的证明。对于大中城市来说，健全和完善职介市场，对于优化劳动力资源配置，扩大就业，不失为一个有效的举措；而对于小城镇来说，实施乡镇企业"二次创业"，大力发展私营经济，促进区域经济增长，并同时调整产业结构，发展劳动密集型产业，顺利完成城镇化过程，并促进社会、经济和人民生活的提升，依旧是目前可行的方式。

——扩大廉租房供应。城市房地产对居民个人来讲，属于大宗高价值财富，对于新居民和原城市低收入家庭来说，难以一次性支付昂贵的房价，廉租房便成了解决这些人居住问题的首选。鉴于廉租房具有较强的福利性，这部分房源应由政府或国有房地产开发经营企业来提供。为了防止廉租房需求的过渡膨胀，同时也为了防止外来人口大量地盲目流入，房源经营管理单位要与公安、民政等部门密切合作，制定入住标准，建立相关制度，如担保制度（即由有固定工作和收入的本市居民提供担保）等。

——其他有关制度和政策。这些制度和政策涵盖医疗、教育、养老保险、失业保险、劳动保护等方面，它们是城市社会福利的主要内容。目前，我国正在开始或深化这些方面的改革，相关政策的出台和相应措施的制定都应考虑将新入城居民与原有居民一视同仁，甚至如果必要的话，政

府在过渡阶段还可以制定特殊的政策或采取特殊的措施，解决新入城居民的特殊困难。

（3）制定积极有效的经济政策，为加快城市化进程提供有力保障

——合理的产业政策。对于济南和青岛这两个中心城市来说，首先要大力发展就业容量大的第三产业，如旅游业、住宅业、新型流通业、社区服务业、信息服务业、咨询服务业、广告业、文化产业、体育产业、科技服务业、金融保险业等，以提高产业整体质量，扩大就业；其次要着重发展效益好、能形成新的经济增长点的产业，如新材料产业、生物制药产业等，以提高城市经济实力。中心城市产业结构要形成三二一格局，并保证它们之间较高的比值；区域性中心城市亦为三二一格局，但比值可适当低些；县级城市考虑形成二三一的等比例格局；中心镇要实现二一三格局，小城镇逐步由一二三向二一三格局过滤。

——积极的财税政策。首先，积极的财政政策可以表现为鼓励政府债券（如市政债券）的发放与购置方面的政策、财政支出向城市要素聚集和市政设施建设方面倾斜的政策、财政透支以加大市政大型门槛类项目（如路网或管网一次性大区域改造或新建）投资力度（或者说适当的赤字政策）。税收政策作为一种有效经济杠杆，可用以调控城市产业结构，使其向合理化发展；采取税收减免政策促进城市化要素聚集和成长，加速城市基础设施建设。

——适当的金融政策。对于基础设施和公用设施建设贷款，可以通过政府担保、低息或贴息贷款；对于有利于用于城市建设和发展所需的人、财、物等要素集聚的资金需求，政策性银行和其他国有银行可以按照国家政策在贷款规模、期限、利率等方面给优惠，为城市建设和发展提供有力的资金保障。政府还可以制定政策，让本埠非国有金融机构承购一定数量的市政债券，以便为市政建设融入更多的资金。

（4）深化城市供水价格改革，改善"瓶颈"因素制约

城市供水是既具有公共产品性质又具有稀缺资源性质的商品，山东省城市普遍受到水资源供给的制约，"水"成了山东省加快城市化进程的"瓶颈"因素。制定合理的水资源利用和价格政策，有利于促进水资源消费结构合理化，有利于增加水资源有效经济供给，有利于加快城市化进程。

——完善城市供水价格形成机制。首先，改变城市供水和污水处理厂的经营机制，使其成为真正的商品经营者，实行企业化管理，自主经营、自负盈亏。其次，大中城市逐步实行供水厂网分开的运行机制，引进竞争机制，供水企业竞价上网，中标企业取得相应的经营垄断权，以此促进城市供水集约化经营，约束成本上升。第三，水价制定要实行政府指导价，规范政府定价行为，政府定价要根据合理成本加平均利润的方法确定水价。第四，建立价格听证会制度，对水价制定和调整要征求供水企业、消费者协会、工会、供水协会等社会各界意见，保证水价形成的科学、民主、公正和公开。

——规范城市供水价格构成。一是要补偿成本，完善成本构成，加强成本核算，统一主要成本构成项目的计价标准；二是要确立合理的利润率，对不同行业、不同性质的供水，实行不同的利润率；三是要确立合理的税收、费用、项目和标准，政府部门可通过收取税金供作供水设施投资，通过开征耗水税，加大水资源费和水污染处理费等项目的征收力度等措施，既可防止水价格太低造成的资源浪费，又可使政府集中必要的资金保护水资源。

——理顺城市供水价格体系。完善水价分类体系，如实行两部制水价或阶梯式计量水价，根据不同性质行业实行分类水价、实行分质论水价等；确定合理的原水与成品水差价，提高目前严重偏低的原水价格，使其达到成品水价的合理比例；根据各地水资源紧缺程度和供水成本，实行供水的地方差价，以促使水资源的合理配置；针对不同城市的特点，对供水的丰枯期和用水的峰谷期实行差价，以缓解供水的季节性矛盾。

——完善城市供水宏观管理体制。改革当前城市供水的投资体制并进行相关的财税体制等配套改革，同时建立相关的法律、法规和规章，建立和完善组织管理机构，规范并加强城市供水管理，提高城市水资源的供给水平和利用效率，节约用水，促进城市可持续地健康发展。

（5）加强进城民工管理，提高城市人口质量，实现城市人口现代化

随着城市化进程的不断加速，农民工人（简称民工）进城出现的问题日益凸显。从总体上看，我省现行的管理体制、管理方式乃至整个管理水平都远远跟不上进城民工发展的需要，难以有效地做到趋利避害。为此，应制定对策，采取具体措施，加强进城民工管理。主要措施是：调控

民工的流向与流量；建立统一有力的民工管理体制；加强户口管理，改革和完善户籍制度；加强劳动力市场的管理和建设；加强民工的治安管理，健全预防体系；加强民工的计划生育管理，防止和杜绝超生现象的发生；加强民工服务保障制度的建设，为民工排忧解难，以减少社会矛盾；努力创造条件，促进民工回乡创业，减轻城市压力；加强进城民工的思想道德和法制教育；依法管理，把民工的管理纳入法制轨道。

山东工业化城市化发展所处的阶段及其评价

一 改革开放以来山东经济发展的阶段性特征

在人类社会发展和历史进步过程中，从农业国向工业国的跨越，是现代化进程中的一个重要里程碑。当代所有发达国家都是高度工业化的国家，而不发达国家几乎都是农业占有较大份额、工业落后的国家。这一历史事实使人们很自然地把社会进步特别是经济发展的水平即工业化程度联系起来，把工业化水平看作是国家现代化水平的重要标志。

一般认为，工业化不仅是指一个国家经济重心由农业部门向工业部门转变的过程，而且也是工业部门内部结构变化的过程。这个过程一般要经历若干阶段。美国著名经济学家钱纳里等把现代经济增长理解为经济结构的全面转变。他们在借助多国模型提出的标准增长模式中，把随人均收入增长而发生的结构转变过程划分为三个阶段、6个时期（见图1—1）。

根据经济增长活动的分析，在第Ⅰ阶段，社会生产主要表现为初级产品的生产活动，农业活动居于主导地位。虽然这一阶段工业部门的增长速度要高于农业部门，但由于人均收入很低，社会对工业制成品的需求非常有限，因而以制造为代表的工业部门不能成为总产出的主要来源，在社会经济活动中居于主导地位。在第Ⅱ阶段，以制造业为代表的工业部门对增长的贡献越来越突出。根据标准变动模式，一旦人均收入水平超过400美元，制造业对增长的贡献将超过初级产品生产的贡献，即工业部门成为总产出的主导地位。这一阶段被称为工业化阶段，包括了3个小时期。在第Ⅱ阶段，当人均收入水平进一步提高后，制造业在国民生产总值和劳动就业中的份额开始下降，而服务业即第三产业的增长速度将高于第二产业，最终将超出第二产业在社会经济活动中居于主导地位。

收入变动范围 （人均美元，1970 年美元）	时　期	阶　段
140 }	1	第 I 阶段：初级产品生产为主
280 } 560 }	2 }	
}	3 }	第 II 阶段：工业化
1120 } 2100 }	4 }	
}	5 }	第 III 阶段：发达经济
3360 } 5040 }	6 }	

图 1—1　经济结构转变过程的阶段划分

在经济增长和结构转变的这三个阶段中，第 II 阶段即工业化阶段是经济结构变化最为剧烈的阶段。按照标准模式，这一阶段内制造业在国内生产总值（GDP）中的份额从 19% 增加到 36%，同人均收入从 280 美元到 2100 美元的增长相对应。工业化阶段按人均收入水平可以划分为 3 个时期，这一划分与工业部门内部结构的变化也是大体吻合的。

从工业化过程中工业部门内部结构的变化看，一般认为也要经过 3 个时期或阶段。在初期阶段（人均 280—560 美元），消费品工业如食品加工、纺织、烟草、家具等工业是主要工业部门，并且比资本品工业如冶金、化学、机械、汽车等部门以更快的速度发展。在中期阶段（人均 560—1120 美元）资本品工业的增长速度加快，资本品工业产值在工业总产值中的比重趋于上升，但这时尚未取代消费品工业的主导地位。在后期阶段或高级阶段（人均 1120—2100 美元），资本品工业比消费品工业以更快的速度增长，并逐步取代后者而居于主导地位。德国经济学家霍夫曼通过对各国工业化过程中消费品和资本品工业相对地位变化的统计分析也得出了相同的结论。他认为，各国工业化无论开始于何时，一般都具有相同的趋势，即在最初阶段，消费品工业占优势；在第二阶段，资本品工业迅速发展，消费品工业优势地位下降；在第三阶段，消费品工业与资本品工业达到平衡，出现后者增长速度快于前者的发展趋势。①

　　山东省的经济发展水平在现代化进程中应处于哪个阶段？对此我们应谈有一个基本的判断。一般来说，对一个国家或地区工业化发展水平的判断，可以借助几个变量指标加以衡量。这些指标主要有人均国民生产总值（GNP）、部门结构、就业结构、资本存量结构、城市化水平等。城市化水平虽然不是一个经济指标，但它同工业化一样反映着一个国家或地区的现代化水平。

　　（1）人均 GNP 指标。该指标是衡量工业化发展阶段的最重要的指标。根据世界银行的测算，1998 年，中国的人均 GNP 达到 750 美元，具有工业化中期阶段的典型特征。在工业化的三个时期中，从 280 美元到 560 美元为工业化初期，从 560 美元到 1120 美元为工业化中期，超过 1120 美元直到 2100 美元为工业化后期。山东省 1999 年人均国内生产总值为 8625元，折合美元（按当年汇率）1043 美元，仍处在工业化的中期阶段。

　　（2）部门结构指标。1999 年，山东国内生产总值（GNP）的结构为：第一产业占 15.9%；第二产业占 48.4%。（其中制造业占 42.4%）；服务业占 35.7%。与标准模式相比，这个比例反映出农业和服务业的份额基本上与工业化的中期阶段相对应，而制造业的份额已处于工业化的后期和发达经济阶段。

　　（3）就业结构指标。1999 年，山东农业劳动力在社会劳动力总数中所占的份额为 44.4%，第二产业（包括采掘业、制造业、建筑业等）的就业份额为 22.7%；第三产业的就业份额为 32.9%。与标准模式相对照，第一产业的就业份额尚处于从工业化初期向中期过渡阶段，第二产业的就业份额则已进入工业化后期阶段，二者出现明显的不均衡状态。第三产业的就业份额则符合工业化中期阶段的标准。

　　（4）资本存量结构指标。我省的资本存量结构严重向工业倾斜，1999 年，山东省固定资产投资第二产业的份额达到 44%，比标准模式的

---

　　① 霍夫曼：《工业经济的增长》，1985 年英文版，第 67—77 页。

工业化末期的份额还要高，这说明长期以来我们重视工业的发展。但农业的固定资产投资份额则仅占不到1%（不含农村集体投资和私人投资），即使加上农村集体和私人投资，也少得可怜，这说明国家对农业的投资还不够重视。

（5）城市化水平指标。1999年，山东省的城镇化水平达到36%，比全国高6个百分点，但与山东的工业化水平相比，还存在着明显差距。按照测算，[①]在人均GNP达到1000美元左右，制造业份额达到30%以上，相对应的城市化水平应在50%左右，而目前山东的城市化水平则仍停留在工业化初期阶段。

从上述各项指标的基本数据可以看出，依据山东的人均GDP水平和经济发展水平，将山东的工业化定位于中期阶段，即560美元到1120美元的工业化的第二个时期，是比较合理的。但是也应看到，山东的工业化进程与标准模式相对照很难一一对应。最为突出的一方面是从工业发展水平和在GDP中所占的份额来看，山东似乎已超越了工业化的中期阶段，达到了工业化的后期阶段甚至更高的阶段；另一方面从就业结构和城市化水平来看，山东的工业化似乎还刚刚进入起步阶段，距标准模式的工业化中期阶段还有一定距离。

二　山东的城市化与工业化水平的偏差

根据以上分析，山东的工业化与城市化水平实际上存在着很大的偏差。按照钱纳里对发达国家和发展中国家工业化与城市化发展进程的对比研究，城市化是伴随着工业化过程而发生的现象。在工业化初期，城市化就已超过工业化，随后就明显地高于工业化水平了，这是各国城市化与工业化发展的一般规律。以他给出的世界发展模型为例，在低收入区内，城市化率已超过工业化率，但差异不大，但在人均GNP大于300美元以后，则城市化率明显高于工业化率（见图1—2）：

然而，用这一模型对照山东省的城市化和工业化发展，则可以发现，

---

① 按照钱纳里的计算，当人均收入超过500美元（1964年美元），城市人口就应当在总人口中占主导地位，即城市化水平达到50%；超过700美元时，工业中雇佣的劳动力超过农业。

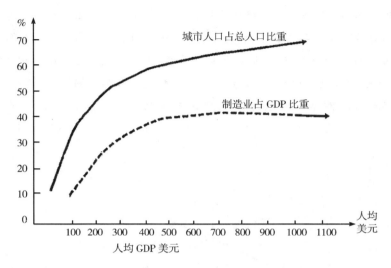

图1—2　发展中国家城市化率与工业化率比较
（根据钱纳里世界发展模型）

山东在人均GDP100美元到1000美元期间的城市化与工业化的发展轨迹与标准模型截然相反：世界发展标准模型中城市化率的曲线始终在工业化率的上面；而山东此发展模型中城市代的曲线始终在工业化的下面（见图1—3）：

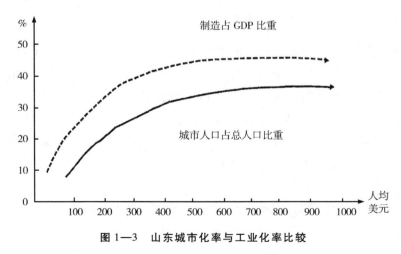

图1—3　山东城市化率与工业化率比较

　　按照工业化和城市化发展的一般规律，伴随着工业化和城市化水平的提高，劳动力在三次产业的就业份额呈现出不同的发展趋势。即第一产业由最初的 70% 以上到人均 1000 美元时就业份额下降到 25% 左右，这是一个最明显的变化。第二、三产业的就业份额则呈现出明显的上升趋势，即由最初的 10% 以下和 20% 左右上升至人均 1000 美元时的 35% 和 45% 左右。第一产业的就业份额的迅速减少是城市化水平提高的重要条件。根据钱纳里的多国模型，可以看出城市化发展与第一产业就业份额的变化曲线：

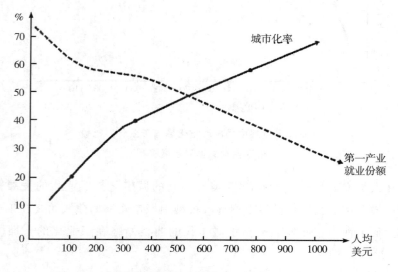

图 1—4　城市化率与第一产业就业率的比较（标准模型）

然而，用这一模型对照山东省的城市化发展和农村剩余劳动力的转移情况，则可以发现其明显的差别。即标准模型在人均 400 美元时，第一产业的就业份额就降到 50% 以下，城市化率接近 50%，两条曲线相交；而山东目前，人均 GDP 已超过 1000 美元，第一产业的就业份额仍高达 44.4%，而城市化率仅 36%，两条曲线尚未能相交，由此反映了我省农村剩余劳动率转移的缓慢（见图 1—5）

三　我省城市化滞后的主要原因和危害

山东的城市化滞后于工业化、与整个国家的工业化道路的选择和各项制度安排密切相关，与全国的城市化滞后于工业化的状况是一致的。因

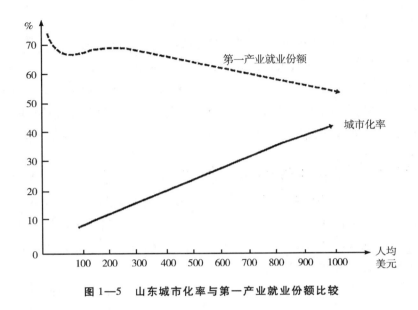

图 1—5　山东城市化率与第一产业就业份额比较

此，山东的城市化滞后，并非山东自身发展战略和制度安排的失误，而是可以从全国经济社会发展的轨迹中找到原因。

我国城市化严重添置后局面的形成，既有资源性约束，也有体制性约束；既有发展战略方面的原因，也有体制改革滞后的原因。在新中国成立后的前 30 年时间里，我国国民收入中的农业比重由 68.4% 降到 32.8%，下降了 35.6 个百分点，而同期城市化水平由 1949 年的 10.6% 上升到 1978 年的 7.9%，仅增加了 6.8 个百分点，城市人口年均上升不到 0.25 个百分点，城市化速度之慢为各国工业化过程中所罕见。这一阶段我国城市化滞后的主要原因是：第一，为实现"国家工业化"的目标，我国采取了重工业优先发展的战略。由于当时的国际封锁和物质与资本的匮乏，国家只能用低价统购农产品和工业价格"剪刀差"的手段来支撑工业化。由于重工业所需劳动力有限和就业所需资本的短缺，国家必须采取对农民进入城市的限制。第二，20 世纪 60 年代初期的天灾人祸，出现了农产品供给严重不足的状况，只有通过控制城市人口并压低农民消费水平才能保证城市居民的基本供给。第三，国家当时以生产建设为中心，对城市基础设施建设投入有限，城市无法容纳更多人口。第四，从 1958 年起，国家制定了严格的户籍管理制度，阻断了城乡居民之间的自由迁移和流动。

发端于 20 世纪 70 年代末期的农村改革，使我国农业生产力得到了迅速发展，为我国农村工业化的起步，积累了资金，创造了条件。从 80 年代初期开始，先沿海后内陆，我国乡镇工业异军突起，带动了整个国民经济的高速增长，吸纳了大批农业剩余劳动力，为改变农村贫穷落后的面貌做出了不可磨灭的贡献。然而，我国的乡镇企业 98% 以上都办在了乡村，它的一个重要特点就是农民"离土不离乡，进厂不进城"。也就是说，进厂的农民虽然职业角色有了改变，但由户籍所标明的身份地位，由兼营农业和居住地不变所形成的传统生活方式并没有根本性改变。我国农村的工业化并未带来农村人口的城市化，造成了农村工业化与城市化的明显偏离。到 1998 年，我国城镇人口占总人口的比重约 30%，比世界城市化平均水平仍低近 20 个百分点。

改革开放以来我国农村人口城市化的速度虽然明显高于前 30 年，但由于计划经济体制的惯性作用，城市化滞后的状况仍然没得到根本性改变。与前 30 年不同的是，这一从优体制的约束因素取代了资源的约束因素上升到主要地位。所谓体制约束因素，是指第一，户籍制度仍然没有大的松动。1984 年国家虽然提出允许农民自理口粮进入小城镇，但效果不明显。城乡居民的自由迁移仍受到严格限制，进城打工的农民无法融入市民社会。第二，就业制度的约束。在计划体制下由国家对城镇人口就业全包下来的体制、排拒了农民进城就业。城里人的"铁饭碗"与农民临时工的"泥饭碗"形成鲜明对比。第三，由国家对城市居民进行财政补贴的商品粮、住房等体制没有改变。在计划体制和城市职工低工资下建立起来的商品粮、住房、医疗及其他福利制度，使得城市人口的增加就意味着政府财政支出的增加，从而必须对城市人严格限制。近年来，虽然这些制度有所松动，但农民进城的成本仍然居高不下，农村人口的城市化仍然存着诸多障碍，这正是造成我国和我省城乡分割的二元经济社会结构长期存在的主要原因。

农民收入低从而农村市场的萎缩已严重影响到整个国民经济的发展。目前，在我国国民收入还比较低，大量低效率的农村剩余劳动力尚未转移出来的条件下，工业品和生产能力已出现了过剩现象，从而投资需求和消费需求不足，经济增长乏力，中国实现现代化的任务更加艰巨。大批人口滞留于农村，使人均耕地等自然资源严重短缺，农业劳动生产率难以提高，从而农民收入低的问题又无法从根本上解决，这就形成了一种恶性循环。应当看到，在我们这样一个农村人口仍占 2/3 以上的大国里，没有农民的现代化和农村人口的城市化，中国的现代化就没有希望。减少农民，正是中国从传统社会向现代化社会转型所要跨过的最巨大、最艰难的门坎。

四　发达国家城市化发展的基本特点

发达国家的城市化起步于 18 世纪 60 年代的英国产业革命，经历了 100 多年的发展，其城市化水平已平均达 80% 以上，其中比利时高达 97%，产业革命与城市化的发源地英国仍高达 92%，荷兰为 88%，联邦德国、澳大利亚与丹麦均为 86%。可以说，绝大多数发达国家的城市化，已基本走完了其兴起、发展和成熟的历程，进入了自我完善阶段。尽管各国城市化的起点、发展方式和达到高度发达城市化所花费的时间都有所不同，比如，英国从 1801 年的 26% 发展到 72% 仅用了 90 年，而法国由 1851 年的 25.5% 发展到 72% 却用了 120 年，美国虽然起步较晚，但从 l870 年的 25.7% 发展到 70% 却比法国提前 10 年，也只用了 90 年，最快的是日本，从 1930 年的 24% 发展到 72% 只用了短短的 40 年。但从总体来看，其城市化进程的历程与特点，在很大程度上代表了世界城市化的总体发展趋势。

第一，发达国家城市化的历史前提是政治上独立的资本主义商品经济。发达国家城市化都起源于工业革命，其历史前提是典型的资本主义商品经济制度，除个别国家外，大部分未遭受殖民主义统治，而且，相当一部分国家都曾经是殖民主义者。比如英国、法国、比利时、荷兰、意大利、日本、美国等国家在"二战"前都曾拥有大量的殖民地。显然，这一历史起点对发达资本主义国家的工业化和城市化所产生的影响是十分重大的，是发达资本主义国家城市化起步早、发展快、成效显著的重要原因。一方面，工业革命和由此而带来的高度发达的资本主义商品经济，使城市的聚集功能日益强化，向城市集中资本、劳力、技术、资源等生产要素成为大势所趋，因此，城市化进程加速就成为历史的必然；另一方面，随着国内的市场饱和、资源短缺，必然要对世界市场和国外资源产生强烈的需求，因此，便产生了对外的领土扩张、资本输出和资源掠夺，这无疑为发达资本主义国家城市化进程的加速，提供了比发展中国家更为优厚的资源储备和发展空间。

第二，发达国家城市化的基本动力是收益最大化。价值规律是左右发达国家城市化进程的基本规律之一。所谓城市引力或城市对各种生产要素的聚集功能，说到底，是价值规律在起作用，因为，无论是资本还是劳动力向城市的大量流动，其内在的驱动力都是争取收益的最大化（当然，这不包括西方国家在工业化和城市化早期对农民的剥夺和驱赶）。在发达国家，使收益最大化成为城市化基本动力的决定性因素有两个：一是人权，二是资本。在资本主义国家中，人权的确立，使人们彻底摆脱了封建制度的人身依附，获得了自由，尽管是"自由得一无所有"，但这为劳动力能够在全社会自由流动，进而也为城市化提供了至关重要的先决条件，因为只有这样，才可能使大量的农村劳动力得以在比较效益的驱动下自由地流入城市，从而形成城市对农村劳动力和人口的无障碍引力。资本的本性或天赋特权是等量资本必须获得等量利润。因此，在发达的资本主义国家，资本可以在价值规律的作用下自由流转，即资本可以为追求超额利润而不断从乡村向城市聚集，因为城市的产业结构、分工水平、聚集功能和由此而产生的规模效益，可以使等量资本在城市获取比乡村高得多的利润。而正是这种劳力和资本向城市的无障碍聚集，促使了发达国家城市化的快速发展。

第三，发达国家城市化与经济发展同步。发达国家的城市人口比重的提高与人均国民生产总值的增加，呈十分密切的正相关关系，凡是人均国民生产总值高的国家，城市化水平也比较高。而这些国家一般都是发达国家。从发达国家城市化发展过程上看，英、美、法、日等国家城市人口比重的提高与人均国民生产总值的增加基本上也是同步的，只是在城市化水平超过70%以后，城市人口比重提高的速度开始减缓，这种密切相关关系才开始减弱。发达国家城市化与经济发展同步，还表现为城市化率与工业化率呈密切的正相关关系。即发达国家城市人口占总人口比重的提高与从事二、三产业的人数占总就业人数比重的提高是密切相关的。据专家测算，发达国家1820年至1950年工业化与城市化的相关系数为+0.997，1841—

1931 年，英格兰和威尔士的工业化与城市化的相关系数为 +0.985，1866 年—1946 年，法国的工业化与城市化的相关系数为 +0.970，1870—1940 年，瑞典的工业化与城市化的相关系数为 +0.967。最典型的是美国，自 1790 年到 1950 年长达 160 年的时间，其城市化率与工业化率的变动曲线，几乎是两条平等上升的曲线。

需要特别指出的是，发达国家在后工业化阶段，工业的就业比例就呈现稳定甚至有所下降的态势，一般在 30%—40% 左右。这时，农业劳动力向城市的转移主要靠第三产业的发展。或者说，这一时期发达国家城市化率的提高与第三产业的发展也是密切相关的。据世界银行《1982 年世界发展报告》，1960—1980 年，发达国家的城市人口比重由 68% 增长到 78%，同期，第三产业就业人数比重由 44% 增加到 56%，第三产业的产值比重则由 54% 提高到 62%。

第四，发达国家城市化问题呈逐步好转趋势。城市化问题是城市化发展过程中出现的诸如交通拥挤、住宅紧张、环境污染、社会秩序混乱、失业和犯罪率高等被称为"城市病"的社会现象。发达国家的城市化是工业化过程中自然发生的一种现象和结果，因此其城市化过程几乎无一例外地遭受了这种种病痛的袭击和折磨。从发达国家城市化进程看，一般在城市化率达到或超过 50% 左右时城市病表现得最为突出，这主要由五方面因素决定：1. 城市化水平达到 50% 左右，标志着传统的乡村社会开始进入城市社会，这时的经济社会机制正处在新旧交替之际，对新出现的矛盾问题尚无妥善解决的能力；2. 管理者的管理观念、手段和行为方式还在较大程度上受传统的乡村社会影响，没有发生根本转型，对管理对象往往束手无策；3. 城市化作为使人类社会由农村社会转变为城市社会的一种综合性运行机制，其作用的重点因阶段而异。从效益的角度看，当城市化达到 50% 以前，全社会的目标都集中在经济效益方面，生态效益和社会效益往往被忽略，甚至以牺牲生态和社会效益来谋求经济效益；4. 在城市化达到 50% 以前，整个社会的经济实力还不足以支付生态和社会效益的高昂成本，同时，人们对经济、生态、社会效益相辅相成的关系还缺乏清晰的认识，因此也不愿以经济效益为代价，来换取必要的生态效益和社会效益；5. 城市化水平的提高，比如达到 50% 以上，人们随着经济收入的增长和对生活质量要求的提高，就会在心理感觉上扩张城市病的感应程度。当城市化达到70%以上时，上述现象与问题就会逐步得到根本改变，特别是信息技术革命的到来，在交通、通讯、生态保护等多方面为减轻工业化、城市化带来的诸多生态与环境问题提供了技术出的可能，因而城市病会明显好转。但从目前的情况看，发达国家城市化仍面临三方面的突出问题：一是过度郊区化，一些西方学者称之为"逆城市化"。虽然这能刺激交通、服务产业的发展，但其过度发展所引起的一系列经济社会问题，诸如加大城市化成本、动摇城市经济基础、交通问题、生态环境恶化问题等等，都对城市化产生极为不利的影响；二是城市人口出生率降低，甚至出现负增长。1986年在巴塞罗那召开的"人口与城市未来"国际会议上，人们指出："在发达国家里，城市人口出生率不断降低。"据世界银行《1988年世界发展报告》预测，1986—2000年发达国家中将有四个国家出现人口负增长，比利时、奥地利、丹麦三国分别为 - 0.1%；联邦德国为 - 0.3%；一个国家即瑞士出现零增长。这不仅会引发社会、伦理、道德以及人类生态等问题，而且是发达国家多年后走向衰落的巨大隐患。三是人口老龄化，从发展趋势看，这将是一个世界性问题，但首当其冲的是发达国家，而且已经给发达国家城市化带来了一系列消极后果。如劳动力与科技人员日益短缺和老化，政府用于老龄人口的财政支出不断增加，老年人就业困难和晚景孤寂等等。

第五，一批大都市带和都市区逐步形成。由于现代信息与交通技术产业的飞速发展，发达国家城市化的发展方式出现了新的变化，即城市规模的扩大靠地理位置相近的大中小城市连接，形成了一批大都市带或都市区。这种大都市带（区）的形成，使城市的集中和辐射速度、效率要增加十倍、百倍。目前发达国家主要的大都市带（区）有美国东北部大西洋沿岸自波士顿经纽约至华盛顿都市带；美国沿五大湖都市带；日本东京至九州太平洋沿岸都市带；西德鲁尔区都市带；英国以伦敦为中心的英格兰南部都市带等等。这些都市带（区）以较快的速度形成相当大的城市规模，以较小的国土面积，集中了相当大量的城市人口。最为典型的是日本，据日本1980年10月的《国情调查》，全国60%的人口居住在3%的国土上，其中又有60%的人口集中在仅占国土面积1%的东京等三大城市。1960—1980年间，日本人口密集区约增加3000万人口，其中三大城市就增加了2000万人。而且，这种趋势有增无减。

五　我省城市化发展的国际比较和基本特征

目前，我省城市化水平约为38%，从数字上看已经走出起步阶段，开始进入城市化快速发展时期。但与发达国家城市化同期发展情况相比较，除了在城市引力、乡村推力、产业集聚、产业结构演进、技术进步等方面程度不同地呈现共性发展规律以外，主要还有这样一些个性特征：

第一，城市化滞后于工业化。按经济社会发展的正常规律，工业化时期，城市化应当与工业化同步，甚至超过工业化的发展速度。但基于种种历史与现实的原因，我省城市化的发展大大滞后于工业化。与全国一样，经过数十年的发展，我省工业化程度已经达到世界中等收入国家的水平，但城市化却低于发展中国家的平均水平。据统计，2000年全省工业化水平为44%，高于城市化水平6个百分点，其中，比较发达的济南、青岛、烟台、淄博、潍坊、威海、东营等7市1999年工业化水平为52.3%，城市化水平为48.5%，其他10个城市工业化水平为47.7%，城市化水平仅为29%。而在城市化发展进程最快的日本，1947—1957年工业化水平由28%提高到36%，城市化水平则由28%提高到57%。城市化滞后，不仅直接影响工业化进程，同时也严重影响第三产业乃至城乡经济与社会的正常、快速发展。

第二，城市化发展动力机制不是完全的利益驱动。城市化是人类社会与经济发展到一定阶段的产物，但不同国家和地区在经济社会发展的不同阶段，其城市化发展的动力机制呈现出诸多不同的特质。与全国一样，山东城市化发展的动力机制与发达国家最根本的区别在于其不是完全的利益驱动，而是政治驱动为主。主要表现：其一，行政中心的辐射效应。自秦朝以来，中国一直是一个高度集权化的国家，其行政中心具有至高无上的特权，管辖和辐射着周围隶属地区，并因其政治和军事上的重要性而成为中心城市，近代虽出现了一些较发达的工商业城镇，也多受制于行政中心的支配，难以具有独立性和稳定性。新中国成立后，我国实行的是中央集权的计划经济体制，政府对经济建设具有绝对的控制权，资源配置完全按国家政府的指令性计划，因此，资金、技术、产业等，大多按计划配置在政府便于控制和管理的周边地区，从而使行政中心城市的发展无论在人口规模、经济规模还是社会服务功能方面均出现乘数效应。同时，城市化的速度、水平还因行政级别的不同而呈现出相应的差异，我省的青岛、威海、莱芜等市，因地方行政级别和隶属关系的改变，在城市化方面引起的相关效应是有目共睹的。同理，一个地方行政中心的迁移，对迁出地的相对衰落和迁入地的快速发展效应，也是显而易见的，古代有东京、长安、北京等都市的兴衰；现代有南京与北京的沉浮；时至今日，河北的保定和石家庄，我省的莱阳和烟台，也很能说明问题。其二，国家政策的决定效应。政策对每一个国家城市化的发展都产生直接或间接的影响，在中国这样一个中央集权国家，政策对城市化的影响力是巨大的。新中国成立以来，最直接对城市化发展产生重大影响的政策之一是户籍政策，这项意在加速我国工业化的政策，使城乡之间人为地竖起了人口按经济规律流动的壁垒，直接造成了城市化滞后于工业化的反规律现象；之二是设立市、镇的标准，这项政策的变化，使城市化水平出现统计数字上的人为变动，甚至出现城市化水平的虚假膨胀，比如有研究认为，1978 年以来，中国城市化进程加快，主要是通过"整县改市"、"撤乡设镇"增加城市数量，而不是通过人口进入城市实现的；之三是特区政策，这不仅创造出深圳那样仅用 10 几年的时间，就把一个小渔村发展成为 200 万人口的现代化大城市的世界奇迹，同时，也使上海、珠江三角洲以及我省的青岛等诸多沿海城市出现超常速的发展。其三，制度空间的影响效应。随着我国经济体制的不断转换，市场经济这只看不见的手正在逐步进入我们的经济社会，并在越来越多的空间和领域，与政治机制一起左右资源的配置。因此，利益最大化的驱动机制在推动城市化进程中的作用，也在这个空间中逐渐得到强化。比如深圳的奇迹，就是在特区政策的基奠上辅之以利益驱动的结果；还有，目前可以使城市化水平提高约 10 个百分点的城市流动人口和城镇长期暂住人口，也是户籍政策松动和利益驱动共同作用的结果。但是，这种利益驱动的强弱程度和强化速度，几乎完全取决于制度空间的大小和其完善的速度。比如城市对人才、资本、技术等要素的引力机制，一视同仁的公平竞争环境、宽松有利的产业发展政策，公正合理的农村人口进城的机会成本，等等。显然，在这些方面的制度还没有为利益驱动准备好足够的空间。

　　第三，中心城市综合实力不强。城市化不仅仅是人口和建筑物的简单聚集，而是人类社会和经济发展的一个相互作用的重要过程和结果。由于计划经济体制、二元经济结构等历史原因，我们不仅失去了城市化与工业化同步发展的历史机遇，同时，也失掉了城市化对整个经济发展的拉动能力。我省虽有济南、青岛等这样一些中心城市，并且已开始形成山东半岛城市群，成为全国五大城市群之一，但城市功能尤其是对区域经济的拉动作用，不仅无法与发达国家相比，与国内其他城市群相比也远不能及，特别是济南、青岛城市功能发育还很不充分，与省外同类主要城市相比，无论是经济指标还是基础设施，大多处于中下水平。同时，区域产业布局雷同，分工不合理，市地产业结构相似系数在 90% 以上，而且产业层次大多不高，"大而全"、"小而全"的现象严重，互补性差，据有关部门测算，1997 年 50% 以上的产品生产能力利用率在 60% 以下。再加出第三产业发育不全，城市门槛太高，城市下岗人员增加等因素，使城市对要素的引力和容量都大打折扣。

第四，小城镇规模偏小，经济功能较弱。与发达国家小城镇形成的历史动因和发展机制不同，我省小城镇规模过小，且多以政府功能而不是经济功能为主，虽然在 20 世纪 80 年代末至 90 年代初，曾因乡镇企业的迅猛崛起而被视为我国农村城市化的有效途径，但多数因规划布局不合理、产业结构低水平重复以及经济体制和管理方式等方面的问题，而未能达到预期效果。我省现有小城镇 2000 多个，但总人口 4 万以上的只有 447 个，3 万人以下的 1135 个，其中仅有 1 万—2 万人的 361 个，不足 1 万人的 33 个，如果仅按常住城镇人口计，规模则更小。有关专家指出，城镇人口规模若低于 5 万人，则形不成对第三产业发育发展的需求，其容纳农村转移人口的能力就会很弱，同时，城镇过度分散，还会因低水平重复投资建设而加大城市化的机会成本和减缓城市化的发展速度。

（执笔：秦庆武 许锦英 王波）

现阶段山东农村发展及城乡关系的主要特征

一 现阶段我省农业和农村发展的水平及特征

山东是个农业大省，在全国农业经济发展中具有举足轻重的地位。新中国成立以后，尤其是 20 世纪 80 年代以来，随着农业经济制度的改革和农业生产条件的改善，山东农业和农村获得了全面、迅速的发展，取得了巨大的成就。主要表现在以下几个方面：

第一，农业经济实力不断增强，农村发展水平不断提高。

1998 年，全省农村社会总产值达到 9570. 15 亿元，其中农业总产值 2242 亿元，约占全国的 8.9%。农业增加值达 1230 亿元，连续多年居全国第一位；粮食总产 1996 年创历史最好水平，达到 4333 万吨，此后连续多年居全国第二位，其中夏粮居第一位；1998 年油料总产达 335. 63 万吨，稳居全国第一位；蔬菜、水果、水产品总产分别为 6769. 92 万吨、839. 70 万吨和 650. 51 万吨，均连续多年居全国第一位；农民人均纯收入由 1949 年的 44. 74 元增加到 1998 年的 2453 元，年均增长 8.52%，在全国的位次已进入前 10 位，部分县市区已率先实现小康。1999 年，据有关部门预计，在自然灾害较为严重和粮食播种面积减少 50 多万亩的情况下，依靠提高单产水平，实现了增产的目标，全省小麦平均单产可达到 350 多公斤，仅次于大丰收的 1997 年。全省吨粮田面积达到 1560 万亩，平均耕亩产值达到 1200 元以上。全省农业增加值比 1998 年增加 4% 左右，除棉花外其他主要农产品均稳定增长，粮食总产可望达到 4269 万吨，比 1998 年略增，花生总产 312. 6 万吨，瓜菜 7452. 8 万吨，果品 861. 7 万吨，棉花 38. 5 万吨，均比 1998 年有所提高。在整个农产品价格处于低位运行和物价指数持续下跌的情况下，农民人均收入仍然有所增长，预计可达到2558元，也在一定程度上拉动了农村消费市场。农业经济实力的增强，提高了农村发展的水平，农村社会经济状况有了很大改变。

第二，农村产业结构不断优化，提高了农村发展的活力。

1978年以来，山东省委、省政府从山东实际出发，按照"决不放松粮食生产，积极发展多种经营"的方针，把调整优化农村产业结构，作为加快农村经济发展的着力点。在抓好粮食生产的同时，因地制宜，宜林则林，宜牧则牧，宜渔则渔，宜工则工，在全省范围内逐步建立起具有地域特色，能够充分发挥资源优势，合理配置资源的农村产业结构，出现了一、二、三产业及各业内部协调发展的新局面。第一产业增加值20年间增长了2.5倍，平均每年递增6.5%。在1998年全省农村社会总产值中，农业总产值所占比重由1978年的54%下降到23.4%，非农产业产值达到7328.15亿元，比1978年增长约20倍，所占比重由46%上升到76.6%。

在农业内部，农林牧渔各业的结构也得到了优化调整，其产值在农业总产值中所占的比重发生了显著的变化。农业的比重由1978年的82.9%下降到1998年的50%，林业由1.8%上升到2.3%，牧业由11.9%提高到33.3%，渔业由3.4%提高到14.4%，农林牧渔全面协调发展的格局已经形成。20年来，牧业发展最快，较改革前增长了8.9倍，年均递增12.2%，渔业较1978年增长了7.1倍，年均递增11.1%，农业、林业分别增长了2.3倍和2倍，年均递增速度分别为6.1%和5.7%。

在种植业内部，把发展高产、优质、高效、低耗农业，作为农业发展的根本出发点。转变农业增长方式，由以增量为主转到增量与增效并重上来，努力优化种植业结构，按照"稳一块，活一块"的方针和稳定粮食、增加效益的原则，积极引导农民按市场需求因地制宜地安排农作物的种植。粮食作物播种面积占农作物总播种面积的比重由1978年的82%下降为1998年的73%，油料面积由5%上升为7.7%，蔬菜面积由2.95%上升为14.1%，棉花面积虽波动较大，但亦曾达到4%的水平。

1999年，全省粮经作物比例已调整到6:4，粮食内部结构发生了重大变化，夏季收获优质专用小麦面积800多万亩，秋播达到1200万亩，占整个小麦播种面积的20%以上；全省优质抗虫棉面积420万亩，平均亩产比普通棉花高10公斤；水果套袋达到50亿个，可增加农民收入1.5

亿元；瓜菜季节结构、品种结构发生明显变化，保护地蔬菜栽培突破700万亩，成为农民增收的支柱产业。多种经营的发展，改变了传统体制的束缚，提高了农村发展的活力。

第三，农村市场经济体制初步建立，农村社会经济结构得到调整。

农产品市场发展迅速。改革开放以来，围绕着社会主义市场经济体制的建立与发展，我省逐步改革了农产品流通体制，初步形成了包括城乡集贸市场、批发市场在内的农产品市场体系，农产品市场有了极大的发育。同时放宽了对生产要素流动的限制，一定程度上实现了劳动力、资金、生产资料、技术在产业间和地区间的流动与组合，促进了农村要素市场的发育。到1998年底，全省各类农产品市场达到8970处，比1993年增加9.9%。农产品批发市场、集贸市场初步形成网络，各类市场的管理逐步向规范化发展。多种形式的农产品流通组织数量不断增加，规模不断扩大。

产业化经营逐步推广。随着农村市场经济的发展，小生产与大市场的矛盾日益凸显。为了解决这些矛盾，山东省各地在坚持以家庭承包经营为基础、统分结合的双层经营体制的前提下，进行了积极的探索。于90年代初，提出并实施了农业产业化经营。这种经营方式是适应市场经济发展的要求，将分散的家庭经营纳入一条龙的生产经营体系，以求最大限度地发挥整体效应和规模效应。农业产业化经营，1998年底全省共建立龙头企业18787个，实现销售收入940亿元，创利税102亿元，创汇17亿美元，带动农产品生产基地4410万亩，带动农户750万户，全省30%左右县市的主导产业和产品基本实现了产业化经营。

第四，农村新型社会经济组织逐步发展起来。

农户微观经营主体的地位已经确定。农村改革以来，山东省同全国一样，普遍实行以家庭承包经营为基础、统分结合的双层经营体制，农户逐渐成为相对独立的财产主体，确立了独立的商品经营者的地位，为农村市场经济的发展奠定了坚实的基础。在这种基本经营制度的诱导下，农村经济的财产结构发生了重大变化。据统计，到1998年底全省农民家庭生产性固定资产795.7亿元，占农村固定资产总额的50%以上，户均4008元，其中，1983年至1992年间农户拥有的生产性固定资产原值年平均增长速度超过15%。农民有了支配自身劳动的自由，获得了基本的经营权利，为农业运行体制转轨，合理配置农村资源，提高微观经济效益创造了条件，同时，以农户家庭经营为基础，农民在分工分业领域又创造出多种多样的市场主体和组织形式。

与双层经营体制相配套的制度安排不断完善。首先，明确了土地承包权的土地使用制度，到 1998 年底全省已有 40875 个村将土地承包期延长为 30 年，占行政村总数的 55%，其余行政村的土地延包，到 1999 年 10 月，已完成延包工作的村达到 7.5 万个，占总数的 86%，发证的占 80%，其余仍在抓紧落实中，争取 1999 年年底前全部完成。在坚持土地承包权长期稳定的基础上，一些有条件的地方对土地使用权的流转机制进行了积极稳妥的探索。其次，农村社会化服务体系逐步完善。围绕农民一家一户办不了、办不好、办了不合算的事，积极开展社会化服务活动。全省各类服务组织已发展到 19.3 万个，从业人员达 125.4 万人，其中县乡村服务组织 2.8 万个，农户自办和联办的服务组织 16.5 万个。

农村合作经济组织得到较快发展。随着农业产业化经营发展，各种类型的合作经济组织获得了较快发展。目前，全省各类农民合作经济组织发展到 9.7 万个，人员达 417.8 万人。另一方面，作为双层经营体制重要组成部分的农村集体经济，随着农村改革的不断深入和市场经济的发展，其经营管理方式也有了很大变化，一些地方通过股份合作制、发挥社区合作经济组织、建立和完善集体经济资产经营管理机制等多种形式，使农村集体经济重新焕发了生机。

第五，农民收入逐步提高，农村社会生活得到改善。

改革开放以来，山东省农民收入有了较大幅度的增长。1978—1998 年，农民人均纯收入由 114.56 元增加到 2452.83 元，增长 20.4 倍。但从 20 年来农民收入增长的历程来看，并不是直线增长的，而是呈现出明显的阶段性特征。1979—1984 年，由于实行承包责任制，农民的生产经营积极性得到空前的提高，农民收入则以年均 22.9% 的速度增长。在这一阶段，政策性因素以及种植业，特别是棉花生产是农民增收的决定性因素。1985—1992 年，为波动增长时期，8 年间农民人均纯收入累计增长了 30.56%，年均增长 3.39%，其中风调雨顺的 1987 年和 1991 年增幅较大，分别为 10.9% 和 9.4%，而 1985 年和 1989 年则出现负增长。其原因在于，种植业仍然是农民增收的主要来源，但由于政策拉动因素的减少，市场因素的制约，农民收入增长不快。不过在东部地区，乡镇企业发展迅速，逐渐成为农民收入的主要支撑。1993—1996 年，为第二个快速增长时期，由于种植业以市场为导向进行了有效的调整，推行了产业化经营等，农业经济效益明显提高，种植业再次成为农民收入的主要支撑，农村二、三产业和劳务输出也得到较快而稳定的发展，农民收入增幅又到了一个较高的水平，年均增长 26.96%。1997—1999 年农民收入绝对值虽然逐年有所增加，但增幅却呈连续下滑趋势，1997 年比 1996 年增长 9.87%，1998 年比 1977 年增长 7.0%，1999 年预计比 1998 年增长 4.2%。但总的来说，由于改革开放和生产效率的提高，农民收入有了明显提高，农村社会生活得到显著改善。

但是，目前我省农业和农村的发展也存在着不平衡、农村市场萎缩、大批劳动为人口滞留于农村等问题。因此，尽快实现农村人口的转移，提高城市化水平，已成为农村社会经济发展实现突破的关键。

二　新中国建国以来我省农村人口转移的动力机制和基本规律

随着经济发展和工业化水平的提高，农村人口发生产业转移和空间转移，城市化水平提高，这是由传统社会向现代化演进的客观规律。新中国建国以来，特别是 80 年代后，山东省农村人口也表现出较高的流动性，转移人口的数量、构成、方向都较建国前发生了较大变化。农村人口转移表现为两种形式：第一种是结构性转移，即由于一些政策、指令等结构性因素所导致的农村人口转移到城镇，如建制镇政策导致城镇范围内非农业劳动人口的比重不断上升；第二种形式是自然性转移，指农村人口出于经济等各方面的要求，自发形成的地域转移。这里我们将结合有关资料，纵向梳理建国以来山东省农村人口转移的概况，以探讨农村人口转移的经济、社会、文化等原因以及农村人口转移对城乡关系的影响，从而说明农村人口转移的动力机制和基本规律等问题。

1. 建国以来我省农村人口转移的基本概况

农村人口的转移与城镇化水平有正相关关系。农村人口转移的规模、数量、结构等因素可反映出一个地区的城镇化水平。故通过考察城镇化水平也可间接地考察农村人口向城镇的转移状况。

建国 50 多年来，山东省城镇化水平的变化较大，在国内已达到了较高的城镇化水平。山东城市数量由建国前的几个增加到了 2000 年的 48 个；城镇人口由 1949 年的 299 万人增至 1998 年的 4958.7 万人，年均增长大大高于总人口增长速度（1949—1990 年年均递增 1.52%）。1998 年建制镇个数达 1351 个，比 1985 年增长 73.9%。市区非农业人口 100 万以上的特大城市有 3 个，50 万—100 万人的大城市 5 个，20 万—50 万人的中等城市 19 个，20 万以下的小城市有 21 个。城镇化水平已从 1949 年的 6.6%，提高到了目前的 38%，高于全国的平均水平（全国为 30.6%）。

尽管我省的人口城镇化水平提高显著，但是其中却经历了一个曲折的发展过程，城镇化水平的变化具有明显的阶段性。

（1）城镇化迅速发展时期（1949—1960 年）。建国初期，从 1949 年至 1957 年，城镇人口由 299 万人增至 536.7 万人，年平均增长率为 7.59%，是总人口年平均增长率的 3.5 倍。特别是 1958 年后，由于“大跃进”、“大炼钢铁”等经济建设上的大运动及新建城市等原因，市镇人口增加迅猛。三年间，新设城市 3 座，吸收农村人口，城镇人口增加了 1 倍多。仅 1958 年，全民所有制职工就增加了 147.87 万人，结果形成了这一时期市镇人口盲目增长的局面。

（2）城镇化逆向发展时期（1961—1966 年）。这时期由于贯彻执行了“巩固、调整、提高”的方针，大力精简城市人口。从而出现了城镇人口的第一次回流，城镇化水平由 1960 年的 24.75% 回落到 1966 年的 11.40%。

（3）城镇化停滞时期（1967 年至 70 年代末）。在“文化大革命”前期，由于提倡知识青年“上山下乡”等运动，城镇化又出现逆向发展。到 1971 年后，市镇人口才开始缓慢回升，城镇化率由 11.40% 上升到了 70 年代末的 13% 左右。

（4）城镇化调整发展时期（80 年代初至 90 年代初）。在改革开放初期，传统的城乡二元结构并未发生根本改变。国家仍然严格控制农村劳动力进城做工，城乡人口流动率较低。但这时期由于主要推行了发展“小城镇”和乡镇企业的政策，小城镇人口发展迅速。如乡镇企业个数 1982 年为 21.85 万个，1990 年增加到了 143.59 万个。农村中从事非农产业的人员比重由 9. 61% 提高到了 25. 1% 。①

（5）城镇化发展新时期（90 年代以来）。90 年代后，随着改革的深入，我国经济又进入高速发展，非农产业吸纳劳动力的能力提高。同时国家放宽了户口限制，进一步调整了城乡关系政策。因此出现了大量的农村流动人口，城乡人口流动活跃起来。

但值得注意的是，人口城镇化水平并不能完全体现农村人口转移的真实情况。因为一般情况下，一个地区的城镇化水平是以市镇人口占总人口的比重来衡量的。而农村人口转移的两种结果是一部分人拥有城镇户口，成为非农业人口；一部分人仍拥有原来的农业户口，只是在城镇内生活、就业等。如 1990 年市镇辖区范围扩大迅猛，城镇化水平只有 20. 19%，比全国低了 6 个百分点，在全国从高到低排第 21 位，城镇人口非农业率也只有 54%，在全国属较低水平。但是，如果把城镇中的农业人口也加入到城镇化水平的考虑之中，那么 1990 年的 "城镇化" 率将是 64. 33%，这种统计是把市镇行政辖区内总人口数都考虑进去了。

2. 农村人口转移的基本特点

综观我省建国以来农村人口转移的基本情况，可以总结出如下一些基本特征：

第一，农村人口转移以政策推动型为主，人口转移由波动逐渐趋向稳定。

西方国家城市化的发展主要是一种自然而然的过程，先是农业发展，为城市化准备条件，然后城市发展，城市化水平逐步提高。而中国的城市化的发展受各种社会、政治、经济发展等因素的影响，故具有明显的政策性、被动性特征。所以人口转移具有起伏性。

尤其是在 1978 年以前，整个社会处于动荡阶段，这种特点很明显。当时为维护社会稳定、进行社会控制、减少农村人口向城镇的转移，国家制定了一系列政策。如 1958 年 1 月全国人大常委会通过并颁布的《中华人民共和国户口登记条例》，规定我国全面运用户籍管理控制人口转移，控制农业人口转变为非农业人口。同时政府又陆续制定了控制人口转移的

---

① 《跨世纪的中国人口》（山东卷），中国统计出版社 1994 年版，第 184 页。

与户籍制度相配套的政策，如统购统销制度、城市用工制度等，进一步造成城乡的对立。

20 世纪 80 年代以来，中国发生了深刻的变革，明确了以经济发展为导向，社会趋于稳定发展，同时户籍制度以及与其有关的政策有所松弛，一些新政策、规定的实行，导致农村人口转移呈平稳上升趋势。国家还调整了工业化战略，对农村乡镇企业采取了积极扶持的政策，农村工业迅速发展起来，开辟了农村剩余劳动力转移的新天地。国家对长期实行的严格限制农村人口向城市转移的户口迁移制度进行了相应调整。1986 年国务院又做出决定放宽建制镇的设置标准。这些调整促进了小城镇的兴起，推动了农村人口的转移。

第二，受传统计划体制和户籍制度的影响，人口城市化水平偏低。

我国由于长期实行计划经济体制，社会所形成的一个鲜明特点就是"城乡二元结构"。即通过行政的手段"阻隔"城乡人口等各种生产要素的流动，而形成的一种城乡分割，划地为界，身份有别的社会状况。

与之相应的是，人口流动受到严格限制，城市发展水平滞后。如山东省 1952 年非农产业创造的国内生产总值所占比重是 34.2%，城市化水平是 6.9%。而到 1998 年，非农产业创造的国内生产总值所占比重上升到了 83%，城市化水平却只有 35%。由于我国长期以来实行的是一条"非城市化"的工业化道路，故城市化与工业化发展脱节。

长期实行的户籍制度也是一个重要阻碍因素。1958 年《条例》规定：公民由农村迁往城市，必须持有城市劳动部门的录用证明，学校的录取证明，或者城市户口登记机关的准予迁入的证明。严格限制农村人口向城市流动的户口迁移制度与计划经济下的粮油供应制度、劳动就业制度、社会福利制度结合在一起，形成一道坚固的防线。

第三，农村人口转移存在着明显的地区差异性。人口转移与各地区的社会经济发展水平密切相关。由于我省社会经济发展具有明显的地区差异性，因而农村人口转移存在着明显的地区差异性。

3. 农村人口转移的动力机制与规律

促使农村人口转移的动因主要有两个方面：一是结构性因素，这是人口转移的宏观动力；二是转移人口的个体特征，这是人口转移的微观动力。

结构性因素主要包括：

（1）农村人多地少，出现了大批剩余劳动力。农业人口不断增长和土地面积日益减少所形成的现实是农村人口转移的原动力。建国之初，由于我国人口政策的失误，使我国人口增长速度非常快。山东人口由 1949 年的 4549 万人增长到 1998 年底的 8838 万人。50 年间总人口接近翻一番，而同期由于城市基本建设用地和城乡聚落的扩展，人均耕地面积不断减少。日益尖锐的人地矛盾产生巨大的推力，迫使农村人口向城镇和非农产业转移。

（2）城乡差别存在所产生的巨大拉力作用。建国后，由于长期实行重城市轻乡村的政策，结果造成了工农差别和城乡差别扩大，使城镇对农村人口转移产生了巨大的吸引力。城镇与乡村相比，不仅具有便利的生活服务设施和文化娱乐设施，而且具有更高的收入和生活消费水平。城乡收入的差异是造成乡城人口迁移的巨大动力。

例如，根据我们的调查，从外出打工原因看，仍以谋生和改变生存条件为主要目的。在被调查者中有 56.3% 的调查对象外出打工是出于"挣更多的钱"的目的，有 13.4% 的调查对象是"因为家庭生计"，这充分说明现阶段山东省农民出外打工是迫于生活的需要。但不容忽视的是人口外出打工的主动性在增强，有 10.3% 的调查对象是"自己愿意"外出打工。尤其是以青年为主，即低年龄组的人大多愿意外出打工，而在 51 岁以上的人中，只有 38.2% 的人愿意外出打工。下表也从一个侧面反映出了这一点。

表　　　　　　　　　　是否愿意外出打工（%）

	20 岁以下	21—35 岁	36—50 岁	51 岁以上
愿意	89.7	69.9	52.4	38.2
不愿意	3.4	21.3	35.5	56.4
不知道	6.9	8.8	12.1	5.4
合计	100.0	100.0	100.0	100.0

促使农村人口转移的微观因素主要是个体文化心理特征发生转变：由

传统的生存原则（乡土情结）到现代生存方式的转变。

从 20 世纪 50 年代至 80 年代初，制度性因素成为农民转移的决定因素，加之经济和社会生活的政治化倾向，强调集体主义、牺牲个人来获得集体利益。农民转移与否取决于现实外在条件的需要，取决于制度性和政策性因素。然而传统的乡土观念也在一定程度上起作用。斯科特提出的"生存伦理"（subsistence ethic）可部分地解释中国传统社会农民相对地固定于乡土、不外出或转移的原因。"生存趋向的农民宁可避免经济灾难而不是冒险去最大限度的增加其平均效益。"生存伦理支配下的广大农民宁可守着有限的地块土中刨食，也不愿冒险进入一个也许收益更大但却是他们完全陌生的环境。"乡"、"土"是他们割舍不开的心理情结。①

例如，对那些现在仍居住在村庄（或街道）的调查对象，当我们问他们是否想放弃现在的工作，到城镇或外地工作时，发现竟有 56.1% 的人持否定态度。不过从年龄分组来看，多数年轻人是持肯定态度，低年龄组的人与高年龄组的人差别显著。如下表所示：

表　　　　　　　　　　　是否愿进城镇工作（%）

	20 岁以下	21—35 岁	36—50 岁	51 岁以上
是	82.8	55.9	39.0	14.5
否	17.2	44.1	61.0	85.5
合计	100.0	100.0	100.0	100.0

另外当我们问"如果现在政府收回您的土地，让您进城镇务工或自谋职业，您会同意吗？"结果有一半多的人选择的是不同意。而且年龄越大，作此选择的比例越高。详见下表。

表　　　　　　　是否同意进城镇务工或自谋职业（%）

	20 岁以下	21—35 岁	36—50 岁	51 岁以上
同意	41.4	44.4	33.5	32.7
不同意	37.9	45.6	55.6	63.6

① 黄平主编：《寻求生存——当代中国农村外出人口的社会学研究》，云南人民出版社 1997 年版，第 100—101 页。

续表

	20 岁以下	21—35 岁	36—50 岁	51 岁以上
不知道	20.7	10.0	10.9	3.6
合计	100.0	100.0	100.0	100.0

不过，从被调查对象的愿望来说，大多数都承认城镇的生活比农村更方便，持此观点的人占 86.2%。另外，当我们问"您是否希望自己的子女离开本地去大中城市工作？"时，也有 85.6% 的人表示同意。

但 80 年代末到 90 年代初由于推行了市场经济新体制，个体追求发展、改变生活方式的意识觉醒。而且人口转移趋向"经济理性"，即通过转移的成本与收益的比较来决定迁移行为。转移者迁移时，对迁入地和迁出地预期效益进行比较，并计算相应的成本。由于转移效益大于成本，农民转移时对成本进行控制，成本降低。而且随着市场经济的发展，人们的思想意识越来越趋于现代和开放，个人素质不断提高，这越来越有助于转移的实现，农村人口转移将不断增加。

三　山东省农村发展与城市发展的互动关系

事实上，人口转移是与社会经济结构密切相关的过程，它深受城乡关系结构的制约。如著名经济学家刘易斯提出的"两部门结构发展模型"，即分析了二元经济结构对发展中国家农村劳动力向城市转移的影响。他认为发展中国家的国民经济结构由传统的自给自足的农业经济体系和城市现代工业体系所组成，即为二元经济结构。由于这两类结构存在着显著差别，以及收入方面的不平等，故导致了工农业两个经济部门之间的劳动力转移，引起农村人口向城市的转移。

我国是一个典型的"二元结构"的国家，城乡之间存在着显著差别。例如根据蔡昉所提出的反映二元结构状况的"结构反差指数"，我国 1952—1980 年，二元结构反差不仅没有随着人均国民收入水平的提高而缩小，反而是扩大的趋势。改革开放后这个指数才开始下降。见下表。[①]

---

① 蔡昉著：《中国流动人口问题》，河南人民出版社 2000 年版，第 38 页。

改革以前的二元结构反差

年份	1952	1957	1962	1965	1970	1975	1978	1980
人均国民收入（元）	104	142	139	194	235	273	315	376
结构反差指数	0.051	0.094	0.100	0.114	0.144	0.147	0.137	0.118

　　建国初期，山东省在整体上仍处在传统农业社会和农村社会，处在前工业化阶段。社会产业结构上，山东省仍是一个以传统农业为主的农业省。1952年，在工农业总产值中，农业总产值占66.6%，工业总产值占33.4%，社会就业结构上，劳动力主要集中在传统农业部门。山东省同新中国一样，面临着工业化的艰巨任务，故也走上了通过工农剪刀差为工业积累资本的道路。正是在这一阶段，户籍制度和统购统销制度在城乡之间划出了一道界限，最终形成了严格的城乡二元结构。

　　到1978年时，在工农业总产值中，农业总产值下降到25.6%，工业总产值则上升为74.4%。① 但农村发展和农民的生活水平、社会地位都处于社会的边缘位置。农民同工人相比，无论是在收入方面，还是在社会保障和福利待遇方面都处于劣势。1978年之前的城乡流动先是由政治命令拉动的结构性社会流动；后来则只能通过非常有限的几条途径（上学、招工和参军）、在非常有限的程度上进行，基本上无自主性而言。

　　这种异化的互动关系导致农村发展滞后、城市发展后劲不足，日积月累，最终引起农村发展和城市发展互动关系的变化，其时间跨度和国家宏观的农村发展和城市发展的互动关系变迁的时间跨度基本一致。

　　20世纪90年代后，城乡关系结构才有所改变。1990年，山东省在工农业生产总值中，农业的生产总值为22.7%，工业生产总值为77.3%。② 在全省就业人口中，第一产业就业人口占就业人口的78.80%，第二产业就业人口占就业人口的12.06%，第三产业就业人口占就业人口的9.14%。与1982年相比，第一、二产业就业人口比重下降了1.24个百分点和0.15个百分点，第三产业则回升了0.59个百分点。可以看出，随着经济建设的不断深入，山东人口产业结构已开始转变，但仍未摆脱传统就

①　《山东省统计年鉴》（1994年）第14页。

②　同上。

业结构模式，转变的速度也很慢，第三产业就业人口比重比全国平均水平低 3.44 个百分点，在全国 30 个省（市、自治区）中居第 27 位（从高到低）。①

根据第四次人口普查的资料，1990 年全省流动人口共 83.55 万人，占全省总人口的 0.99%。流动人口以有农业户口人口为主，且男性多于女性；流动人口的地区分布差异显著，流向又有一定的规律性，即从经济欠发达地区流向经济发达地区，从贫困地区流向富裕地区，从农村流向城镇；和原有的流动方式相比，规模颇大的自发的"民工潮"占据主要地位，而且由于整体文化素质较低，流动人口多从事建筑业、商业、饮食服务业和日常生活制品修理业等。

现在，中国正积极推进城市化，使农村发展与城市发展的互动关系和谐化，这是农村和城市经济继续发展的要求。而要实现这个目标，就必须对中国原有的城乡二元结构进行改造，积极推进中国城乡结构由二元对立松动阶段向全面融合阶段的顺利转型。中国农村发展与城市发展和谐互动关系的实现必须依赖城乡二元结构的顺利转型。

虽然目前农村和城市发展的互动关系已从"偏心型"进入相互调整、适应阶段，原有的不合理的互动关系有了较大的改观，但通过对实际情况的调查分析我们发现，实现农村和城市发展的和谐互动，顺利推进山东省农村城市化的进程还有很多工作要做。

如在被调查对象中，虽有 77.0% 的人认为城市化与经济发展的关系很大，但是有超过 70% 的调查对象对本地的城市化水平持中间或不满意的态度。这可说明现阶段城市化的发展水平与经济的发展不相适应，需进一步改革传统的城乡结构关系，打破户籍制度的束缚和城乡壁垒，提高我省的城市化水平。

（执笔：林聚任 刘卫东）

---

① 《山东省统计年鉴》（1994 年）第 14 页。

子课题报告之三：

山东农村剩余劳动力转移面临的困难及对策

与全国一样，山东省农村经济社会发展正处在重要转折关头，农村经济和社会结构正在进行战略性调整，城乡经济社会之间的相互影响日益加快。江泽民同志在党的十五大报告中指出："社会主义初级阶段，是逐步摆脱不发达状态，基本实现社会主义现代化的历史阶段；是由农业人口占很大比重、主要依靠手工劳动的农业国，逐步转变为非农业人口占多数、包含现代工业和现代服务业的工业化国家的历史阶段。"在这种背景下，分析现阶段山东省农村劳动力转移和城市化推进面临的主要困难和历史性机遇，确立一条沟通城乡、打破经济社会的封闭性，实行城乡一体化的发展道路，具有十分重要的意义。

一 山东农村剩余劳动力转移和城市化的基本状况

（一）研究背景

本报告所使用的农村剩余劳动力概念是指超过农村产业需求的那部分劳动力，将他们从农村中转移出去，并不会减少现有产量，而且很可能提高劳动生产率，即其边际生产率为零或负数。使用农村剩余劳动力概念的意义在于：澄清部分人将农村剩余劳动力实行"就地转移"的模糊认识，认清农村剩余劳动力转移的主要方向是不断扩大的现有城市和新兴城镇，乡镇企业也应逐步向城镇集中。农村剩余劳动力的实质是许多农民处于失业或半失业状态，失业就意味着没有收入来源，没有发展机会，没有做人的价值和尊严，是一个严重的社会问题。

存在农村剩余劳动力是各国在经济社会发展过程中都存在过的、具有普遍性的问题。原因在于：在由传统农业社会向现代工业社会转变或由向二元经济结构向一元经济结构转变的过程中，常常出现农村劳动力总供给增长速度超过城乡产业对农村劳动力总需求增长速度的现象。农村劳动力总供给增长过快，主要由农业劳动生产力提高导致农业所需劳动力减少和人口过快增长导致劳动力超量供给的共同作用引起。城乡产业对农村剩余劳动力总需求增长过慢在各国表现不一，有的是农村非农产业不够发达，有的是城市经济的资本密集倾向，有的是经济发展技术选择错误，有的是城市人口增长过快，有的是整个经济社会发展战略选择失误。

与其他国家不同的是，我国农村剩余劳动力不仅存在，而且超量存在。农村剩余劳动力超量存在的基础是农村人口的超量存在和农村人口比例过大，建国后我们选择了主要依靠现有城市、优先发展重工业的赶超型现代化战略。这种发展方式，虽然重工业资本有机构成显著提高，但它的扶摇直上并没有有力地促进和装备农业发展，尤其是没有相应地带动农村劳动力不断地向非农产业转移。相反，为了使工业保持较高的积累率，也为了避免城市化与工业化过早地进行资源竞争，政府还相应地建立了一系列的工业化的配套制度和措施，如实行城乡高度分割的政策，限制人口和劳动力在城乡之间、地区之间流动，垄断和控制生产要素的配置权，限制农村发展工业，实行主要生活资料的统购统销和低工资制度，限制资源向消费领域流动等，由此形成了城乡分割的二元经济社会发展格局。所有这些都是农村剩余劳动力超量产生和存在的深厚土壤。

（二）山东农村剩余劳动力转移的历程

新中国成立后，山东省劳动力的就业方针是根据各历史发展阶段的不同政治任务确立的。农村劳动力的非农化转移，是从 1952 年开始的，到 1957 年，全省城镇从业人员已达 196 万人，为 1952 年的 1.5 倍，这期间全省城镇人口、非农业人口及非农业劳动力占全社会从业人员的比重，分别从 1949 年时的 6.6%、5.7%、20.2% 上升到 1957 年的 8.4%、8.1%、27.1%，与整个国民经济的发展基本同步。

1958 年，在"大跃进"的影响下，国家在劳动管理方面严重失控，使大批农民进城，职工人数大幅增加，在一年多的时间里，就净增 81 万，为 1957 年全部非农劳动力的 41.7%，这样的转移速度显然超过了当时的承受能力。国家不得不用三年时间进行调整和整顿，将部分城镇职工精简回农村。在"文革"期间，国家基本废除从农村招工的制度，且逐步形成了知青"上山下乡"制度，从1964年到1979年底，全省下乡知青累计达到48.9万。由此导致1957年形成的人口城乡构成和劳动力就业构成，又回到建国初期的格局。

1979年以后，我国走上了改革开放道路，探索并寻求解决农村劳动力剩余问题，获得了新的机遇和条件。农村劳动力向非农产业的转移，农村人口向城镇的转移，打破了长期处于停滞状态的局面，呈现出快速增长的势头。20年来，全省城镇人口以年均按近8%的速度递增，累计达到2000余万人；非农产业劳动力以年均超过8%的速度递增，累计达到2700余万人。

综观20年来山东农村剩余劳动力的转移，有如下几个特点：

第一，农村改革，逐步消除了对农民的身份限制，潜在的农村劳动力剩余开始显现。家庭承包责任制的实行，确立了农民的生产经营主体地位，在客观上承认了劳动力归劳动者个人所有，极大地调动了农民的生产积极性，为种植业剩余劳动力向林牧渔业转移、向非农产业转移、向农村以外转移提供了条件。

第二，农村剩余劳动力转移主要发生在农村内部，乡镇企业是农业剩余劳动力向非农产业转移的主渠道。到1997年，山东省农村劳动力在乡镇企业就业者达到1091万，为1978年244万的4.47倍，年均递增8.2%，在农村总劳动力中的比重也达到了30.4%，比1978年提高了21个百分点。全省乡镇企业平均每年为农民提供45万个就业机会。

第三，农村剩余劳动力转移具有明显的兼业性，绝大多数转入非农产业部门的劳动力没有完全脱离农业，放弃土地承包权，仍然用闲暇时间或家庭辅助劳动力来经营农业，有相当比例的劳动力属于季节性转移，农忙务农，农闲时务工经商。

进入20世纪中后期，山东农村剩余劳动力转移遇到了新的困难，出现了新的特点。表现为：一是这个阶段由于城市人口就业问题逐渐突出，下岗人员再就业受到普遍关注，不少城镇制定了限制农村劳动力流入的政策；二是由于宏观经济环境的影响，乡镇企业发展趋向缓慢，吸纳就业能力急剧下降，有能量吸纳农村劳动力的城镇，也由于发展的滞后，没有能力吸纳更多的劳动力。乡镇企业和小城镇建设远非当初理论设计和政策制定所想象的那样乐观。

综合有关部门和专家学者对全省农村人口和劳动力供需状况的预测，到 2010 年，山东省全部从业人员约为 6200 万人，届时的农村劳动力约 4300 万，按农村劳动力从事农业生产与非农业生产的构成推算，2010 年的农业劳动力约为 3000 万。

目前，全省有 3600 万农村劳动力，除乡镇企业就业 1100 万人、农村牧渔生产需要 1000 万人外，已出现 1500 万左右的剩余劳动力。到 2015 年预计可达 2000 万人。若无转移农村剩余劳动力的重大举措，现有载体若无大的变化，未来 10—15 年，农村剩余劳动力不仅不能减少，加上新增劳动力，总数有可能增加，前景不容乐观。背负这样多的劳动力，要想实现经济和社会的现代化，是不可能的。而且，如此规模的农村剩余劳动力问题长期得不到有效解决，必将危及国家、社会稳定的大局，有可能成为实现第三步战略目标的严重障碍。

二 目前制约农村剩余劳动力转移的因素

（一） 农村剩余劳动力整体素质低

要实现农村剩余劳动力的转移，必须要求他们具备为二、三产业所需要的文化技术素质。这些正是目前农民所缺乏的。据《中国人口统计年鉴》，1997 年，山东省文盲半文盲占 15 岁以上人口的比重为 22.4%（全国平均为 6.3%），其中农村占 25%，所占比重由低到高排序，在全国 21 个农业大省中居 18 位。每百万人口中的大中专及以上人数为 194 人（全国平均为 274 人），在全国 21 个农业大省中居第 19 位。另据抽样调查 1998 年全省每百个农村劳动为中，文盲半文盲、小学、初中、高中、中专、大专以上文化程度的比例依次为 6.92、28.29、48.91、12.32、2.95 和 0.61，文化程度指数为 8.08，低于北京（9.28）、天津（8.28）、上海（8.22）、辽宁（8.19）。很显然，山东农村劳动力主体文化层次仍在初中以下水平。近年来，由于来自社会、学校、家庭等多方面的原因，全省农村适龄人口就学率时有反复，失学、辍学并不是个别现象。

自改革开放以来，山东农村社会文化传统、农民思想观念发生了很大变化，特别是在东部发达地区，出现了一大批市场意识强、有竞争、开拓能力的能工巧匠和乡镇企业家。但是，从总体上讲，大多数农民仍未摆脱自给自足、小富即安的小农意识的束缚。尤其在相对落后的西部地区，农民的思想仍相当守旧。改变这些农民的观念，比普及义务教育难度更大。

农村劳动力整体素质低，一方面制约了农村经济发展及产业结构的调整优化，另一方面限制了劳动力转移的择业地域范围以及他们在新的环境中的适应和参与能力。在一个素质不高、观念陈旧的劳动群体中，即使有了新的就业机会，要动员大批农民去从事非农产业也并非易事。因此，农村劳动力素质低下，是制约他们转移和流动的重要因素。

（二）农村和农业内部吸纳劳动力的能力有限

1. 乡镇企业吸纳劳动力能力严重下降。作为中国农民的"伟大创造"，乡镇企业存在着先天不足。据建设部的报告，乡镇企业80%设在村落，12%设在集镇，7%设在建制镇，1%设在县城，布局极为分散。山东的乡镇企业与全国一样，多数是靠廉价的劳动力，以劳动密集型的经营方式发展起来的。进入20世纪90年代之后，这种经济方式越来越失去了它原来的优越性。近年来，乡镇企业受市场竞争的影响，技术进步加快，资本密集程度迅速提高，吸纳农村劳动力的速度明显减缓。有关资料显示，乡镇企业投资的劳动力需求系数正在急剧减少，1979—1984年，乡村二级企业固定资产投资的劳动力需求系数为335人/百万元，而1985—1993年只有22人/百万元；同时，农村非农产业产值的需求弹性，即产值每增长1%相应的劳动力需求增长率日趋减弱，1978—1984年为0.65%，1983—1993年为0.39%。这是乡镇企业技术装备和资本有机构成不断提高的结果。另一方面，其自身的存在和发展环境也受到严峻挑战，随着城市国有企业改革的不断深入，乡镇企业所具有的机制优势已不复存在，它与国有企业在技术水平和管理水平上的差异，成为进一步发展的严重屏障，其"粗放"经营的特征正受到市场的严厉制裁。近年来省内大量乡镇企业倒闭破产即为明证。

2. 农业劳动生产率低下的状况仍没有根本改变。改革开放以来，山东省的农业劳动生产率在总体上明显提高，但由于人均占有资源少、集约化水平低，劳动生产率低下的问题仍然十分突出。全省的有效灌溉面积仅在 80% 左右，多数地区除耕种、收获几个主要环节基本实现机械化外，其余环节还要靠人工操作。1998 年，全省农业劳均增加值，仅相当于韩国的 1/30，日本的 1/50，法国的 1/70，美国的 1/60。劳均谷物产量，相当于日本的 1/2，法国的 1/20，美国的 1/40。按劳均谷物产量可供养的人口，韩国达到 8.7 人，法国 27 人，美国 34 人，山东省仅为 1.34 人。如果不能在农业劳动生产率方面实现重大突破，有效地改变多数农村劳动力"搞饭吃"的局面，农村剩余劳动力的大规模转移将会继续受到制约。

3. 对农业的深层开发受到比较利益低、投入不足的制约。剩余劳动力是个相对概念，是相对于农业资源开发利用的广度和深度而言的。我国农业劳动生产力水平低，通过不断加强农业资源的深层次开发利用，可以缓解劳动力就业不足的压力。但在向农业的深度和广度进军中，农村剩余劳动力转移面临着农业比较利益低下，农业资金投入不足的制约。山东省有大量荒山荒地及滩涂和盐碱地，但其开发受到资金投入和科技水平的限制。而且随着开发成本越来越高，这个矛盾会更加突出。因此，农业内部对农民就业供给的需求能力是相当有限的。

（三）　城市化滞后对农村剩余劳动力转移的局限

纵观世界各国的人口城市化历程，一个共同的特征是，各国大规模人口迁移现象通常发生在这样的时期：城市经济发展迅速，城市创造了大量就业机会，而农村收入远较城市低，农业剩余劳动力大量存在，农村隐性失业严重。在这样的时期，农村居民通常感到在农村收入太少，在农村生活下去难以明显改善自己和家人的生活，并将影响子女的前程，这时，如果城市能够提供就业机会，在城市能够挣到更多的钱，就会萌发迁居城市的念头并创造条件实现城市化。而城市化与工业化协调发展、同步推进，甚至超过工业化速度是世界各国的普遍规律。如日本 1947—1957 年工业化水平由 28% 提高到 36%，而同期城市化水平由 28% 提高到 57%。经过 20 年的改革开放，山东的工业化程度已达到世界中等收入国家的水平，但城市化却低于发展中国家平均水平，1999 年全省工业化水平为 42.5%，而城市化水平只有 36.7%。城市化滞后于工业化，导致城乡二元结构矛盾突出，城市基础设施欠账较多，城镇容纳力不强等问题，使城市难以成为推动农村剩余劳动力转移的积极力量。表现在以下几个方面。

1. 城市本身的劳动力剩余构成了对农村劳动力需求的排斥。各种调查表明，城市居民从一开始就对农民进城分享他们的就业机会和公益设施有一定的抵触情绪。"九五"以来，随着国有企业改革步伐的加快，使沉淀在企业内部的冗员有相当一部分排泻出来，失业率公开化并一度达到5%左右，农民进城意味着将与城市下岗职工竞争本来就缺乏的工作岗位，城市劳动力与农村劳动力竞争就业岗位的冲突进一步加剧。即使建立了城乡统一的劳动力市场，允许农民自由向城市迁移，在现有城市规模下，能够转入城市的农村劳动力也不会很多。农村劳动力受自身素质及就业信息等限制，在就业竞争中显然处于不利地位。

2. 与城市劳动力相比，农村劳动力的总体科技文化素质依然偏低，而城市工业的技术密集力程度一般较高，对劳动力素质的要求较为严格，无形中为农村劳动力在城市寻找就业机会树立了一道壁垒。

3. 中心城市和小城镇规模偏小，吸纳劳动力的能力有限。山东半岛城市群虽已挤入全国五大城市群之列，但吸纳农村劳动力的能力还不能与其他城市群相比。特别是济南、青岛两个龙头城市发育还很不充分。全省小城镇虽有2000多个，但总人口在4万人以上的乡镇只有447个，3万人以下的有1135个，其中1万—2万人的有361个，不足1万人的有33个。山东省的大中城市，以现有规模，很难作为农村剩余劳动力的"蓄水池"。托达罗人口城市化迁移模型指出：人口城市化不仅是城乡收入差别的函数，也是城市中就业机会的函数，即 $S = f(d)$，式中，S代表农村对城市的劳动供给，d代表城乡收入差距。而 $d = \omega\pi - \gamma$，式中 ω 是城市的实际工资，π 是在城市找到工作的概率，γ 是平均农村工资。我国农村人口和家庭的城市化迁移决策同样主要取决于预期的城乡收入差异，即劳动力城市化后的预期收入乘以就业概率后与在家实际收入之差。在经济发展过程中，山东省大中城市将凭借自身的技术和资金优势，逐渐转向高科技和资金密集型产业中心。因此，与过去相比，同样数量的投资所需要的劳动力数量在减少，而且需要的是素质较好的劳动力，它留给农村劳动力的就业机会非常有限，这种制约在目前尚不十分明显，但随着产业结构的调整和优化，作为发展的趋势终会显露出来。

（四）政策约束

1. 城乡二元经济社会结构仍然合法存在。一方面，大批劳动力需要从土地上分离出来，另一方面，由于户籍制度及由此引发的城乡居民在医疗保险、社会福利、文化教育等许多方面的身份差异，严重制约了农村劳动力非农就业的历史进程。

2. 政府在政策取向上不仅谋求经济发展，同时还要追求社会稳定。因此在农村劳动力流动速度和规模给社会特别是城市交通、卫生、治安等部门造成一定的压力时，政府往往会利用行政手段进行干预，使外出劳动力回流。

3. 目前的农村土地政策在一定程度上制约了农村劳动力的外流。家庭承包、分户经营长期不变的土地政策，与农业机械需要以土地规模经营为基础存在一定的矛盾。国外经验证明，在合适的生产关系下，农业的根本出路在于机械化，而机械化的耕作方式又以土地大规模集约经营为基础，这样才有可能使众多的劳动力从土地上解放出来，去开辟新的生产领域，实现非农化的转移。在未来的农村劳动力转移中，我们必须在政策上找到一条既能坚持家庭承包的土地政策，又能鼓励农民去从事非农业的非农化道路，以在制度上确保农村劳动力的合理流动。

综上所述，我们认为，目前的农村剩余劳动力转移还存在着若干制约因素，特别是面临着许多由于旧体制的遗留问题和新体制的不完善而造成的制约因素。我们只能靠深化改革和制度创新来创造更广阔的就业空间，充分释放劳动力的潜在能量。

三 把推进城市化作为吸纳农村剩余劳动力的思路

（一）对农村剩余劳动力转移发展阶段的判断

农村剩余劳动力转移是已在全世界范围内被证明的不可逆转的历史潮流，山东的农村劳动力转移虽主要发生于经济体制改革以后，但改革本身就是经济发展的必然结果。所以必须看到农村劳动力转移背后，经济规律所产生的决定作用。

我们认为，解决农村劳动力转移问题，既要充分考虑到山东的特殊省情，又要遵循经济社会发展的一般规律；既要考虑到经济社会发展的承受能力，又要看到世界发展的大趋势。而要做到这一点，就必须站在市场化、工业化、城市化的高度认识分析农村剩余劳动力转移的现状和趋势。市场化、工业化和城市化是推动现代化进程的三股最基本的力量，也是推动农村剩余劳动力转移的三大原动力。实践和理论都证明，要充分发挥出市场化、工业化和城市化对农村剩余劳动力转移的推动作用，又要求三者间协调发展。

长期以来，山东的市场化、城市化的进程严重滞后于工业化进程，使得农村剩余劳动力转移严重受阻。改革开放以来，市场化与工业化协调发展的道路已基本扫清。这些年来农村剩余劳动为转移所取得的成就，也是市场化、工业化因素发挥作用的结果。然而，在依靠市场机制和农村分散工业化力量推动经济高速增长和农村剩余劳动力转移的同时，城市化却没有作为一种主导力量发挥应有的作用。客观事实告诉我们，城市化进程滞后，城市化力量长期游离于工业化和农村剩余劳动力转移过程之外，是无法从根本上解决我国农村剩余劳动力转移问题的。

有效解决农村剩余劳动力的转移，需要与我国当前的宏观经济环境联系起来。当前宏观经济的情况，一是短缺经济基本结束，经过 20 年的改革，山东省与全国一样，已进入大面积、宽领域、全方位的产业换代升级时期。解决国民经济运行的主要矛盾，必须增加有效需求。二是经济社会发展受到城市化滞后、生态环境恶化、基础设施薄弱的严重制约。三是在政策制定上忽视规模人口的集聚，没有农民大量进城，形不成第三产业的有效供给。而这些问题的解决都与农村劳动力的合理配置有密切的关系。从长远看，国民经济的增长有赖于农村剩余劳动力的根本性转移。

目前，山东省经济社会发展和就业进入了一个新的历史发展阶段，这就是以城市化作为经济社会发展和吸纳农村劳动力的主要增长点，实现农村工业与城市工业的合理对接，大力发展第三产业，突破农村和城市隔绝的二元结构和桎梏，将城市化纳入市场机制的轨道，在有政府引导的市场机制下，加快农村剩余劳动力向城镇转移的力度，推动城市经济和市场规模的扩大，加快农民变成真正意义上的市民的进程。只有完成城市化，才能实现现代化，而农村劳动力的大量转移是我国完成城市化历史任务的必由之路。

（二）几点政策建议

1. 把加快城市化作为转移农村剩余劳动力的最大载体。当前，山东省要顺应经济发展的客观规律，依靠加快城市化进程来改造面临困境的农村分散工业化方式及其剩余劳动力转移方式，将市场化、工业化与城市化三种力量协调起来，将农村剩余劳动力转移与城市化建设结合起来，矫正和解决既有的劳动力转移方式产生的各种问题，开辟山东农村剩余劳动力转移的新阶段。

目前，国内对城市道路选择的探讨较多，各种主张都有存在的合理依据。国际上城市化发展的一般规律是：城市化水平低于30%，属缓慢发展阶段；30%—70%，属快速发展阶段；高于70%，属稳定发展阶段。按照这个规律，山东省城市化已进入快速发展时期。山东要抓住机遇，加快以第二、三产业和扩大内需为特点的城市化建设。方针是重点发展与改造大城市，积极发展中等城市，扶持并稳妥地发展小城镇。基本形成大、中、小城市协调发展的多元化城市发展战略。城市化不能搞形式主义，如单纯的乡镇合并或区划调整，必须与区域经济发展紧密结合起来。依靠济南、青岛的龙头带动，由点到线，四周辐射。

从世界各国和我国城市化发展趋势看，首位城市主宰区域经济趋向明显，大都市连绵区仍然是全球最具发展活力的地区。中心城市作为现代经济的主要载体，对经济发展具有重要的作用。因此，要全面建设济南、青岛两个中心城市，膨胀扩大规模，完善城市功能，加强基础设施建设，优化产业结构，增强创新能力，强化集聚和辐射功能，提高其综合效益。对淄博、烟台、潍坊、济宁等省内中心城市，在适当扩大规模的同时，以"内涵式"提高质量为主，使其发展为名副其实的区域性中心城市。对中小城市和中心镇，要搞好规划，使其与大城市功能互补，协调发展。

在实施多元化城市战略中，要制定稳妥的政策，引导农民转向非农产业，人口向城市集聚。对农民向城市转移，决不能采取消极控制的对策，要在市场机制的作用下，因势利导地推动，以合理的城市化政策，培育大容量的就业载体，使进入城市并有相对固定职业的农村劳动力在城市定居，改变其社会身份，使其成为现代意义上的市民。

与加快城市化进程，培育大容量的就业载体相适应，要着重解决以下几个问题。

第一，取消以户籍制度为代表的对农民变更身份的限制，取消不必要的行政命令对劳动力流动的人为干扰。我国长期实行的城乡隔离的户籍管理制度，以及与此相配套的就业、教育、医疗、住房及社会保险制度，是造成城乡二元结构的关键。城乡居民在社会地位、物质待遇上有着很大差别，即使在城镇务工经商的农民，也无法真正迁入城市。同时，农民进城后不愿交出承包土地，有政策上的原因，在很大程度上也是农民缺乏失去土地后长期稳定的生活保障预期。户籍管理要从原来的以出生地管理为主转变为以居住地管理为主的管理方式，山东省在户籍政策方面已有重大调整，关键是认真落实，要鼓励各级城市政府在条件许可的情况下逐步降低农民进入城市的门槛。根据"先易后难、逐步放开、分类管理"的原则，把已在城镇工作多年的农民尽快转为市民，把在中小城市、县政府驻地镇及以下小城镇有合法固定住所、稳定职业或生活来源的农民，均可根据本人意愿转为城镇户口，并在子女入学、参军、就业等方面享受与城镇居民同等待遇。

第二，尽快建立和形成城乡统一的劳动力市场。在市场调节供求，农民自主就业的前提下，健全就业服务体系，加强政府宏观调控，逐步形成统一开放、竞争有序的劳动力市场。目前，由于城乡二元结构的存在，城市用工制度限制了我国城市化的健康发展。在城市，实际上存在着一个由城市农民工为主体构成的次属劳动力市场，在这个市场中的农民的非农就业是缺乏保障的，这样就使得农村土地对农民产生了"终生保障"的功能，使农民像候鸟那样在农村与城镇之间飞来飞去。而且此种制度安排将一部分素质较高的农民工长期排斥在社会底层的位置上，会引发下层精英的不满，影响社会稳定。有鉴于此，要制止某些城市日甚一日地排斥外地打工者就业的现象继续蔓延，形成统一的劳动力市场。有关劳动就业方面的法律法规要体现统一劳动力市场的精神和原则。要创造条件解除城市劳动力市场对农民工的歧视，逐步建立一切劳动者的权利平等关系，努力通过这些改革免除农村劳动力迁入城市的后顾之忧。目前，要大力发展连接劳动力供需双方的职业介绍机构，职业介绍机构要接受农民和企业的选择，在竞争中发展，不能利用行政手段，强迫农民接受服务。要加快劳动力市场信息网络建设，当前要抓好地区性、区域性劳动力市场供求信息的搜集和发布，加强农村劳动力资源和转移状况的调查和不同地区劳动力市场信息的交流，形成统一的劳动力信息市场网络。

第三，健全外出农村劳动力的社会保障体系，减少他们的后顾之忧。由于外出农民缺乏有效的社会保障，使他们仍视土地为"活命田"，尽管已有不少人转移到城镇或大中城市，仍不愿交出土地；另一方面，他们又不愿对农田投资，往往造成土地撂荒，影响农业生产。在这种情况下，按照"明确所有权，稳定承包权，搞活使用权"和"依法、自愿、有偿"原则，探索促进土地流转的有效办法，尽快出台促进土地合理流转的法规。我们认为，健全的土地使用权流转制度会产生一个适当的"土地使用权价格"，部分离开土地的农民会凭借这个收益解决自己在城市的社会保障问题。

2. 加快乡镇企业和个体私营经济发展，增加农村剩余劳动力就地转移的载体。在改革开放的 20 年中，山东省农村剩余劳动力的非农化转移，80% 以上是通过发展乡镇企业，采取离土不离乡的方式就地转移的。虽然目前乡镇企业遇到了重重困难，就业劳力明显减少，今后乡镇企业也必须由外延扩大为主转向集约化发展，吸纳劳动力的能力会继续减弱。但依靠发展乡镇企业，推进农村工业化、城镇化仍是山东加快农村剩余劳动力转移的现实选择。尽管近年来山东省乡镇企业就业出现负增长，乡镇企业就业弹性下降，但这并不意味着乡镇企业就业不再增长。乡镇企业面临的困境和在此基础上的改革和创新将有助于改进自身的不足，从而获得就业的发展机遇，增强其扩张就业的能力。

在新的条件下，山东省乡镇企业要调整发展战略。一是要充分发挥农产品生产基地的优势，大力发展以农副产品为主要原料的加工业，搞系列化生产，以扩大乡镇企业对劳动力的需求。二是以农业产业化带动相关产业的发展，扩大非农产业对劳动力的需求。三是动员农村的各种力量，大力发展各种形式的个体私营企业，为农村剩余劳动力多渠道转移创造条件。个体私营经济，不需要国家和集体直接投入资金。要继续解放思想，加强引导，科学实现，创造条件，使之加快发展。

严格农村城镇的区域规划与区域布局，是推进乡镇企业发展和农村城镇化进程的前提。"以乡建镇"模式已给山东省小城镇区域布局带来严重后果，出现了"过度城镇化"现象。过去，无论是各地推进农村城镇化的实践，还是有关的研究文献，对小城镇的发展，往往比较注重城镇本身的建设规划，而忽视在更大的范围内进行农村城镇的区域规划与区域布局。因此，在加快乡镇企业产业结构调整优化的同时，要进一步调整乡镇企业布局，把发展乡镇企业与小城镇建设特别是中心镇建设结合起来。一是借资产重组、企业升级的机会，调整和优化地区产业结构，运用财政、金融、税收等经济手段，使过度分散的乡镇企业适度集中，通过完善基础设施建设，加强社会化服务，取消不合理收费，减轻企业负担，改善企业发展的外部因素。按照城市需要和对企业有利的原则，形成连片经营，产生集聚效应，促进农村工业小区建设，使其成为区域经济的"增长点"和"发展极"。二是拆除城乡壁垒，让农民以平等身份参与城镇建设，农民进城的根本动因是为了获得新的生产要素重新组合的机会，而不是为了单纯地追求城镇生活。目前小城镇公用基础设施建设的中长期信贷资金几乎得不到银行的支持。要拓宽小城镇融资渠道，在增加政府投入，引导社会投入的同时，让农民通过各种形式参与小城镇建设，坚持谁投资、谁所有、谁管理、谁受益的原则，允许投资者以一定的方式收回投资。三是切实搞好小城镇建设规划，淡化建制规格，坚持走城镇建设与经济建设统筹规划，同步发展的道路。不能把小城镇发展仅仅当作解决农村问题的一个途径，应该按照城市化的要求确定小城镇的发展方向，使小城镇发展与城市化趋势有机结合起来。在统筹规划、循序渐进的前提下，发挥市场机制的作用，在大中小城市和城镇之间建立畅通的资金流动系统，使小城镇不仅发挥活跃农村经济的作用，更能承载其他城市所分流的经济功能。为此，要切实改变原有的市镇设立标准，为富有活力的小城镇建设提供更多的空间、产业升级条件和吸纳农村劳动力的机会，打破行政区划界限，以吸纳农村人口而不是管辖农村人口为宗旨，走经济增长促成式的城市化道路。按照当地经济社会发展的总体战略搞好小城镇的规划和布局，防止不切实际地滥铺摊子，盲目扩张小城镇数量和规模。

3. 作为城市化的缓冲，制定和完善有利于增加农业就业容量的政策。目前山东省存在着大量农村剩余劳动力，是客观现实，但存在着剩余劳动力并不意味着农村和农业就没有进一步吸纳剩余劳动力的潜力。与世界农业发达国家相比，山东省农业生产力水平还比较低，通过不断加强农业资源的深层次开发利用，农业对劳动力需求潜力还是较大的。全省尚有未开发的可耕地约 200 万亩，尚未开发的宜林山地、河滩面积约 1400 万亩。另外，全省农林水利基础设施、交通、通讯、农村电网改造、城镇建设、生态环境保护也需要大量农村劳动力参与。要抓好农村劳动力价格低廉的时机，加强农业和农村基础设施建设。有关部门在配套措施上还要进一步加大对农业综合开发的投资力度，实行科技、资金、物资和政策的配套投入。在政策上，要防止工农业产品价格剪刀差进一步扩大，防止城乡收入差距和地区差距进一步扩大，这是调节农村劳动力就业压力、使其有序流动的主要阀门。

（执笔：李善峰）

子课题报告之四：

山东省加快城市化进程的对策及措施

城市化是区域经济和社会发展的必然趋势。山东省作为我国东部沿海开放地区的一个经济和人口大省，目前城市化水平只有 36.7%，较之于东部地区 38.5% 的城市化平均水平低约两个百分点，与世界上中下等收入国家 56% 的城市化平均水平相比差距就更大。另一方面，全省人均GDP 已超过 1000 美元，工业化水平接近 50%，山东省已经进入了工业化中期阶段并正在逐步向工业化后期阶段迈进，城市化严重滞后于工业化水平，这违背了二者协调发展的客观规律。由此看来，加快城市化进程，从质和量两方面同时加大城市供给，不仅是我省提前基本实现现代化的战略目标之一，而已经成为解决我省区域和产业结构升级和经济结构优化、扩大市场需求、增加劳动就业、促进区域协调发展、实现可持续发展等一系列重要问题的关键。

一 科学规划、合理布局，构造全省功能互补、规模适宜、等级有序的城镇体系，矫正城市发展方略

（一）利用科学的理论指导全省城市体系的规划和布局

城市在地域上的分布，不是"上帝"撒落于棋盘上的棋子，而是区域资源"自然"集聚和"人"的有意识活动有机结合的结果。城市的形成和发展有其内在的规律：首先，"中心地理论"要求以市场机制为主要组织机制和形式的城市平均配位数恒等于 6，即每个上一等级的城市要覆

盖 6 个下一级城市，这样才能充分体现城市集聚和辐射的功能；其次，"区域比较优势理论"要求于省内同级城市突出特色功能互补（避免千城一面、简单重复，甚至不合理竞争），而于省际之间则考虑突出优势，加强竞争，优先发展；第三，"城市平移对称分布理论"要求加快交通线上城市的建设步伐，使其尽快达到与其平移对称的城市规模；第四，"中心城市规模效益理论"要求城市人口规模达到 100 万—400 万人，200 万人时，城市净规模收益最大，可以达到城市 GDP 的 19% 左右；第五，"生态环境理论"则要求人的聚居地与生态和环境容量相适应，大城市的"热岛效应"等生态环境恶化问题否定了城市过度膨胀，而青睐低人口密度、优环境质量的中小城市。

鉴于以上理论，山东省初步形成的"两大中心、四个层次、五条城镇发展轴线"（即济南、青岛两大中心城市，省城中心城市，区域性中心城市，中小城市和小城镇四个层次的城镇体系，济青聊、日菏、京沪、京九、沿海五条城镇发展轴线）的网络化城镇体系框架构想是可取的，强化济青两个特大城市的带动作用，重点发展区域性中心城市，大力发展中小城市、积极发展小城镇的战略思路也是正确的。但还必须特别注意：第一，现代城市化推进的趋势已到了大都市圈、大城市群的层次，济南市地处环渤海地区的外沿，南北分别受到宁沪杭大城市群和京津唐的竞争压力，发展受到一定抑制，但济南拥有苏、鲁、皖、豫、晋、冀边界的广大腹地，优先迅速发展济南市，充分利用该巨大区域的集聚潜力形成该区域的最大中心地，当逢其时，机不容失；第二，与上述几省毗邻的临沂、枣庄、菏泽、聊城、德州本来已是本地区区域性中心城市，已经具有一定的规模和基础，于同类城市之中，优先发展该几个城市，对于吸引外省财富和要素，用 3—5 年的时间形成百万人口以上的大城市，进而扩大对本区域经济的辐射和带动作用，具有十分重要的意义；第三，业已为组群式城市的（如淄博、枣庄），或具组群式城市发展潜力的（如潍坊、烟台等），要搞好功能分区，保证做到功能互补、结构合理；第四，加强中心镇的规划布局，中心镇是新时期农村经济和小城镇建设相互促进的必然产物，是构成具有中国特色的现代化新型城镇体系的一个重要环节，中心镇处于县城内的中心地位，加快中心镇建设，对于带动和促进农村区域经济的发展和社会的全面进步具有重要作用，中心镇规划要与当前正在编制的《小城镇发展布局规划》相结合，并为其进一步发展为中小城市留有充分余地。

（二）加强规划工作的组织与协调，保证规划的前瞻性、科学性、可行性和权威性

城镇体系规划是全省城市化进程的宏伟蓝图，规划是各项建设的龙头。但在实践中可能会存在各级规划制定与主体规划目标的冲突，城市规划与其他规划的矛盾等问题，这就要求城镇体系规划必须要加强组织与协调。

1、全省规划行政主管部门牵头，组织国内外规划专家，会同省各产业和行业主管部门的专家，邀请市级以上政府规划行政管理部门专业人员，组成全省城镇体系规划委员会，制定全省城镇体系规划，并指导各市制定本区域城镇体系规划。

2、以充分的调查研究为前提，对区域自然、经济和社会影响城市化进程的各项因素进行深入分析，上下充分回馈，紧密衔接，减少可能的冲突，保证城镇体系的整体协调性。

3、建立公示制度，扩大规划成果的宣传面，充分吸纳社会各界建议，并进行必要的修订，一旦最终形成决议，达成一致，便以地方性法规的形式予以颁布并严格执行，以确保规划的权威性。

4、为了保证全省城镇体系规划的顺利实施，省长或分管副省长应与市长或副市长签订责任书，同时建立年度检查制度，并接受严格的社会监督，对无故随意违反规划的行为和现象及时查处和纠正，减小"试错"成本。

（三）构造全省 CCIS，突出各自城市特色

这里的 CCIS（City's Certificate Identification System）是指城市形象识别系统。山东省幅员辽阔，各地风俗习惯各异，因此，省级政府从宏观上把握，突出各地优势，发展各地不同的城市特色，对于加快全省的城市化进程，具有十分重要的作用。

1. 突出济南"山、泉、湖、河、城"融为一体的城市特色。规划建设十个以上绿化广场，五个区级公园，扩建改造大明湖、趵突泉、千佛山等主题公园，综合治理环城公园和城市出入口，建设小清河、黄河、二环路林带，加强周围山区绿化，建立济南市生态系统，人均绿地面积达到

10 平方米。同时，控制环境污染，推广清洁能源和燃气公交，并完善垃圾收集、清运、处理系统，建设无害化垃圾处理设施，垃圾无害化处理率达 95%。在市中心布局集商贸办公、金融、信息、技术、咨询、服务等功能集聚的中央商务区，强化城市综合服务功能，把济南建成全省最大的区域性资源配置中心，并使其逐步向国际化大都市发展。

2. 突出青岛"山、海、城"一体的自然景观特色。对主要路段、河流、广场及山体进行绿化美化，人均绿地面积达 12 平方米，综合治理水、大气和垃圾污染，关、停、转、迁污染严重的企业，建设小涧西大型垃圾处理厂，消除污染源。强化其对外贸易、涉外金融、高新技术引进以及国家级旅游度假区的功能。

3. 突出古运河沿岸诸城市的"运河文化"。这类城市包括济宁、聊城、德州等，它们都曾是繁华的商埠，是重要的商品集散地，当地市民有较好的经商意识，可以大力兴办各类小商品批发市场，使其成为所在地域的市场中心。

4. 突出鲁中北地区的"齐文化"。此类城市包括淄博、滨州、东营、潍坊等市域的县级城市，它们具有深厚的历史文化底蕴，在现代商品经济时代予以充分发掘，古为今用，会使地方品牌更加厚重。

5. 突出鲁中南地区的"鲁文化"。充分利用泰安的"山"、曲阜和邹城的"庙"，弘扬"鲁文化"，以旅游项目建设为主要内容，加快城市化进程，借以促进旅游业乃至整个区域经济发展。

6. 突出沿海城市的"海洋文化"。如日照、威海、烟台等沿海城市，要充分利用海洋优势，大力发展海洋产业，集聚资金，加快城市化进程。

（四）确立正确观念，优化战略思路

城市化不是一个简单的人口向城市集中、建成区面积扩大的简单问题，而是自然、人文、经济和社会等因素有机组合的复杂的系统工程。因此，各级政府必须正确认识城市化问题，进行优化的战略构思。

1. 树立可持续发展观念，确立长期发展目标。可持续发展是我国的一项基本战略，城市化进程是一个长期历程，应当自始至终贯彻可持续发展的战略思想。首先，要实现城市土地的集约化利用和城市建筑与设施的可持续利用，实现高度物质文明的城市现代化；其次，要实现"人"的

可持续发展和"人"的现代化；再次，要实现城市生态环境的美化，可以通过大力治理城市脏、乱、差，实施"蓝天工程"、"退路进厅"，治理城市周边破旧民居，清理垃圾山；最后，要改善城市发展的"瓶颈"因素，山东省大多数城市发展的限制性因素是"水资源"，引水灌城、润城同时制定合理水资源利用政策都是十分必要的。

2. 树立"以人为本"观念，深化城市化的内涵。21世纪，"理解人、尊重人"的价值观得到了广泛的认可。按照现代"人本管理"的"3P"原理，即 of the people（人是城市及其管理中的核心资源），by the people（人是城市社会经济中有意识的行为者或者说城市及其上的活动是人为的），for the people（城市的一切活动都是为了"人"而开展的，或者说"人"是城市的最终消费者），它是"人本管理"的终极目标。因此，为了满足不断增长的物质要求，就应当千方百计完善城市基础设施、公共服务设施及住宅的功能，提高城市物质现代化水平；为了满足人们不断增长的精神要求，就要大力培植城市文化，丰富城市化内涵，搞好社区建设，塑造良好的人际关系，把城市建成人们精神家园；为了提高人们的生活质量，就要搞好城市生态环境建设。

3. 树立创新观念，增强城市活力。创新是一个民族的灵魂，同时也是加快城市化进程的不竭动力。加快城市化进程中的创新是全方位的，包括科学技术创新、管理创新、制度创新等。只有利用创新思维，才能形成城市建设和管理的新思路、新对策、新措施，才能繁荣城市经济、净化社会环境、增长城市活力、提高城市核心竞争力。

4. 调整和优化城镇产业结构，增强城镇经济聚集功能。新的城镇结构需要新的产业结构来支撑。新城域和工业园区应规划布局重大产业项目，以大项目为依托，积极引进外资，积极接受中心城区组团中心的产业辐射，同时争取市区大型传统产业的转移，以发展现代化新型企业为主，加快产业升级和产业现代化发展步伐，成为构筑两大中心城市圈层的中坚力量，使它们成为较大区域内的现代化城市物流中心。重点城镇的产业布局与发展，应充分重视与乡镇企业的集中度发展相结合，与中心城区的产业转移相结合，以乡镇企业、城区退二进三产业和私营企业为依托，注重农业产业化加工企业的培育，注重农业现代化服务业的发展，从而促进产业规模的聚集。

5. 加快城镇生产要素市场的培育，促进资源优化配置。城镇化要与工业化、市场化、信息化的发展相结合，就要注重城镇生产要素市场的培育和发展。培育资本市场，以拓宽投融资渠道；培育劳动力市场，以优化人力资源结构；培育技术高层，以加快城镇企业技术进步的步伐；培育信息市场，以发挥城镇作为经济信息吸收和传播中继站的作用。如此，不仅可以推进城镇现代化发展步伐，而且可以充分发挥城镇作用，辐射带动广大农村腹地发展，使城市文明和城市生活方式产生广泛的影响，促进生产要素在城镇地区的聚集，促进整个社会的文明进步。

二 建立多元化投融资机制，拓宽城镇建设筹资渠道，为加快城市化进程提供资金保证

资金是现代经济的"血液"，城市在区域中心的集聚功能主要是通过这种"血液"流动来实现的。城市体系硬件设施的建设也需要巨额资金的投入。资金成了城市快速发展的限制性因素。因此，如何广拓资金来源，为城市建设筹集充足的资金，便成了加快城市化进程的关键。

我省城市建设资金投入不足，城市基础设施滞后的问题十分突出。以1999 年为例，我省城市基础设施建设投资仅为86.3 亿元，为全社会固定资产投资的3.8%，低于全国5.3%的平均水平；人均拥有建设资金支出仅为733.79 元，低于全国807.04 元的人均水平，分别比广东的人均1461.21 元、浙江的人均2134.9 元和江苏的人均955.16 元低，727.42元、1401.11 元和221.37 元。由于资金投入不足，城市基础设施10 项主要指标中，人均生活用水量、自来水普及率，万人拥有公交车辆、污水处理率等4 项指标均列全国17 位以后，气化率、人均公共绿地两项指标列全国第12 位。从档次上看，我省大部分城市存在路面质量差、通行能力低、排水不畅、绿化品位不高、环境质量差等突出问题。加大城建资金投入，加快基础设施建设已经刻不容缓。

（一）加大政府对城建资金投入，调整或归并零星建设收费项目，集中收取城市基础设施配套费，用于城市基础设施建设

1. 加大各级财政支出中城建资金的份额。省级财政主要支持全省城

镇体系中的两个中心城市的基础设施和公共设施、中心镇的建设，重点支持地方财力有限但又亟须建立起竞争优势的周边区域性城市如日照、临沂、枣庄、菏泽、聊城和德州等市的建设，重点支持对外公路、铁路、机场、港口等重大项目的建设。

2. 收费项目集中专项用于城市基础设施建设。地方开发建设项目中的基础设施配套费集中由市财政统一管理，专项使用；提高燃油税用于城市道路建设的比例，加快城市道路交通建设；在电价中征收的城市公用事业附加费，要专项用于市政公用基础设施建设，等等。

（二）充分利用市场机制，扩大直接融资比例，融入城市建设所需资金

1. 加大政府市政债券发放份额。市政债券是指地方政府或其授权代理机构发行的有价证券，其功用就是筹集资金，用于市政基础设施和社会公益性项目的建设。在美国，地方政府投资修建公路、桥梁、自来水厂、学校、医院等公用事业时，由于工程耗资巨大，投资周期较长，单凭地方财力是无法承受的，因此往往要借助发行市政债券来筹集所需的资金。市政债券的面额通常在1000—5000美元之间，其利息收入免缴联邦所得税和大部分地方所得税，购买者主要是各商业银行、保险公司和普通居民。

市政债券分一般债券和收益债券：前者是以地方政府的资信和征税能力为基础，保证投资者能按期收回本金并取得利息，所筹措的资金往往用于修建普通公路、飞机场、公园以及一般市政设施等；后者是指政府的授权代理机构为了投资建设某项基础设施而发行的债券。

发行市政债券有利于吸聚社会各界资金用于市政建设。从政府角度考虑，在券种方面应倾向于发行收益债券。与一般债券相比，收益债券不受征税能力和财政预算法规约，只以项目本身资产现金流为偿债来源，政府仅承担有限甚至无追索责任，并不增加额外的财政负担。通过发行市政收益债券来进行证券化融资，具有以下优点：第一，通过市政收益债券融资，基本上不涉及外汇的结售汇问题，作为基础设施业主的地方政府，无须为项目的投资回报和外汇平衡问题作出任何承诺和安排，因此不存在汇率风险问题。第二，发行市政收益债券融资，发行者与投资者是纯粹的债权债务关系，并不改变项目的所有权益，因而避免了项目的经营权和所有

权被外商完全控制，保证基础设施运营产生的利润不会大幅度外流。第三，发行市政收益债券不仅能扩大直接融资规模，大大减轻财政资金压力和银行信贷负担，有利于优化融资结构和分散投资风险，而且为广大投资者提供了更加广阔的投资渠道。

2. 适当利用股票进行市政建设融资。西方经济发达国家地方政府大多是通过发行市政债券的方式筹措市政建设项目所需资金，发行股票进行股权融资则相对较少。我省可以考虑适当采用股票方式进行融资，特别是以国有企业形式运营的项目，如电厂、通讯、污水处理厂、公交公司等营利性的项目。

3. 加大项目融资力度。市政建设项目融资的若干形式中，以 BOT 融资最为典型。BOT 是 20 世纪 80 年代国际上出现的一种比较新颖的基础设施建设投融资方式。该方式一改过去基础设施建设项目完全由政府负责的做法，采用政府授权、民间经济组织（项目公司）融资建设并运营，待特许期满后项目再无偿转让给政府的形式。BOT 集融资、建设、经营转让为一体，受到许多国家的重视和采用。吸引外资参与 BOT 项目，对于弥补我国建设资金的不足，分散基础设施投资风险，提高项目建设和运营效率，引进国外先进技术和管理方法等方面均显示出一定的优势。另外，我省民间拥有巨额资金并具有相对集中性和较强的抗风险性这两个显著特征。因此，合理引导民间资本参与 BOT 项目，既十分必要，也完全可行。

4. 充分利用其他融资方式。首先，积极组织发放市政建设彩票、福利彩票、体育彩票等募集资金，分别用于市政建设项目、养老院或福利院等社会福利设施以及体育设施建设；其次，通过特许经营权转让筹集市政设施建设资金；第三，可以考虑借助收益权投资的方式获取部分市政设施建设资金。

（三）培植多元化投资主体，充分利用国内外金融机构贷款，广拓城市建设资金来源

1. 促进政府投资的职能转换。我国社会主义市场经济体系的建立，加快了政府职能的转换，使一般竞争性项目的投资主体，由政府转为企业和个人，政府作为"市场失灵"情况下的特殊投资主体，在公益性和基础性领域中发挥主导作用。然而，与经历了漫长工业化进程的发达国家相

比，我国经济面临着地区间发展不平衡以及基础设施和基础产业投资不足产生的"瓶颈"制约，政府投资除了转向"市场失灵"的领域外，还要对落后地区和"瓶颈"制约严重的双基产业加大投资力度，从而使我国政府投资的范围远远超过西方发达国家，造成了投资供给与需求的巨大差额。因此，有必要对政府投资领域进一步细分，收缩政府投资战线，这样才能更有效地发挥政府投资的作用。

在城市所有的公共产品中，相当一部分具有一定的收益性。通过市场调查分析论证，把基础设施项目细分为非竞争性项目和准竞争性项目（这里准竞争性是指别于纯竞争性投资项目）。对于公共性强，关系到国计民生，注重社会效益的竞争性项目，如铁路干线、主要机场、码头、大型电网电站等，须由政府进行投资；对于诸如高速公路、电力、电信、公路桥等具有准竞争性基础设施项目，应从原属政府投资范围内剥离出来，使政府投资由直接参与向间接管理方向转换。只有这样才能收缩政府的投资范围，加强其社会经济管理的职能。为此，政府可给予明确的产业扶植导向，提供良好的政策环境，吸引本国民间资本以 BOT 方式直接投入项目的建设和运营，运用竞争机制、价格机制、风险机制和利益机制来调节公共产品的供应。实践证明，民间资本进入基础设施投资领域，不仅不会影响国有资本对这些关系国计民生领域的控制，而且有利于促进政府投资职能的转换。

2. 激励和引导企业与个人投资于市政建设。企业是城市经济的主体，当然也是城市投资的主体。现代企业制度下，企业（包括国有企业）已经摆脱了政府的附庸地位，而成了投资的独立决策主体，政府不能命令只是激励和引导企业进行市政建设投资，但须尽量以市场机制来运作，如以冠名权或收费许可作为回报。济南的将军路、青岛的海尔路及园区其他基础设施和公共公益设施的兴建便是一个较好的例证，可以总结并予以推广。至于个人投资，则主要集中在小城镇建设上，如富裕农民可以到小城镇购地并按照规划建房，分担部分小城镇基础设施和公共公益设施投资。

3. 充分利用国内外金融机构贷款。中国已经加入 WTO，山东地处沿海经济发达地带，国内外金融机构必将抢滩山东，从而为山东省加快城市化进程的资金供给提供了机遇，但考虑到该项资金使用成本较高，一般要考虑市政建设项目资金暂时短缺而急需时使用，或者应用于收益性较好的短期项目。

三 搞好城市经营管理,提高城市核心 竞争力,实现城市的可持续发展

所谓"经营城市",就是城市经营与管理主体,充分运用市场经济的手段,把整座城市作为一资源聚合体,合理配置,盘活存量,对构成城市空间和城市功能载体的自然生成资本(如城市土地、水、景观等)和人工再造资本(如城市道路、桥涵、地下管网等)及其相关的延伸资本或无形资产(如城市自然地物、路桥的冠名权)等进行集聚、重组和营运,最大限度地发掘城市资源潜力、谋求城市资产或资本的滚动增值,实现在整个城市范围内资源配置容量和效益的最大最优化。经营好城市离不开良好的管理,因为管理本身就是效率,就是生产力,而城市作为公共活动的载体,其所提供的产品和服务多为"公共品"。严格科学的管理和合理高效的经营相结合,会使城市的功效明显改善、核心竞争力迅速提高、城市聚财能力大大增强,从而使城市资本实现良性循环,最终使城市化进程纳入可持续发展的轨道。

(一)确立经营管理主体,完善经营管理体制

1. 树立公共管理的观念。1999 年在我国大连召开的"世界人居日"大会提出了"人人共享的城市(cities for all)"观念,其主要含义是城市为全体市民共同享有,生活在城市的人们都有权利享受城市所能提供的文明和福利,与之相适应,每个市民都有义务有责任维护城市的健康和持续发展,为城市建设献计献策,贡献力量,正所谓"人民城市人民建"。为了树立城市经营管理中的公共意识,对市民一方面要积极引导和组织,另一方面要制定相应的制度和规则,来约束和规范市民行为。市委和市政府作为社会管理者,理所当然地将作为城市管理的主体。鉴于城市经济活动多带有公共性和公益性,其产品多为"公共品"(产品或服务),一些难以鉴定"价格"的"公共品"生产如公共交通、全民健身设施等,应当由政府来经营,而对"营利性"较好的城市经济活动(如供水、通讯等)则可以充分引入市场机制,通过招标、拍卖等方式来确定经营主体,但政

府须在质量和价格等方面严格管理，以防止"自然垄断"的产生，充分维护居民的利益。

2. 明确市长的 CEO（总裁）地位。经营城市的理念应视城市为一个现代公司或企业，市长便是这个企业的执行总裁或总经理，他应当集政治上的和技术上的两类"建筑设计师"称号于一身。市长是城市发展战略的主要决策者和执行者，是城市规划设计的主要参与者。如同我国著名学者、中国工程院院士吴良镛教授所说："市长须具有诗人的情怀、旅行家的阅历、哲学家的思维、科学家的严谨、历史家的渊博、革命家的情操"，"身为市长，在拥有有限的权力的同时，也担负着无限的责任。而重大的责任就在于城市发展重大关键问题的决策"，市长在决策时要十分强调科学化和民主化。

3. 完善经营管理体制。既然市长可以作为 CEO，与当前政府管理体制相适应，那么市委便是城市这个"企业"的董事会（市委书记可以被认为是董事长），市人大、市政协便相当于监事会，全体市民自然也可以形成股东大会，市财税、规划、建设、土地、人事（组织）等政府行政主管部门则成了"企业"的各部门（主要负责人成了部门经理），市民与"董事会"和"监事会"、"董事会"与"总经理"、"总经理"与"部门经理"等层层形成"委托—代理"的合约关系，借鉴大公司经营的模式和机制，合理地确定"绩效"评价标准，实行"能者上、庸者下"，"优者奖、劣者罚"（例如土库曼斯坦总统尼亚佐夫因城市脏而扣掉阿什哈巴德市长的薪水），真正形成现代城市经营和管理的体制。

（二）树立品牌意识，塑造城市形象

品牌不仅是商品的标志，而且是一种象征，更是消费者的认知。首先，品牌作为标记，它用识别一个或一群产品的名称、术语、记号或设计及其组合，以与其他同类竞争者相区别；其次，品牌作为一种象征，它是商品名称、属性、包装、价格、历史、声誉、广告风格等的有机组合；最后，品牌作为存在于人们心智中的图像和概念的群集，是关于品牌知识和对品牌主要态度的总和，与产品或商品自身相比，品牌更依赖于消费者心智中的解释。品牌以消费者为中心，没有消费者就没有品牌。正是品牌才融通了城市这种产品或商品的产权主体（狭义上讲是城市所有劳动者）、

经营主体和消费者之间的关系。

1. **打造优秀的城市文化。**城市作为公共消费的一种产品或商品，其品牌的底蕴是文化。美国学者芒福德曾说："城市文化归根到底就是人类文化的高级体现"，另一西方学者沙里宁也提出："城市是一个开启着的书，从中可以读到理想和抱负"。城市文化是整个城市所体现的一种价值观，是全体市民健康向上的精神和现代科学技术掌握水平的集中表现。城市文化也表达着历史文明的承继，一个城市的发展应当能较好地体现其文化"血脉"，欧洲许多城市，如意大利的罗马、佛罗伦萨，奥地利的维也纳，甚至包括伦敦、巴黎这样的国际化都市，莫不如此。因此，应该采取开发与保护有机结合的措施，即在改善城市功能、提高其现代化水平的同时，选择反映当地文化特色的典型建筑物（群）、构筑物、自然地物等予以保护。

2. **塑造良好的城市形象。**城市形象是城市文化的外在表征，与城市文化相比，它更容易为人们所"触摸"和"感知"。良好的城市形象应做到"内涵"和"表征"的统一，或者"软件"与"硬件"的和谐一致。因此，首先要搞好标志性建筑、地物的建设与包装，包括反映自然文明、历史文明和现代文明的，如济南的千佛山、大明湖、趵突泉、拟建设的黄河楼、泉城广场、银座购物中心等，青岛的八达关、五四广场等。其次，要树立良好的"软"形象，充分反映城市的文化面貌和价值观念等，抓好窗口行业的典型树立，如济南交警"严格执法、热情服务"的岗位意识、济南工商银行"诚实信用、客户第一"的行业精神，抓好反映市民精神风貌的着装、行为举止等主流风格的塑造，等等。第三，要注意点、线、面的有机结合，从硬件来说，不仅要考虑典型建筑物的建造和维护，而且要搞好典型路段、街廊、社区或功能区、直至整个城市的建设；从软件上来说，不仅要考虑典型岗位和典型人物的塑造，而要考虑搞好典型行业、直至全体市民文明风貌的塑造。

3. **突出城市特色。**在全省城市形象识别系统（CCIS）规划框架之下，选择正确的发展方向和重点，一切政策和措施都要为之服务，最终确立各自城市的优势，提高城市的核心竞争力，并以此打造出自己的品牌，扩大社会公众的认知范围，形成更大的聚集力，促进城市的健康、快速和持续发展。

（三） 充分利用市场机制，盘活城市土地资本

随着城市土地使用制度改革的深化，土地资源的资产价值得到体现，但目前国有土地资产通过市场配置的比例不高，透明度低；行政划拨土地大量非法入市，隐形交易大量发生；随意减免地价，挤占国有土地收益的现象严重，使得大量应由国家取得的土地收益流失到少数单位和个人手中。所有这些都严重影响了城市土地的合理开发、利用和保护，影响了城市土地资产或资本运作效率，并且容易滋生腐败现象。因此，必须采取措施，盘活城市土地资本，实现土地资产增值保值。

1. 严格控制建设用地供应总量。各级城市政府应按照城市总体规划、经济结构调整、产业发展和居民生活及居住质量改善的需要，科学制定土地供给年度计划，严格控制新增建设用地供应总量，而把城市土地利用引导到对存量建设用地的调整和改造上来，优化土地利用结构，实现城市土地的集约利用。要加大对闲置土地的处置力度，对依法应无偿收回的闲置土地，应坚决收回。坚持土地集中统一管理，确保城市政府对建设用地的集中统一供应，经批准设立的市辖区工业园、科技园、开发区等各类园区的土地也必须纳入所在城市用地统一管理和统一供应，对已列入城市建设用地范围的村镇建设和乡镇企业用地也要按城镇化要求，统一规划和开发。土地供应要严格实行国有土地有偿使用制度，除法律规定可以采用划拨方式提供用地外，其他建设需要使用国有土地的，必须依法实行有偿使用，突出市场机制配置土地资源的基础性作用，充分实现土地资产价值，提高土地资源利用效率。为了增强政府对土地市场的调控能力，有条件的地方政府可以划出部分土地收益用于收购土地，实行土地收购储备制度。

2. 大力推行国有土地使用权的招标和拍卖。鉴于目前土地供应市场机制配置比例和透明度均较低、城市土地资产价值显现不足和运作效率不高的严峻现实，各地要大力推行国有土地使用权招标、拍卖。国有建设用地供应，除涉及国家安全和保密要求外，都必须向社会公开。商业性房地产开发用地和其他用地供应计划公布后同一地块有两个以上意向用地者的，都必须由市、县人民政府土地行政主管部门依法以招标、拍卖方式公开提供。确实不能采用招标和拍卖方式的，方可采用协议方式，但必须做

到在地价评估基础上集体审核确定协议价格，并将协议结果向社会公开。土地使用权交易要在有形市场上公开进行，并依法签订土地交易（转让、租赁、抵押等）合同，办理土地登记。

3. 加强土地资产收益和价值管理。要进一步加强国有土地收益的征收和管理，任何单位和个人均不得减免、挤占、挪用土地出让金、租金等土地收益。对于低价出让或租赁土地、随意减免地价、挤占挪用土地收益，造成国有土地资产流失的，要依法追究责任。以营利为目的，房屋所有人将以划拨方式取得国有土地使用权后所建房屋转让的，双方必须如实申报成交价格，土地行政主管部门要根据基准地价、标定地价对申报价格进行审核和登记，申报土地转让价格比标定地价低 20% 以上的，市、县人民政府可行使优先购买权。市、县人民政府要依法确定并公布当地的基准地价、标定地价和协议出让最低价标准，并根据土地市场价格情况及时更新，各级城市人民政府均不得低于协议出让最低价出让土地。为了切实加强地价管理，要尽快建立全省地价动态监测信息系统，对全省城市地价水平动态变化情况进行监测，并及时进行平衡和调整，加强城市土地价值的宏观管理。

4. 规范土地审批的行政行为。首先，要坚持政企分开、政事分开，土地行政主管部门一律不得兴办房地产开发经营企业、中介服务机构等，以免不公平现象发生。其次，要坚持规范管理、政务公开，土地资产供应和处置等报件和批件要严格按规定程序办理，同时还要增强服务意识，办事制度、标准、程序、期限、责任等要向社会公开。第三，要坚持内部会审、集体决策，诸如农地转用、土地征用、用地审批、市地置换、土地资产处置、供地价格确定等，一律要经过内部会审、方案论证、集体决策。

（四）严格规划管理，促进可持续发展

城市规划是城市建设和发展的龙头，城市规划一经审批，就具有法律效力，必须严格实施，不得随意调整和修改。

1. 城市建设规划要符合自然规律。城市建设要坚持先规划后建设、先地下后地上的原则，保证城市有序发展。城市的功能分区要与城市性质相一致，并充分考虑城市的未来发展，使规划设计具有前瞻性；基础设施

的投入要符合"门槛理论",一次性投入要考虑未来的持续发展,管线敷设要留有余地;控制性详细规划要严格遵守,修建性详细规划采取专家会审审批制,即建设单位的修建设计方案在规划或建设单位按件后,应交由以规划专家为主组成的专家委员会预审并出具审查报告,主管部门据此决定是否予以批准。

2. 严格工程建设管理。健全勘察、设计、施工、监理等环节的市场准入和清除制度,完善投招标制度,提高工程质量,杜绝"豆腐渣"工程。市政管线设施的施工建设要严格掌握,集中有限的资金,合理投入,由市长统一协调各项管线设施建设,从根本上消除"谁有钱谁扒路"的"拉链马路"现象,提高工程质量和效率,提高城市现代化水平,促进城市可持续发展。

3. 加强城市维护和监管。有关资料显示,为了维护城市设施功能的正常发挥,每年平均每平方公里需要投入约 500 万元的维护费用,进行设施维修和更新等,否则城市功能难以持续发挥。但在传统的城市管理体制下,这部分资金严重不足,长期欠债,城市设施老化、功能衰退,影响了城市化中的现代化水平。因此,多方面筹集资金,加强该项投入是当务之急;或者结合旧城改造,利用新材料、新技术、新工艺,彻底更新设施,当为治本之策。同时,为了保证城市功能的发挥,提高城市文明程度,必须树立建管并举、注重管理的思想,加强城市监督监察队伍建设,加大城市建设监管力度,依法治市,根除乱搭乱建现象;全面加强城市管理工作,广泛开展以城市治安、市容卫生、交通秩序为重点的城市社会综合治理工作,改善居民生活质量。

四　搞好城市社区建设与管理,加强城市精神文明建设,提高人居质量

社区是指生活在同一地理区域内,具有共同意识和共同利益的社会群体和社会组织,根据一定规范和制度结合而成的一个地域社会生活共同体,具体为具有某种互动关系和共同文化维系力的人类群体进行特定社会活动的活动区域。社区是城市社会的基本单元,搞好社区建设,塑造良好的邻里关系,是加快城市化进程的重要内涵。

（一） 改革和完善社区管理体制，明确社区管理目标

为了适应社区建设新形势、新任务的要求，必须分层次理顺关系，强化相关组织建设。建议在各城市的市、区两级建立社区建设指导协调委员会，由同级政府牵头抓总，各类涉及社区建设的"条条"部门和上级驻城区大单位负责人参加，其主要职责是规划社区建设目标，确定社区建设重大事项，协调社区建设中的重点、难点问题，以克服条块分离的弊端，形成社区建设的合力。街道是整个社区建设的重点环节，应由街道办事处牵头，驻街区大单位负责人参加，对社区建设和管理实施全面领导。按照市、区政府的授权，依据法律、法规和规章对辖区内的社区经济、社区环境、社区服务、社区治安、社区精神文明建设，行使组织领导、综合协调、监督检查的行政管理职能，对地区性、社会性、群众性工作负全面责任。同时，鉴于目前大量执法行为发生在基层，而执法权力却在区以上部门的错位状况，建议借鉴上海的经验，探索在街道一级建立综合执法新机制，即把市政、工商、治安等十多个方面的依法管理，分市政管理、社会发展、社会治安、社区经济等几个方面，建立起社区综合执法队伍，接受上级执法部门的业务指导和社区管委会的组织领导，真正对社区建设和管理的各个方面实施有效的依法监管。关于居委会这个层次的建设，当前要尽快抓好两件事：一是对新建城市迅速改变农村体制构架，健全居委会组织；二是根据居委会组织法的规定和社区建设的要求，完善现有居委会的工作方式和运行机制，提高居委会组织的整体素质。包括对居委会在社区经济发展中应如何正确定位、居委会应以何种方式介入物业管理、如何把居委会的基层自治功能和行政协助功能结合好等问题，都应该认真研究新情况、解决新问题、创造新经验。

在保持街道原有行政区划管理特色的基础上，其下一级管理组织（居委会）的设置以自然区划为主，把街道所管辖的区域分成若干个自然地理环境相对独立的小区，以小区为单位设置居委会，全面协调小区的管理工作，这样可以改变目前居委会管理过于分散、条块分割，导致小区资源难以合理利用的状况。

从总体上讲，山东省社区经济与社会发展要做到：第一，以居委会为载体，强化社区基层政权建设；第二，以物业管理公司为载体，改善社区居民生活条件；第三，以社区医院、卫生保健站和养老院为载体，改善社区居民的医疗条件；第四，以文化站、科普站、继续教育学院、培训中心为载体，提高居民的科学文化素质；第五，以社区体育设施为载体，提高居民健康水平；第六，以报栏、宣传栏为载体，培育社区文化和信息交流氛围；第七，以社区治保会、联防办为载体，改善社区治安状况；第八，以社区有偿服务为手段，获得社区部分运营费用；第九，以居民共同参与为基础，完善社区经济和社会监督机制。

（二）建立高效运作机制，确立社区建设与发展要点

1. 要建立社区发展的有效机制。市场机制和政府行政机制（政府机制）和社区社会化自律管理机制（社区机制）相互配合、相互补充，三位一体，可以弥补各自的缺陷，共同构筑社区经济发展的整体机制。社区资源配置以市场机制配置为基础，特别在经济活动中，要解决政企不分、企社不分的现象，使企业真正成为自主决策的市场主体；政府是不可缺少的"最终调节者"和"权威监督者"，对市场和社区不能解决的难题，应更好地加以引导并承担相应的责任；适合国情的有效社区机制，能够解决我国向社会主义市场经济转型伴生的一系列问题，能够同时矫正"市场失败"和"政府失败"，具有低成本、高效率、全民参与、资源有效利用的多种优势，并且正因为如此，可以形成普遍经验，进一步推广。

社区发展问题过去往往局限于一般社区工作之中，没有从一个国家的现代化大背景来给予其应有的地位。进入 20 世纪 90 年代后，中国社区发展逐步从创建文明社区工作中分离出来，城市社区开始实行"两级政府、三级管理"的新体制，给社区相当大的发展自主权，这为社区发展提供了难得的机遇，使得社区发展试验有了更大的空间。

2. 要重视社区的整体发展。社区发展是一个有机统一的整体，必须从各个不同的方面来认识其特殊性，把它置于经济发展和社会全面进步的战略位置，拓宽社区发展的思路，营造良好的社区文化氛围，以务实精神着力推进社区发展规划的制定和落实，探索出有中国特色的社区发展新路。

3. 要动员、吸收社区成员广泛参与。建国以来，政府的行政力量深入到社会的方方面面和各个角落，形成了"政府主导型的社区发展体

制"，社区的组织建设过分注重正式组织建设，却忽视了非正式社团组织建设，忽视了引导群众的自主参与和自觉创造，致使社区成员的参与意识较差、公共意识欠缺，成员心态很不适应社区发展的要求。因此，要推进社区发展、建设现代化，必须大力提高社区成员的参与意识，通过以社区成员为参与主体的活动"工程"使社区成员得到实惠，增强社区成员的主人翁观念，为社区发展注入强大的内在动力，把社区发展提高到一个新的、更丰富的层次。

4. 要于共性之中谋求个性发展。我省的社区建设、社区服务、社区管理本着"以人为中心寻求发展"的思路，宗旨在于谋求城市文化和市民素质的提高，满足人们对物质文化生活的需求，这是我省社区发展的共性。同时，不同社区又各具个性，纷纷追求适合本地区实际情况的社区建设，使各地区社区发展都染上了地区色彩。我省城市社区发展色彩纷呈，争奇斗艳，共同促进社区这个大家庭的繁荣昌盛，一言以蔽之，真正文明的现代社区是对传统社区的精神复归，现代社会的物质条件、现代组织制度保障、传统社区的文化价值精髓三位一体，才能构成真正的现代文明社区。

（三）加强社区干部队伍建设，提高社区管理水平

社区的全面建设，客观上要求作为工作第一线的街居组织的干部素质要有一个较大的提高。但就目前来看，我省城市街居干部队伍的年龄结构、文化结构、观念素质、服务协调能力等方面，存在明显的差距。有关资料显示，我省居委会干部平均年龄在 56 岁，最大的在 72 岁以上，初中以下文化程度者占 40%，大专以上的仅占 4%。因此，建议各级组织部门强化对街道办事处领导干部的配备，借助当前机关结构改革、大学生来源充足的机遇，选择一批年轻有为、素质较高、适应社区建设新要求的干部充实街道这一重要层次的领导班子。对居委会这个层次，要依据居委会法对其自治性的法律规定，结合换届选举，尊重居民的选择，来进行合理调整。为了指导基层社区的建设，有的城市从上级机关或下岗职工中挑选部分优秀人员下派到居委会帮助工作，取得了较好的效果，要在实践中进一步总结完善，特别是注意处理好行政性与自治性之间的关系。同时，面对社区建设的许多新情况、新问题，各级还要重视加强对区、街、居干部的

政治和业务培训，引导他们解放思想、更新观念，不断学习新知识，接受新事物，创造性地开展工作，在建设社会主义新型城市社区的实践中创出新路子、新经验。

（四）培育和谐亲善人际关系，构筑社区健康精神家园

社区是人们物质生活环境和精神生活环境的统一体。和谐的邻里关系、健康的社区人文环境也是城市现代化的重要内涵。创造一种亲善、和谐的邻里氛围，沟通和密切人与人的关系、人与社区的关系、社区与社区的关系，进行朴实真切的情感交流，弘扬集体主义精神、无私奉献精神、慈善博爱精神、友好互助精神，从而使社区成员树立更高的精神追求和道德风尚，这对于增强整个社区的整合、丰富人们的精神生活、释放现代社会生活给人们带来的精神压力，凝聚社区成员的创造性等具有重要的意义。

社区发展过程中，文化教育的作用非常之大。它对促进社区成员思维方式、价值观念、行为模式的全面改善，以及民风、个性及人格的普遍重组是极为重要的。都市的文化教育有硬件和软件之分：硬件是指社区文化教育设施，如学校、幼儿园、图书馆、报刊、代销点、展览馆、科技馆、休闲俱乐部、娱乐场所、影剧院等；软件则是指社区群体的文化传统、社区成员的社会心态与价值取向、社区成员的生活方式与民俗习惯、宗教信仰等。开放性、多元性、地域性、归属性是社区文化教育的四大特征。通过文化教育，社区能进一步密切成员之间、成员与社区之间的关系，把社区成员凝聚黏合在一起，使社区求实创新的精神、良好的道德风尚、悠久的历史传统不断择优而传，全面提高人的素质，从而成为推动社区发展的内在动力。

（五）美化社区环境，消除贫困现象

虽然我省在生态建设和环境治理方面取得了很大成绩，但生态破坏的环境污染问题依然十分严重。全省 17 个市地所在城市的空气环境质量一直处于较高污染水平，并呈不断上升趋势：17 个主要城市中空气环境质量超过三级标准的有 11 个，其中济南、青岛两城市近年曾分别被列为全国十个空气污染最严重城市的第 5 位和第 8 位，9 个城市有酸雨检出；城

市工业废弃物，城市生活垃圾产出量不断增加，全省工业固体废弃物年产生量已达 5000 多万吨，累积堆存量已达 4.2 亿吨，占地约 23 平方公里；地面水污染日趋严重，85% 左右的生活污水未经处理就直接排放，工业排放的污水 40% 左右达不到国家规定的排放标准，全省绝大多数河流、湖泊等地表水体已受不同程度的污染，城市附近的地面水污染尤为严重。日趋严重的环境污染对城市居民的健康造成极大危害。

为了改善城市社区环境必须重点解决好地面水污染和城市大气污染两个突出问题。通过建立明确的责任规划和有效的监督评价网络，强化环境监督管理，通过行政权力促使企业依靠科技进步、采用经济有效的手段治理和控制污染。加快城市工业布局和产业结构优化调整，对城乡工业进行合理布局，工业废水和生活污水进行集中处理，促进经济增长方式的转变，从根本上解决城市环境污染问题。在项目的建设上建立严格的审批制度，确保建设项目是节能型、无污染的项目。加大污染治理力度，对于已经形成的环境污染和破坏，通过制度规范将个人利益、集体利益和社会利益联系起来，做到谁污染、谁负责、谁治理。

从国际城市化进程的教训来看，与城市增长相伴随的往往是贫困现象的滋生和加剧。就目前全国情况来看，城市贫困现象比较严重。根据国家统计局城调队 2000 年初对全国 15 万户城镇居民进行的抽样调查，全国城镇 20% 的高收入户占总收入的 42.4%，户人均月收入达 992 元；20% 的低收入户仅占总收入的 6.5%，户人均月收入为 124 元。高收入组和低收入组的户人均收入比为 8：1，差距过于悬殊。

城市贫困问题已经引起了党和政府的高度重视，发展经济、消除贫困，已经成为各级政府的一项重要任务。城市扶贫开发正是实践邓小平同志共同富裕理论和江泽民同志"三个代表"思想的重大举措。治理城市贫困问题，引导和推动城市化和社会分层的健康发展，必须考虑影响贫困产生的体制转型和体制不健全、不完善的原因，适当注意城市化和社会分层体制中贫困个体性差异因素，采取标本兼治的办法。

1. 加快国有企业改革的进程、拓宽中小企业就业渠道。国有企业是我国城市人口的主要就业之所，其经营状况的好坏，直接影响着大多数城市家庭收入状况和城市贫困人口数量。同时，国有企业是国家扶贫资金和社会保障体系资金的主要承担者。因此，尽快缩小目前国有企业的亏损面，减少停产、半停产企业，就成为城市扶贫计划最主要和最基本的问题。为了尽快使大多数国有企业的生产经营状况好转起来，促进国有企业全面振兴，必须深化国有企业改革，在结构调整、机制转换、内部管理上多做文章、做好文章。当前，为促进就业，最紧迫的措施就是培养高素质的小企业主群体：一是加强对现有小企业主的培训工作，国家以前只注重对已经失业和下岗的职工进行免费培训，现在还应该加强对现有小企业主进行免费培训，这不仅可以减少小企业倒闭，而且有利于小企业增加就业机会。二是鼓励大学生毕业生创办各类技术密集型小企业，激励他们的创业意识，考虑到独生子女家庭的心理状况及大学毕业生寻找工作困难的情况，在大学教育中，有意识地开设小企业创业课程，培养大学生的创业意识。三是引导城市失业人员和下岗职工创办小企业，或者去小企业就业，国家可以出资，由政府各级劳动管理部门，对失业人员举办"如何开办和管理小企业"的培训。

2. 提高劳动素质，以培训促就业。当前全省"很多事无人做、可又有很多人无事可做"的现象比较严重，其主要原因就是一些人素质太差，不具备起码的职业技能，因而成为失业浪潮中首当其冲的牺牲品，这部分人为数不少，又最难重新就业。解决的办法就是由政府拨出专款，建立一批失业者就业培训中心，通过强化职工技术培训，让失业者掌握一技之长，增强他们的工作适应能力，从而使他们获得更多的就业选择机会。我国最近几年来仅仅对一些企业富余人员和失业职工进行了转业培训，显然远远不能适应目前的实际需要。据有关部门的统计，经过培训的人员80%能得到重新安置，这说明整个社会并不是完全没有工作机会，而是这些工作机会对人的素质与技能要求越来越高，对高素质者是敞开大门，而对低素质者则是爱莫能助。因此，必须把强化就业培训当作解决失业下岗者问题的一件大事来抓。

3. 创新扶贫制度是城市扶贫战略的灵魂。探索新的扶贫制度，将国家、社会、部门和城市贫困人口一起纳入城市扶贫研究，在城市扶贫战略的实施中，扶贫制度创新的根本目的就是要建立能够保持城市贫困人口得到持续扶持的经济法律制度，不仅仅是指物质生产领域的经济体制及其运行机制的变革，而且包括扶贫组织体系、贫困人口的自身生产、精神生产和生态生产等领域的体制及其运行机制的变革，做到物质再生产、精神再生产、贫困人口自身再生产和生态再生产的相互适应、相互协调，促进物质资本、人力资本、生态资本偕同增值，最终使城市贫困人口融入城市经济社会的正常循环之中。

五　加强进城民工管理，提高城市人口质量，实现城市人口现代化

随着城市化进程的不断加速，农民工人（简称民工）进城出现的问题日益凸显。从总体上看，我省现行的管理体制、管理方式乃至整个管理水平都远远跟不上进城民工发展的需要，难以有效地做到趋利避害。其存在的主要问题有：一是还未将进城民工的管理纳入城市管理体制之中；二是管理部门之间协调不够、各自为政，作用未能充分发挥；三是用而不管，放任自流；四是输出地和输入地管理脱节；五是重收费轻管理；六是管理水平还处于低层次。管理上的不足导致了严重的后果：农民虽然表面上进了城，但并未真正成为城市的一员；贫困现象的出现蔓延和加剧；抢劫、偷盗等犯罪现象严重恶化了社会治安，给城市化带来了极大的负面影响。为此，应制定对策，采取具体措施，加强进城民工管理。

（一）调控民工的流向与流量

1. 流出地要尽力创造条件引导农村剩余劳动力就地或就近转移，通过发展乡镇企业、发展小城镇吸纳剩余劳动力，各级地方政府要转变单一鼓励农民简单外出的做法。

2. 加强劳动信息咨询机构的建设，利用准确、可靠的信息引导民工合理流动。

3. 流入地的大中城市要根据自身的承受能力，通过强化户口登记、用工合同、经商手续等措施控制进城民工的总量。

（二）建立统一有力的民工管理体制

1. 建立管理的领导层。各级城市政府应成立进城民工管理领导小组，由劳动、公安、城管、工商、民政、计划生育、教育等部门的负责人组

成，负责制定民工管理法规的方针、政策，协调各管理部门之间的关系，对重大问题进行决策等。

2. 确立管理的职能层。主要是指上述相关部门要设置专门的机构、人员明确岗位职责，并做到相互配合、良好衔接，共同负责民工的管理。

3. 加强管理的基础层。主要是指街道办事处、居委会、派出所要协同职能部门搞好民工的各项管理，包括提供信息、掌握动态、办理户口登记、完善手续及平时的监督管理等。

4. 完善管理的制度体系。规范管理的程序、行为和责任，以改变目前多家办证、证出多门、多种收费的混乱状况。可以考虑统一印制民工管理证件，证件内的项目应具有综合性，包括暂住、就业、婚姻、计划生育、子女入学情况等内容，使政府对民工管理的目标可以通过一个证件体现出来。

（三）加强户口管理，改革和完善户籍制度。

1. 全面放开县城及以下城镇的户口，实行身份证登记入户制度，以简化手续，让那些从大中城市回流的民工和农村需要流出的人员比较容易地在城镇找到自己的位置。

2. 对县城以上城市，先实行暂住户口、后适度放开、再逐步过渡到基本放开。

（四）加强劳动力市场的管理和建设

1. 改革城市就业制度，建立城乡统一的劳动力市场，自主用人，自主择业，工资福利待遇一视同仁。

2. 用法制手段规范劳动力市场行为和用工行为，加强劳务中介机构的管理和劳动监察工作，统一收费标准，根除欺诈行为。

3. 加强劳务信息管理，及时准确地发布真实的用工信息，避免和减少对民工的误导和欺骗。

（五）加强民工的治安管理，健全预防体系

加强治安管理是对进城民工管理的重点，目的是遏制民工违法犯罪行

为的增长，维护社会稳定。

1. 把治安管理与户口管理结合起来，利用户口管理的功能，对民工进行管理和控制。

2. 突出重点，分层管理，把管理的任务落实到用人单位、居委会和派出所，对有违法犯罪活动和可疑行为的人进行重点控制。

3. 加强违法犯罪情报信息的收集与传递，建立健全信息网络。

4. 严格进行社会全面控制，加大打击力度，对建筑工地周围的工棚，民工聚集的小区进行全方位的管理。

（六）加强民工的计划生育管理，防止和杜绝超生现象的发生

把民工的计划生育管理纳入社会治安综合治理范畴，建立健全管理制度，完善管理办法。

1. 实行民工计划生育情况证明制度，流出地把好发证关，流入地把好验证关。

2. 建立联系制度，即加强民工流出地与流入地之间计生管理部门的联系，互相配合，共同做好管理工作。

3. 外出务工人员与户籍地的乡（镇）和现居住地的街道办事处签订计划生育协议，保证不超生。

4. 建立管理制度，做到"谁用工谁负责，谁受益谁管理，谁的地盘谁清理"。

5. 登记建卡，建立人头档案，实行动态管理，使民工的计划生育管理做到流而不失，动而有控，不给"超生游击队"以可乘之机。

（七）加强民工服务保障制度的建设，为民工排忧解难，以减少社会矛盾

由于目前城乡分割的体制还未彻底消除，民工在城市会碰到个人的政治生活、文化生活、房屋居住、子女教育、婚姻恋爱、风险保障及组织保护等方面的困难和问题。他们作为社会成员和公民群体，在为城市社会付出辛勤劳动的同时，相应也应当得到帮助或救助。城市社会应努力改善他们的居住条件，解决子女入学问题，帮助他们排除婚姻恋爱中的障碍，建立民工风险保障制度和民工保护组织等。

（八）努力创造条件，促进民工回乡创业，减轻城市压力

回乡创业不仅是客观的需要，也是民工的愿望，但当前由于缺乏创业的条件而影响了他们的回流。有鉴于此，应制定一些政策措施引导和激励民工回乡创业，这不仅可以促进农村经济发展，支持城市改革，缓解城市就业矛盾，也可以减轻城市民工管理的难度。

（九）加强进城民工的思想道德和法制教育

1. 要求用人单位、工商行政管理部门、劳动人事部门及居委会承担民工思想道德及法制教育的责任。

2. 利用报刊、电视、广播等媒体对民工进行宣传教育，用积极向上的健康思想文化占领民工思想阵地，减少暴力、色情等不健康文化对他们的侵袭毒害。

3. 一些有关思想道德和行为的准则、法规条例读本，发给民工学习，让他们知法、懂法，自觉遵守法纪，并运用法律有效地保护自己。

（十）依法管理，把民工的管理纳入法制轨道

1. 加强立法工作。全省应尽快制定一个统一的进城民工管理法规，内容包括进城民工的务工管理、经商管理、户籍管理、租赁管理、治安管理、计划生育管理、子女入学管理等。

2. 制定管理主体的行为规范。包括管理者队伍的建设、管理行为应遵守的准则等。

3. 对管理客体即民工来说，新的法规出台后，要充分利用各种媒体进行宣传、贯彻，使他们一进城就清楚应遵守的法规。

4. 对用人单位、房屋出租户、中介机构等要求认真执行民工管理法规，对违反法规的要及时予以查处。

5. 加强劳动合同管理及仲裁机构的设置。通过法律手段确立劳动力市场主体双方的责权地位，规范双方的行为，维护双方的合法权益，及时化解劳动用工中产生的各类矛盾，促进劳动关系双方都能遵纪守法。

六　彻底清理现有影响城市化进程的有关政策，完善加快城市化进程的制度和政策体系

中共中央在关于"十五计划建议"中提出，要不失时机、积极稳妥地推进城镇化，把它上升为战略性、宏观性和政策性的大问题，从而使中国的城市化政策第一次从其他政策的配套层次上升到核心政策层面。这表明我国以工业化为主体推进国家现代化的发展思路，已经转换到以城镇化为主体推进国家工业化和现代化的整体战略思路上来，这是一个具有划时代意义的重大转折。因此，地方各级政府及时抓住这个机遇，创新性地制定各种制度与政策，加快城市化步伐。

（一）深化户籍制度改革，降低居民入城门槛

我国传统的户籍制度，是造成长期城乡分离的二元化社会经济格局的主要原因，它迟滞了人口向城市的集聚，阻碍了城市化进程。尽管近几年这种状况有所改善，但仍难以适应加快城市化进程的要求。因此，深化户籍制度改革，降低居民入城门槛，是加速人口向城市（镇）集中，加快城市化进程的一项战略性对策。

1. 积极组织农民进入小城镇。严格执行 2000 年 6 月 13 日《中共中央、国务院关于促进小城镇健康发展的若干意见》，规定："从 2000 年起，凡在县级市市区、县人民政府驻地及县以下小城镇有合法固定住所、稳定职业或生活来源的农民，均可根据本人意愿转为城镇户口，并在子女入学、参军、就业等方面享受与城镇居民同等待遇，不得实行歧视性政策。对在小城镇落户的农民，各地区、各部门不得收取城镇增容费或其他类似费用。"与户籍制度改革相配套，还应出台促进农地向种田能手集中、实现土地规模经营的有关政策。建立和完善农地和农宅市场，政府采取积极的干预政策，通过土地有偿收回、回购等方式，进行适当的、合理的农地、村庄重划，实行出租或出售等方式优化农村土地配置，解决"农民进城离土不离乡、城乡两不误"的痼疾。

2. 采用导向性聘入措施调节人口增长。针对当前各类城市人才比较匮乏的现实，各城市政府应采取积极的措施吸引人才：对各类中高级技术

和管理人员，海外留学人员和具有大专以上学历的人员，只要当地经济和社会发展需要，均应积极引进，其配偶及子女可随调随进；凡大学本科以上毕业生，允许在城市先落户、后就业；凡在城市投资、兴办实业、购买商品房的，允许其本人、配偶及子女在城市落户；凡在城市有合法固定住所，稳定职业或生活来源，居住达一定年限以上的，登记为常住户口。针对当前各类人才"宁要大城市一张床，不要小城市一套房"的趋向，各地政府应制定相应的"吸引人才优惠政策"，组织部门内在人才使用和管理上应制定切实可行的办法，以事业争取人才、留住人才。大力兴办城市社区职教学院，广泛吸纳农村知识青年入城受教育，为城市各产业发展培养和储备人力资源。

（二）健全就业和社会福利制度，提高居民生活质量

没有相应的社会保障制度，即使目前国家允许具备一定条件的农民落户于城镇，同时这部分农民也具备了在城镇生活的能力与稳定的收入来源，但如果难解其后顾之忧，他们依然不愿放弃土地，而将其视为生活的最终保障条件，相应地则会在农村造成土地难以流转与规模经营的问题。

1. 制定扩大就业的各项政策。充分就业是城市社会安定和居民生活质量提高的一个重要前提条件。当前中国的城市面临着农民进城就业和失业与下岗职工再就业的三重压力，自谋职业具有很大的盲目性，以济南为例，出租车容载率攀升、露天烧烤屡禁不止，便是一个较好的证明。对于大中城市来说，健全和完善职介市场，对于优化劳动力资源配置，扩大就业，不失为一个有效的举措；而对于小城镇来说，实施乡镇企业"二次创业"，大力发展私营经济，促进区域经济增长，并同时调整产业结构，发展劳动密集型产业，顺立完成城镇化过程，并促进社会、经济和人民生活的提升，依旧是目前可行的方式。

2. 扩大廉租房供应。城市房地产对居民个人来讲，属于大宗高价值财富，对于新居民和原城市低收入家庭来说，难以一次性支付昂贵的房价，廉租房便成了解决这些人居住问题的首选。鉴于廉租房具有较强的福利性，这部分房源应由政府或国有房地产开发经营企业来提供。为了防止廉租房需求的过度膨胀，同时也为了防止外来人口大量地盲目流入，房源经营管理单位要与公安、民政等部门密切合作，制定入住标

准，建立相关制度，如担保制度（即由有固定工作和收入的本市居民提供担保）等。

3. 其他有关制度和政策。这些制度和政策涵盖医疗、教育、养老保险、失业保险、劳动保护等方面，它们是城市社会福利的主要内容。目前，我国正在开始或深化这些方面的改革，相关政策的出台和相应措施的制定都应考虑将新入城居民与原有居民一视同仁，甚至如果必要的话，政府在过渡阶段还可以制定特殊的政策或采取特殊的措施，解决新入城居民的特殊困难。

（三）制定积极有效的经济政策，为加快城市化进程提供有力保障

1. 合理的产业政策。对于济南和青岛这两个中心城市来说，首先要大力发展就业容量大的第三产业，如旅游业、住宅业、新型流通业、社区服务业、信息服务业、咨询服务业、广告业、文化产业、体育产业、科技服务业、金融保险业等，以提高产业整体质量，扩大就业；其次要着重发展效益好、能形成新的经济增长点的产业，如新材料产业、生物制药产业等，以提高城市经济实力。中心城市产业结构要形成三二一格局，并保证它们之间较高的比值；区域性中心城市亦为三二一格局，但比值可适当低些；县级城市考虑形成二三一的等比例格局；中心镇要实现二一三格局，小城镇逐步由一二三向二一三格局过渡。

2. 积极的财税政策。首先，积极的财政政策可以表现为鼓励政府债券（如市政债券）的发放与购置方面的政策、财政支出向城市要素聚集和市政设施建设方面倾斜的政策、财政透支以加大市政大型门槛类项目（如路网或管网一次性大区域改造或新建）投资力度（或者说适当的赤字政策）。税收政策作为一种有效经济杠杆，可用以调控城市产业结构，使其向合理化发展；采取税收减免政策促进城市化要素聚集和成长，加速城市基础设施建设。

3. 适当的金融政策。对于基础设施和公用设施建设贷款，可以通过政府担保、低息或贴息贷款；对于有利于用于城市建设和发展所需的人、财、物等要素集聚的资金需求，政策性银行和其他国有银行可以按照国家政策在贷款规模、期限、利率等方面给优惠，为城市建设和发展提供有力的资金保障。政府还可以制定政策，让本埠非国有金融机构承购一定数量的市政债券，以便为市政建设融入更多的资金。

（四）深化城市供水价格改革，改善"瓶颈"因素制约

城市供水是既具有公共产品性质又具有稀缺资源性质的商品，山东省城市普遍受到水资源供给的制约，"水"成了山东省加快城市化进程的"瓶颈"因素。制定合理的水资源利用和价格政策，有利于促进水资源消费结构合理化，有利于增加水资源有效经济供给，有利于加快城市化进程。

1. 完善城市供水价格形成机制。首先，改变城市供水和污水处理厂的经营机制，使其成为真正的商品经营者，实行企业化管理，自主经营、自负盈亏。其次，大中城市逐步实行供水厂网分开的运行机制，引进竞争机制，供水企业竞价上网，中标企业取得相应的经营垄断权，以此促进城市供水集约化经营，约束成本上升。第三，水价制定要实行政府指导价，规范政府定价行为，政府定价要根据合理成本加平均利润的方法确定水价。第四，建立价格听证会制度，对水价制定和调整要征求供水企业、消费者协会、工会、供水协会等社会各界意见，保证水价形成的科学、民主、公正和公开。

2. 规范城市供水价格构成。一是要补偿成本，完善成本构成，加强成本核算，统一主要成本构成项目的计价标准；二是要确立合理的利润率、对不同行业、不同性质的供水，实行不同的利润率；三是要确立合理的税收、费用、项目和标准，政府部门可通过收取税金供做供水设施投资，通过开征耗水税，加大水资源费和水污染处理费等项目的征收力度等措施，既可防止水价格太低造成的资源浪费，又可使政府集中必要的资金保护水资源。

3. 理顺城市供水价格体系。完善水价分类体系，如实行两部制水价或阶梯式计量水价，根据不同性质行业实行分类水价、实行分质论水价等；确定合理的原水与成品水差价，提高目前严重偏低的原水价格，使其达到成品水价的合理比例；根据各地水资源紧缺程度和供水成本，实行供水的地方差价，以促使水资源的合理配置；针对不同城市的特点，对供水的丰枯期和用水的峰谷量实行差价，以缓解供水的季节性矛盾。

4. 完善城市供水宏观管理体制。改革当前城市供水的投资体制并进行相关的财税体制等配套改革，同时建立相关的法律、法规和规章，建立和完善组织管理机构，规范并加强城市供水管理，提高城市水资源的供给水平和利用效率，节约用水，促进城市可持续地健康发展。

（执笔：王德起）

乡镇企业发展与小城镇建设
互动关系研究（一）

一 问题的提出

城镇化（urbanization）是世界文明发展（civilization）的必然趋势。小城镇是城镇体系（小城镇—小城市—中等城市—大城市—特大城市）的基础环节和基本内容，发展小城镇是加速城镇化进程、提高城镇化水平的一条重要途径。

我国是一个农村人口比重很大的发展中国家，根据全国第五次人口普查资料，居住在乡村的人口 45594 万人，占总人口的 63.91%，如此巨大的农村人口规模仅靠发展大中城市来吸纳，显然是远远不够的，并且局部发展大中城市也明显地影响了公平，而发展小城镇在以提高城镇化水平为主要内容的社会经济发展中，则同时兼顾了效率与公平，对我国具有十分重要的意义。正因如此，党的十五届三中全会通过的《中共中央关于农业和农村工作若干重大问题》明确指出："发展小城镇，是带动农村经济和社会发展的一个大战略，有利于乡镇企业相对集中，更大规模地转移农村富余劳动力，避免向大中城市盲目流动，有利于提高农民素质，改善生活质量，也有利于扩大内需，推动国民经济更快增长。"2000 年 6 月中共中央和国务院下发的《关于促进小城镇健康发展的若干意见》以及 2000 年 10 月通过的《中共中央关于制定国民经济和社会发展第十个五年计划的建议》，都对发展小城镇的战略意义予以强调，并对如何促进小城镇建设和发展进行了部署。

事实上，自改革开放之时起，我国就已经开始重视小城镇建设。20

世纪 80 年代初，我国著名社会学家费孝通就提出了"小城镇，大问题"（1983 年）的观点，提出："要把小城镇建设成为农村的政治、经济和文化的中心，小城镇建设是发展农村经济、解决人口问题出路的一个大问题。"① 这一观点得到了中央和地方各级政府领导的赞同和支持，并制定了一系列促进小城镇发展的政策和措施。在当时农村经济迅速发展的背景之下，我国小城镇建设在 80 年代中期出现了第一次高潮，例如，在 1984—1988 年间，全国建制镇由 6211 个增加到了 10609 个，小城镇累计吸纳农村富余劳动力近 2700 万人，占同期农村劳动力转移总量的 53.6%。90 年代以后，我国的小城镇建设进入了调整和新的发展时期，正如中共中央和国务院《关于促进小城镇健康发展的若干意见》所指出："当前，加快城镇化进程的时机已经成熟，抓住机遇，适时引导小城镇健康发展，应当作为当前和今后较长时期农村改革与发展的一项重要任务。"从而形成了"小城镇，大战略"的我国城镇化基本思路。

在小城镇的发展中，作为"异军突起"的乡镇企业起到了极其重要的作用。1999 年，全国乡镇企业完成增加值 24，883 亿元，比上年增加值增长 12.2%，高于全国国内生产总值增速 5.1 个百分点，占全国国内生产总值的 30.1%，比 1978 年的 5.8% 上升了 24.3 个百分点；同年，乡镇企业完成工业增加值 17，374 亿元，比上年增长 11.9%，占全部企业增加值的 69.8%，占全国工业增加值占比重由 1978 年的 8.8% 陡升至 49.1%。而 2000 年，乡镇企业增加值预计将达到 27，620 亿元，比"八五"末增长 89%，"九五"期间年均增长 13.6%，占全国国内生产增加值的 30% 以上，占全国农村社会增加值的 64%，其中：工业增加值预计达到 19，110 亿元，比"八五"末增长 77%，"九五"期间年均增长 12.1%，已占全国工业增加值近 50%。② 乡镇企业的迅猛发展，在大大推进农村工业化的同时，也极大地推进了农村城镇化，成为小城镇建设和发展的基本动力。

乡镇企业之于小城镇犹如骏马之于驹车：乡镇企业这匹骏马带动了小城镇这驾驹车，而小城镇这驾驹车恰为乡镇企业这匹骏马提供了用武之

---

① 费孝通等：《费孝通论小城镇建设》，群言出版社 2000 年版，第 85 页。

② 农业部乡镇企业局：《量质并举、速效同增的"九五"乡镇企业》，《乡镇企业导报》（京），2000 年 10 月 5 日。

地，二者相辅相成。中国很难设想没有乡镇企业的小城镇和没有小城镇的乡镇企业。在这种共生互动关系中，政府正像一个车夫驭手，驱赶和驾驭这副骏马驹车顺利并加速地前行。

　　然而，乡镇企业和小城镇在发展中也有相互矛盾的方面。首先，在资源要素方面的冲突，即在资金、劳动力、土地、信息和技术的需求上，乡镇企业发展和小城镇建设存在"分蛋糕"的问题，因为乡镇企业的发展并不意味着或不完全等同于小城镇发展，反之亦然，也就是说乡镇企业发展与小城镇建设和发展有可能存在着时空的差；其次，乡镇企业发展造成的环境破坏与污染，给小城镇建设和发展带来了"外部不经济"，从而影响了小城镇的健康和可持续发展，给小城镇居民"生活质量"带来了不利的影响；第三，乡镇企业发展与小城镇建设和发展的制度需求也可能存在一些冲突，从而带来了二者在发展中的不协调。

　　因此，研究乡镇企业发展与小城镇建设和发展的互动关系，找出二者各自发展的客观规律及其必然联系，为政府、企业、居民等各主体提供科学依据，从而促进乡镇企业和小城镇健康、协调、快速地发展。尤其是在新世纪我国新的战略目标之前，我国即将加入 WTO 和西部大开发战略的框架之中，以及知识经济的背景之下，深入探讨这一互动关系及有关问题，对促进我国区域经济和社会发展，加快城镇化进程，将具有十分重要的理论意义和现实意义。

二　乡镇企业与小城镇互动关系的理性分析

（一）　两个关键概念的界定与诠释

1. 乡镇企业。

　　早在 1993 年 6 月，一直醉心于乡村问题研究我国著名学者费孝通先生就提出发问："究竟什么叫'乡镇企业'？要想有个概括的、全面的、科学的定义似乎还很难。它包括的东西很多，内容很复杂，各地情况不同，人们脑筋里熟悉的乡镇企业也不完全相同。乡镇企业本身也在变，性质、范围、特点、意义，一直都在变化、发展。"[①]"乡镇企业的发育是一

---

　　① 《费孝通文集》第十二卷，北京：群言出版社 1999 年 10 月版，第 455 页。

个很生动的过程。"①

　　根据《中华人民共和国乡镇企业法》第二条的规定：乡镇企业"是指农村集体经济组织或者农民投资为主，在乡镇（包括所辖村）举办的承担支农义务的各类企业"；所谓"投资为主，是指农村集体经济组织或者农民投资超过百分之五十，或者虽不超过百分之五十，但能起到控股或者实际支配作用"；"乡镇企业符合企业法人条件的，依法取得企业法人资格"。按照上述规定，非农村居民在乡镇（包括所辖村、村居小组等）举办的企业、外商在农村投资兴办的企业以及各种联营企业等，虽然不以农村集体经济组织或农民投资为主，但因其占有农村集体土地并利用农村基础设施、资源和劳动力，并且一般由农村集体经济组织或农民进行管理，因此，这样的企业也应该算作乡镇企业。从地域范围上讲，乡镇企业所在的地域一般在乡镇，既包括建制镇（含县城），也包括乡村集镇，还包括乡镇所辖行政村或自然村；此外，根据《乡镇企业法》第九条规定："乡镇企业在城市设立的分支机构，或者农村集体经济组织（或农民个人）在城市开办的企业，也属于乡镇企业的范围。"由此可以看出：乡镇企业与小城镇在空间上并非完全重合的。

　　尽管乡镇企业多为中小型企业，但其功能和作用却十分重要。首先，乡镇企业的发展使农民的经营领域从单纯农业转向农业和非农产业兼营，而农民经营领域的变化，不仅最终导致政府农村政策的边界从农业向非农产业拓展，而且也正在悄悄地使我国农村的社会观念发生着变化。其次，乡镇企业的发展使农民经营的地域范围从农村逐渐向城镇渗透，并且，我国大部分乡镇企业都是在比较封闭甚至完全封闭的农村区域、在传统农业的母体上成长发育起来的，是在具有中国特色的农业现代化过程中，把传统经济组织要素与现代经济要素紧密结合在一起的组织创新，这就使乡镇企业与农村和农业具有一种天然的联系，从而使乡镇企业带有浓重的"草根气息"，乡镇企业的发展，不仅使农民的经营活动突破了狭小的农村区域，而且还引进了改造传统农业的新的组织要素，因为融合于乡镇企业之中的两种要素，传统要素是基础，而现代要素则处于主导地位，它一开始就孕育着突破传统要素和农村地域局限的巨大冲动。第三，乡镇企业

---

　　① 《费孝通文集》第十二卷，北京：群言出版社 1999 年 10 月版，第 309 页。

的发展使农村所有制关系由单一所有制形态转化为混合所有制形态，这种转变不仅增加了农村经济的活力，而且还在某种意义上促进了农村经济增长方式的转变，加速了农村现代化的进程，改变了政府农村经济政策作用的方式和范围。

2. 小城镇。

如同费孝通研究乡镇企业一样，他对小城镇建设和发展甚至投入了更多的关注。在其著名篇章《小城镇，大问题》中他提出："小城镇是一个包含了丰富内容的概念。""小城镇是农村市场发育的物质体现。""集市和集镇是发展农村商品经济的基本形式，集市是城镇的前期形式。在农村商品经济的发展中集市可能进一步发展成为集镇，在集市阶段上的交换主要是农副产品，农副产品交换的前提是多种经营和副业的发展，集镇就是小城镇，它是乡镇企业发展的结果。"①

事实上，城镇化进程中的小城镇是一个发展的概念。某一时期的小城镇，或许若干年后使发展成了大中城市甚至特大城市。例如，我国大陆的深圳市、珠海市、石狮市等几十年前都只是小镇（或者是集镇），世界级特大城市香港百年之前也不过是几个小镇。本研究以城镇化为背景，从广义和发展的角度研究小城镇问题。因此，这里所指的"小城镇"实际是一个"小城镇体系"：第一个层次上的小城镇是指国家批准的建制镇，包括县级政府所在地和其他建制镇，它们是中国小城镇的主体，其规模较大，非农产业较发达，吸收劳动力的能力也比较强，城镇功能较明显，属于高层次的小城镇，是"小城镇"概念的狭义解释，也是本研究以点代面的"点"，是重心所在；第二个层次上的小城镇是指除了建制镇以外的乡人民政府所在地和国营农场所在地等达到一定规模的集镇，这类小城镇分布较广，但大多规模较小，非农产业发展水平低，对农村经济和社会发展影响也较小，并且在有些地区"撤乡并镇"后，其行政职能也大大弱化，但考虑到其中少数较大的发展和可能的区位优势，调查研究中给予适当关注；第三个层次上的小城镇是指农村集市所在地，它们通常是较大的中心村，集聚能力较差，但在小城镇加速发展过程中，可能会升级为较高层次的小城镇，因此，研究中也要给予一定的考虑。

---

① 《费孝通文集》第十二卷，北京：群言出版社 1999 年 10 月版，第 390 页。

小城镇作为"市脚乡首"，在国民经济和社会发展中扮演着越来越重要的角色。

首先，小城镇是农村社区商业主要"载体"或"承载者"。目前，小城镇集中了具有一定规模的乡镇企业100多万家，创造了近57%的乡镇工业增加值；建成各类专业和集贸市场近4万多个，年交易额占农村集贸市场交易额的80%以上。二、三产业就业在小城镇就业中已占主导地位，据国家统计局等十一个部委于1996年共同对全国18个省市1034个小镇的抽样调查显示：县政府驻地镇二、三产业就业比例为85.2%，非县政府驻地镇为76.6%，其比重比全国平均高25%—35%。

其次，小城镇是农村社区公用设施和基础设施的主要"持有者"。小城镇欲发挥"满足居民生产和生活需要"的功效，必须具有"三通一平"或"五通一平"等基础设施条件，据对山东省小城镇建设的典型调查，小城镇"三通一平"和"五通一平"建设的投资分别为150—180元和220—260元，它们形成了"土地资本"，与土地物质实体"具有不可分离的偶性"，① 它以收取"租金"为回报。

第三，小城镇是城市化的"推进器"。改革以来，我国的城市化开始加速发展，城市化水平20年间提高了12.5个百分点，是前20年的5倍。城市化的快速发展主要得益于小城镇的大量兴起。从1978年到1998年的20年间，按城镇总人口计算，小城镇镇区人口占全国总人口的比重由5.5%上升到13.6%，小城镇对城市化的贡献率（镇人口占城镇总人口比重）由30.7%上升到44.7%；按城镇非农业人口计算，小城镇非农业人口20年里由4784万人增加到近1.25亿人。小城镇对推进我国城市化所起的作用是不可低估的。

第四，小城镇是农村富余劳动力的"蓄水池"和"节流闸"。我国农村富余劳动力目前已占农村劳动力总数的1/4—1/3，并且富余劳动力数量每年都在以数百万人的速度增长。将巨量的农村富余劳动力转移出去是农业持续发展、农民收入不断提高的关键。小城镇由于具有更接近于农村，市场机制的作用比较充分，农民进城的门槛和转移的难度和风险较低等优势，对分流农村富余劳动力，防止农村人口盲目拥向大城市起到了

---

① 《马克思恩格斯全集》第25卷，人民出版社1972年版，第872页。

"蓄水池"和"节流闸"的作用。根据有关部门的统计，20 年来，小城镇共吸纳了农村富余劳动力近 6000 万人，占同期转移出的农村富余劳动力的 40.5%。由于劳动力从低生产率的农业部门向高生产率的城市部门流动形成了经济增长的重要动力，因此从这个意义上说，小城镇吸收农业富余劳动力的过程，也是推动经济增长的过程。

第五，小城镇是城乡协调发展的"平衡杆"。改革开放以来，我国小城镇发展的实践，使城市化摆脱了人口位置迁移这一形式的局限，变为以农村人口就业结构和生活方式的变化过程为中心内容，不仅直接推动了中国城市化的进程，而且对农村的发展起到了直接的促进作用。小城镇把城市的思想观念、技术信息、管理经验传播到广大农村，成为我国亿万农民接触城市文明的媒介，既加强了城乡联系，也避免了许多发展中国家大城市膨胀、农村却不断衰落的"发展的陷阱"。

（二）维系乡镇企业与小城镇关系的纽结及解析

1. 集聚——促进乡镇企业和小城镇互动发展的源动力。

由产业革命推动的工业化过程首先是技术革命和技术不断创新的过程。然而，工业之高度发展的生产力还依托于规模经济和集聚经济的发展：规模经济是经济资源在经济主体的集聚所产生的资源配置效率；而集聚经济则是经济资源在地理空间的集聚所产生的资源配置效率。正是这两者，尤其是后者——集聚经济，成为工业化时代城市化的重要原因。

首先，集聚经济起始于规模经济。资本和人力资源在经济主体上的大量集聚是实现工业大规模生产的先决条件，这种集聚又同资本和人为资源在区位上的集聚发生着必然的联系，恰是这种集聚构成了工业化时代城市化快速推进的初始原因。其次，工业是一个社会分工和专业化生产不断发展的过程。专业化的社会分工协作体系是实现规模经济的前提条件，但这种分工协作体系只有在区位上集聚才能取得最优的效率，因为集聚不仅有利于工厂之间的分工协作，而且有利于解决工业所需的能源供应和环境污染的集中治理，同时也有利于解决工业对交通、通讯、卫生、文化教育等基础设施和公共设施的需要。不仅如此，资本、人口、生产等在特定区位上的集中，必将使这一区位的交通、金融、保险、房地产、邮电通信和各类服务业亦相应地产生和发展。这一切的集聚又构成了进一步推进工业化的"集聚经济"的源泉，成为城市数目不断增多和城市规模不断扩大的根据。第三，企业经济活动的集聚也必将促进公共经济活动的集聚。城市基础设施的发展，乃至科学、文化、教育、医疗卫生等部门在城市的发展，使集聚经济得以进一步放大；反过来说，这些部门离开集聚也难有其发展。最后，人类经济活动和社会活动在特定区位的大规模集聚，也就是人口在城市的大量集聚，同时也意味着市场的集聚，有了规模市场才有规模生产，进而才能享有规模经济。

一般意义上的城市化，指的是自产业革命以来，随着正业化的进程而形成的人类的经济活动在特定区位的大量集聚，从而使资源的集聚点——城市得以迅速发展。因此，城市化的本质就是资源（或要素）在地理空间上的集聚。从现象上看，工业化和城市化是难以隔离的孪生物；而寓于二者之间的一个毋庸置疑的经济规律就是——工业化是城市化的必要条件，城市化则是工业化的必然结果。在这里，"集聚"呼唤新的"集聚"便构成了"集聚经济"的显著特点，城市化不可阻挡的发展，城市规模难以驾驭的膨胀，其推动力即在"集聚经济"。这种"集聚经济"的运作规律和特点，是区域的面的范围或称"层"→城（镇）市的点或称为"极"不断扩大的趋势，同时也表现为更大的"层面"向更集中的"点、极"→大及更大"点、极"的"梯集聚"，这种工业的发展和集聚，无疑是激发城市化的第一推动力。而工业的发展及其在特定区位的集聚，又带动了服务业的迅速发展，而且，服务业在国民经济中的比重，无论是从GNP（或GDP）水平还是从就业规模来看，其上升速度都越来越快于工业，逐步发展成为国民经济中最大的行业部门，服务业从而也就成为城市化的最大动力源。服务业本身对区位集聚的依赖高于工业，因为服务业只有集聚才能出效益，服务业的集聚与发展对城市化的发展具有更大的价值和意义。同时，"集聚经济"使服务业本身的发展必将呼唤和推动服务业进一步发展，城市化之所以不停地发展，其推动力就是服务业不停顿地发展。尤其是在工业化的后半期，城市化的发展将主要依赖于第三产业（或直接称服务业）的发展。

由此看来，小城镇的建设与发展离不开乡镇企业的集聚，而乡镇企业的进一步发展则必须以小城镇为依托，因为发展小城镇，使乡镇企业向小城镇集中，可以解决乡镇企业发展的很多问题。①发挥工业生产的聚集效应，收到聚集效益。既有利于工厂经济效益提高，也有利于治理三废，保护农村生态环境。由于在小城镇内的相关公共设施都是合建共用的，这就大大减少了乡镇企业的投资成本，企业间相互传播技术，可以共同提高。②发挥商品流通集散地的作用，为乡镇企业发展提供了市场条件，这就顺畅了乡镇企业的流通渠道。③发挥城乡交通、邮电的枢纽作用，发挥农村科技、教育、文化、卫生和金融等服务中心的作用，为镇企业提供良好的生产服务和生活服务。④带动了产业升级和企业组织结构调整。小城镇的发展对企业的产业、产品结构和组织结构调整都提出了更高要求。小城镇建镇初期工业的主要特点是小规模、大群体，随着小镇的发展，其工业结构逐步从技术含量较低的简单劳动密集型向技术含量较高的劳动密集型和技术密集型转变，经济组织形式也从家庭工业、合伙企业向股份合作企业、股份有限公司、集团公司发展，从而推动了农村工业化和城镇化的协调发展。⑤能够拉动基础设施建设投入，扩大内需。乡镇企业进入小城镇，需要厂房、交通、通讯、供电、供水、仓储等基础设施；乡镇企业的工人进入小城镇，也需要住房、交通、通讯等基本生活条件，这些需求必将推动小城镇的基础设施建设。

但值得注意的是：趋近于集聚经济、外部经济之经济资源的集聚，造就了城市化过程；但经济资源之大量和迅速的集聚，导致城市数目的过快增加和城市规模的过分扩大，又将引发由此而来的"集聚不经济"和"外部不经济"，从而产生所谓的"城市病"，例如生态破坏、环境污染、交通拥堵、住宅紧张、设施不足、就业困难、社会治安恶化、水资源短缺等，造成城市经济运作的低效率和居民"生活质量"的下降。

2. 要素——连接乡镇企业和小城镇互动关系的纽带链条。

无论是乡镇企业发展还是小城镇建设与发展都依赖于资金（或资本）、劳动力（可扩大为一般的人力）、土地（及其设施）、技术（包括知识和信息等）。从宏观发展总量上看，乡镇企业和小城镇在资源上体现的主要是共享关系，即二者在集聚经济上的同一性；而从微观发展结构上看，乡镇企业与小城镇则主要体现为竞争关系，即二者在时空上的排斥性。

资本是现代经济的"血液"，是最活跃的要素。这不仅决定于其流动性、收益性（或增值性）、安全性等本质特点，而且还决定于它是物质流、人力资源流、信息技术流等的中心和枢纽地位。正是资本的流动带动和控制了其他要素的流动和配置，因此也成了小城镇"集聚经济"质与量的基本度量指标。

从改革开放以来小城镇与农村经济发展的关系来看，建制镇数量与农业总值和农村社会总产值之间都存在着极其密切的关系。建制镇数量（Y）与农业总产值（X_1）和农村社会总产值（X_2）之间的回归函数模型分别为：①

$$Y = 8199.65 + 0.458186X_1 \qquad (R^2 = 0.963026)$$

$$Y = 10038.54 + 0.099878X_2 \qquad (R^2 = 0.961067)$$

两式的 R^2 均超过 0.96，表明自变量 X_1、X_2 与因变量 Y 之间存在着极强的正相关关系，这说明，改革开放以来，集镇数量的减少和建制镇数量的增加，是与农村经济发展密切相关的。如果从乡镇企业产值占农村社会总产值 70%—80% 这一事实来看，乡镇企业的确与小城镇有着高度的正相关关系。

另根据第一次全国人口普查资料，建立的建制镇财政收入（Y）和镇区非农业人口（X_2）和镇区户数（X_3）之间的函数关系模型分别为：

$$Y = 0.4756X_1 - 470.7504 \qquad (R^2 = 0.9421)$$

$$Y = 0.2989X_2 + 59.6173 \qquad (R^2 = 0.9447)$$

$$Y = 1.1986X_3 - 909.4598 \qquad (R^2 = 0.9669)$$

三者相关系数均在 0.94 以上，说明建制镇的规模和财政收入之间存在着高度的正相关关系，即镇区规模越大，通常财政收入也越高。

早期发展起来的小城镇，大都与农业有着千丝万缕的联系，起码与较扎实的农业基础有关。但从全国总体看，小城镇经济与农业和农村经济的联系十分薄弱，我们认为，这正是我国小城镇发展迟缓的最重要原因。

（1）小城镇的工业结构与农业的联系太小。尽管乡镇企业的集中度很低（只有大约 8% 左右的企业集中在建制镇），但仍然是小城镇经济发展的主体。而乡镇企业与城市大工业的同构性过大，高达 80% 以上。也就是说，尽管乡镇工业产值占全国工业总产值的 50% 左右，但其中的绝

---

① 参见孔祥智：《当前农村小城镇发展中存在的主要问题和对策建议》，《管理世界》，2000 年第 1 期，第 156—159 页。

大多数是在农民不熟悉的非农领域与地方工业争原料、资金、人才和市场。从乡镇工业自身的产业结构看，20世纪80年代以来，乡镇工业中以农副产品为原料的轻工业所占比重一直在30%左右，而80年代中期泰国和印度农村工业的产业结构中，以农副产品为原料的轻工业分别占55%和90%以上。另据联合国亚太经济与生活理事会（ESCAP）的调查，在大部分亚太发展中国家，农产品加工和纺织品生产两项从业人员占农村人口的50%以上，在孟加拉国占75%以上。我国农村工业的这种畸形结构与其在城市工业的夹缝中成长起来的经历有着密切关系。

（2）很多新建小城镇，尤其是相当一部分试点镇，往往把建设重点放在招商引资上，而不是以发展镇域经济为手段促进小城镇发展。这种不正确认识导致的行为结果是开发区泛滥，有的县几乎一个乡镇一个开发区，甚至一些根本没有开发价值的乡镇也盲目紧跟"形势"，办起了开发区。开发区的泛滥结果造成了土地和资金的大量浪费。有的乡镇把开发区土地"三通一平"、"五通一平"后，等待外商前来投资；有的还在开发区里建起了一定数量的厂房或职工宿舍；有的把土地圈起来后便让其荒芜着。

（3）当前，农业产业化方兴未艾，农业产业化对于有效解决小生产和大市场之间的矛盾，引导千家万户农民走向市场，并逐步实现农业现代化具有十分重要的意义和作用。农业产业化存在的主要问题就是龙头企业发育不足，而据有关学者推算，在全国2000万个乡镇企业中，只有5000个可以算作龙头企业。小城镇经济对农业发展的带动不够，不仅镇域农业经济发展难以跃上新的台阶，小城镇自身的发展也难有大的突破。

此外，影响乡镇企业与小城镇互动发展另一个重要原因是"人"：一方面，人力（或人力资本）是乡镇企业和小城镇发展根本动力，掌握现代科学技术和管理经济的"人"，是乡镇企业与小镇健康发展所不可或缺的；另一方面，"人"是小城镇社区的主体，是乡镇企业产品或服务与小城镇设施的消费者，小城镇应该是为众人提供的环境优美、生活便利的文明社区。因此，建立人才引进机制和农村富余劳动力转移机制，为乡镇企业募集足够的优秀技术和管理人才以及劳动力，并同时引导乡镇企业向小城镇集中，再辅以现代科学知识的培训，便可以同时解决小城镇人口和空间规模的扩张，促进小城镇的健康发展。再一个因素就是土地，建立农地、农村宅基地以及农转非用地机制，并将农村集体土地市场（或准市场）与城镇国有土地市场纳入统一的市场管理，再利用适当的政策手段进行调控，促进乡镇企业和小城镇共同发展中的土地利用率和利用效率的提高，既保障它们发展对土地需求的有效供应，又做到集约用地、保护耕地，这应是解决乡镇企业与小城镇互动发展土地问题的基本思路。

3. 政策——乡镇企业与小城镇协调发展的共同环境。

所谓政策，　"就是支配为既定目标而采取行动的各种原则"（K. E. Boulding，U. S. A）。在我国，政策就是党和政策为实现一定历史时期的路线而制定的行动准则。政策的引导、协调、控制等功能为行为主体和行为本身提供了"软件"。当前，我国的城镇化已经上升为国家政策层面，适当的政策无疑会给乡镇企业与小城镇的健康、协调、发展提供体制与制度保障。

国内外经验表明，在工业化和城市化的初期，城镇发展都会经历一个自发的或盲目的发展过程。这种盲目的发展会造成生态和环境破坏，城镇用地结构不合理等问题。针对这些情况，各国政府都从不同层次引导和干预城镇的发展。以日本为例，20 世纪 60 年代以后，通过第三次国土整理计划，提出建立"田园式小城市"战略方案，并以此为目标制定了一系列政策，建立了数百个人口 1 万—10 万人、设施完备、环境优美、交通发达、居住便利的小城镇，并不断通过都市整理，调整城镇的土地利用方式，促进城镇中企业等经济活动空间的优化。我国关于促进乡镇企业与小城镇共同健康快速发展的政策，是城镇化战略一个基础环节、一个重要组成部分。国家层面上的政策，如《中共中央、国务院关于促进小城镇健康发展的若干意见》（2000.6），具有全国性的指导意义；而地方政府的有关政策，如《中共山东省省委、山东省人民政府关于进一步加快小城镇建设的决定》（鲁发〔1999〕18 号）、《关于进一步改进户籍管理扩大办理城镇居民户口范围的意见》、《关于加快农村二三产业向中心镇集中的意见》等，则是地区性和可操作性准则。乡镇企业发展和小城镇建设毕竟是两个不同的政策对象，这也决定了二者会有不同的政策手段，因此，为了促进乡镇企业和小城镇二者协调共同发展，必须深入调查研究，找出不同地区乡镇企业和小城镇发展的共性与个性，完善政策体系，优化政策手段组合。

（三）乡镇企业发展及小城镇建设和发展的态与势

1. 经济总量继续增加，对国家贡献越来越大，但发展速度明显放缓，形势不容乐观。

2000 年乡镇企业增加值达到 27620 亿元，比"八五"末增长 89%，"九五"期间年均增长 13.6%，占全国国内生产增加值的 30% 以上，占全国农村社会增加值的 64%；其中工业增加值，2000 年预计达到 19110 亿元，比"八五"末增长 77%，"九五"期间年均增长 12.1%，已占全国工业增加值的近一半。

出口交货值，2000 年达到 8520 亿元，比"八五"末增长 58%，"九五"期间年均增长 9.6%，占全国外贸出口总额的三分之一以上；营业收入，2000 年达到 110000 亿元，比"八五"末增长 92%，"九五"期间年均增长 13.9%；利润总额，2000 年达到 6600 亿元，比"八五"末增长 79%，"九五"期间年均增长 12.3%。上缴税金，2000 年预计达到 2200 亿元，比"八五"末增长 72%，"九五"期间年均增长 11.4%，占全国工商税收的四分之一。"九五"期间乡镇企业累计上缴国家税金 8420 亿元，比"八五"累计上缴国家税金翻了近一番。

从业人员，2000 年达到 12900 万人，五年中略有增加，占农村劳动力的 27%；工资总额，"九五"期间支出达 31020 亿元，比"八五"期间增加 18000 亿元，在此期间全国农民人均纯收入净增部分的 45% 来自乡镇企业，农民从乡镇企业获得的工资性收入占全国农民人均纯收入的 32%。在乡镇企业发达地区，农民收入的 80% 以上来自乡镇企业。

进入"九五"以来，市场成为最主要的约束，政策扶持有所弱化，乡镇企业在保持平稳增长的同时，积极推进两个根本性转变，进入了一个体制创新、结构调整和素质提高的新阶段，出现了一些新的情况和问题。

（1）发展速度明显放慢。"八五"期间乡镇企业增加值平均发展速度为 42.5%，1995 年为 33.6%，1996 年为 21%，1997 年为 18%，1998 年为 17.3%，1999 年为 14%。同时，出口增长大幅度下降。1986—1990 年乡镇企业出口交货值平均增长 45.07%，1991—1995 年平均递增 63.4%，1996 年仅增长 11.4%，1997 年增长 16.8%，1998 年增长 8%，1999 年增长 13%，出口对乡镇企业的拉动作用逐渐减弱。变化趋势见图 1、2。

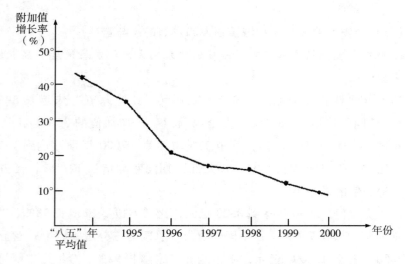

图 1　近十年来乡镇企业增加值变化态势

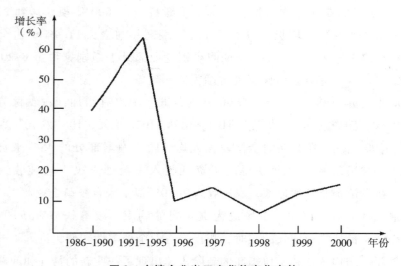

图 2　乡镇企业出口交货值变化态势

（2）经济效益有所下降。亏损企业数量增多，亏损额增加。1995 年乡镇企业亏损个数 133 万个。1996 年乡镇企业亏损面为 8%，1997 年为 8.5%，1998 年为 8.4%，1999 年为 10.2%；资产收益率下降，1999 年为 20.3%，比 1996 年下降 4.8 个百分点；总资产回报率为 9.8%，下降 3.2 个百分点；负债率居高不下，流动资产不能偿付流动负债，财务状况也不好。变化趋势如图 3 所示。

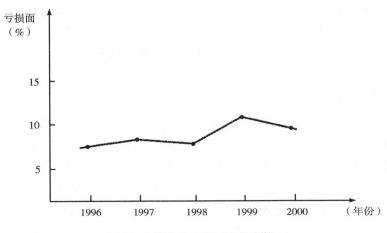

图 3　乡镇企业亏损面变化态势

（3）吸纳农村富余劳动力的速度有所减缓。吸纳农村富余劳动力的速度减缓甚至下降。1981—1985 年乡镇企业转移农业富余劳动力 4070 万人，1986—1990 年吸纳 2286 万人，1991 年—1995 年吸纳 3596 万人，这3 个"五年"时期平均每年吸纳农村富余劳动力分别为 814 万、475.2万、719.21 万人。1996 年为 647 万人，1997 年减少 458 万人，1998 年减少 513 万人，1999 年仅增加了 8 万人。吸纳劳动力的动态趋势见图 4。

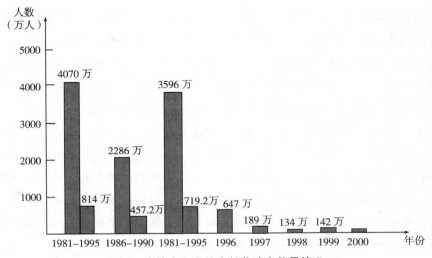

图 4　乡镇企业吸纳农村劳动力数量情况

（4）资本开始排斥劳动。劳动力成本上升，加速了资本对劳动的排斥，资本开始大量替代劳动。1978 年乡镇企业每万元固定资本可以安排12.3 人就业，1997 年下降到 0.67 人，1999 年下降到 0.53 人。据农业部提供资料显示，近年来我国乡镇企业以每年减少 300 万—400 万人的速度向外排斥劳动力。

（5）提供给农民的工资收入增长幅度下降。"八五"期间乡镇企业提供给农民工资收入的增长平均达到 34%，"九五"以来，乡镇企业提供给农民的工资收入平均增长下降为 13% 左右，增幅下降 20 多个百分点。

造成乡镇企业上述问题的原因是多方面的，是多种因素共同作用的结果。从经济发展的客观规律看，乡镇企业发展速度要持续保持在"八五"期间 30%—40% 的高速增长是不现实的，保持在 15%—18% 是比较合适的（为 GDP 增长幅度 2 倍左右），但近几年发展速度降到 15% 以下，明显放慢，对农民增收也十分不利。从企业自身看，部分企业机制不活，结构不合理，整体素质偏低，不适应激烈的市场竞争，生产经营难以为继；从市场看，市场环境发生重大变化，由卖方市场转变为买方市场，市场约束明显增强。

但是，除了上述这些自身和外部市场的因素外，不可忽视的是一些不公平的竞争条件，制约了乡镇企业的持续发展。

第一，信贷资金支持不足。近几年来全国发放贷款量逐年增加，但对乡镇企业的贷款却连年下降。2000 年全国发放贷款比上年增长了 18%，乡镇企业贷款余额却比上年下降 12%。创造了全国 GDP 的 30% 并解决了近 1.3 亿人就业的乡镇企业，1999 年贷款余额占全国贷款总余额的比重却不足 5%，乡镇企业固定资产投资中，银行贷款所占比例已由"八五"末 1995 年的 25.5% 下降到 2000 年的 20%。2001 乡镇企业资金单方面情况并未好转，投资总量减少，新增贷款总量减少，中小型乡镇企业贷款减少。乡镇企业正处在关键时期，信贷资金的减少，无疑加大了乡镇企业调整和创新的难度。贷款难问题不解决，将直接影响乡镇企业发展和农民增收。造成贷款难的原因主要是缺乏必要的担保机制。乡镇企业自身信用不够，无法担保，至今又没有专门为其服务的担保基金和中介机构。资金紧缺的另外一个原因是目前乡镇企业融资手段单一。

第二，乡镇企业负担加重。各方对乡镇企业是取多予少，给乡镇企业支持的少，向乡镇企业伸手的多，名目繁多，企业苦不堪言。据调查，国家有关部门及地方五个层次向乡镇企业收费的项目和在一定区域频繁出现的就达 1000 多种，全国性的和频率较高的不合理项目达 100 种，这些不合理负担约占企业利润的 20%，收费金额占企业销售收入的 3%—5%。

　　第三，扶持政策措施落实不到位且不公平。对乡镇企业进行大力扶持，是我国进一步发展乡镇企业的现实需要，也是农民增收的重要措施。但是，现在对乡镇企业已有的一些政策落实不到位，甚至被取消，而新出台的一些政策却享受不到。如《乡镇企业法》和中央〔1997〕8 号文件等法律法规和中央文件中规定的有关政策，包括信贷、财政和税收扶持、建立乡镇企业发展基金、治理环境污染、减轻乡镇企业负担等，一些地方和部门落实不到位。中西部地区乡镇企业贷款、少数民族地区乡镇企业专项贷款、乡镇企业"贸工农"出口商品基地建设专项贷款、乡镇企业东西合作示范工程专项贷款及贴息等逐步取消。而股票上市、技改资金、出口配额、税收扶持、企业用地、人才流动及一些国有大中型企业享受的优惠政策如冲销呆滞金、封闭贷款、在企业内部设立财务公司、优先安排股票上市、允许提高综合折旧率、优先安排流动资金和列入计划的固定资产贷款等，乡镇企业往往享受不到或享受很少。

　　2. 东部地区持续增长，中西部地区比重有所增加。

　　乡镇企业增加值构成，2000 年东中西部分别占 57.8%、36.2%、6.0%，分别比"八五"末的 56%、38.5%、5.5%，略有改变。"九五"期间东部地区平均增长 14.3%，中部和西部地区分别年均增长 12.2% 和 15.7%。

　　乡镇企业从业人员占农村劳动力的比重，2000 年东中西部分别为 37.6%、22.6%、18.6%，分别比"八五"末的 37.5%、25.9%、16.4%，基本持平或有一定增加。

　　劳动生产率，2000 年东中西部分别达到 21430 元、15170 元和 11260 元，分别比"八五"末提高 66%、47% 和 52%。

　　农村人口人均乡镇企业增加值，2000 年东中西部分别达到 4800 元、2160 元和 950 元，比"八五"末分别增长 92.5%、68.0% 和 90.0%。2000 年农村人口人均乡镇企业增加值东部地区分别是中、西部地区的 2.2 倍和 5.0 倍，与"八五"末 1.94 倍和 5.0 倍相比，变化不大。

3. 产业结构得以优化，第三产业发展较快。

估计 2000 年一、二、三产业增加值分别为 440 亿元、21540 亿元和 5640 亿元，比"八五"末分别增长 54%、78%、153%；所占比重分别为 1.6%、78% 和 20.4%，与"八五"末的 1.9%、82.8% 和 15.3% 相比，更加趋向合理，其中第三产业所占比重有较大幅度提高。

从乡镇企业总量较大的农业、工业建筑业、交通运输业、批发零售贸易业、旅游饮食服务业等几大行业看：

①农业：估计 2000 年农业企业 19 万个，从业人员 275 万人，增加值 440 亿元，"九五"期间年均增长 8.4%，企业数和从业人员比"八五"末分别减少 31.7% 和 12.3%，增加值增长 57%，每个企业从业人员由 11.2 人增加到 14.5 人，企业规模不断扩大，劳动生产率有较大提高。

②工业：是乡镇企业的主体，包含了 46 个工业大类，主要有煤炭开采业、各种矿产开采业、食品业、纺织工业、服装（含皮革、鞋、帽）制造业、化学工业、冶金工业、建筑材料制造业、金属制品业、机械（含专用机械、农业机械及交通运输设备）工业、电子及食品仪表工业、电气机械及器材制造业、造纸及纸制品业和其他行业（包括工艺美术）等 14 大类。这 14 大类工业增加值占整个乡镇工业增加值的 88%，其中食品工业、服装工业、建筑材料工业、机械工业、其他制造业等行业不仅在整个乡镇工业中占有较大的比重，而且"九五"期间均保持了较高的增长速度。

③建筑业、交通运输业和商业、饮食服务业：集团企业增长趋缓，个体私营企业增长活跃。

此外，在结构和布局调整开始向农业产业化经营和小城镇建设转变、乡镇企业增加值中农副产品加工增加值占到了 26.6%。集中到建制镇和工业小区的乡镇企业达到 20% 以上，有的地方达到 40%。销售收入 500 万元以上的乡镇企业聚集在工业小区和小城镇的约 30%。目前，1.25 亿从业人员中，有 2600 万人在小城镇居住。

4. 企业改革步伐加快，产权主体呈现多元化。

对 20 世纪 90 年代数据进行分析，乡村集体企业个数只占乡镇企业的 6%—8%。其中 1996 年乡村集体企业的总资产占全部乡镇企业的 74%，实缴税金占 67%。农村个体私营企业发展很快，1999 年全国乡镇企业个私企业总数达到 1977 万个，占全部企业的 95.5%；完成增加值 14969 亿元，占全部企业增加值的 60.2%。很多农村个体私营企业开始走向联合，实现了资本的社会化。

从投资结构看：从 1992 年到 1999 年，来源于银行和信用社的贷款从 38.9% 下降为 22.6%，下降了 16.2 个百分点；自有资金从 33.1 增加到 42.7%，上升了 9.6 个百分点；引进内资从 7.9% 增加到 12.1%，上升了 4.2 个百分点；引进外资从 5.9% 增加到 11.4%，上升了 5.5 个百分点；国家扶持资金从 1.8% 下降为 0.7%，主管部门下拨资金从 4.2% 下降为 1.5%。而从产权结构看，集体企业内部非集体资本已经占到 62%。

5. 增长方式向质量效益型转变，整体素质开始提高。

一是规模扩大。到 1999 年底，全国乡镇企业累计组建集团（公司）8551 个，实现营业收入 5792 亿元，其中经省级以上批准的有 4795 个，合计完成营业收入 3571 亿元。年营业收入 1000 万元以上的乡镇企业有 52363 个，合计营业收入 23112 亿元，占全部企业的 22.9%，符合国家大中型标准的乡镇企业达到了 8000 多家。二是技术进步加快。据对 4523 个乡镇企业进行调查发现，有 3178 家企业开展了技术创新活动，占 70%；3178 家中产品创新的占 63%，工艺创新的占 56%，二者兼具的占 50%。又据对 1000 多家大型乡镇企业分析，这些企业的研究开发资金占到销售收入的 4%，全国乡镇企业也占到了 4‰。三是外向型经济发展较快。乡镇企业出口创汇企业 13 万家，年出口 100 万以上的企业达 4.7 万家，其中有进出口经营权的 2500 家。乡镇企业累计利用外资 290 亿美元，到境外办企业的 6631 家，投资总额约有 80 亿元人民币。

乡镇企业发展在取得巨大成绩的同时，也存在许多不容忽视的矛盾和问题。首先从外部看，在发展乡镇企业认识上不到位，存在忽视甚至削弱乡镇企业在农村经济和国民经济不可替代作用的倾向，缺乏从全局和战略的高度统一规划、统筹安排，对乡镇企业地位、作用及称谓的认识上出现混乱，对基层指导乡镇企业发展及乡镇企业自身发展产生不利影响。其次，扶持政策难以落实兑现。已有的一些政策落实不到位，新出台的政策又难以享受到，"九五"以来，《乡镇企业法》、中央〔1997〕8 号文件以及江泽民同志"4.21"讲话中，提出的一些政策规定和扶持措施难以得到贯彻落实。再次，收费项目繁多，乡镇企业不堪重负。根据调查统计，向乡镇企业收费的项目多达上千种，其中许多是不合理收费，不合理负担约占企业利润的 20%。最后，乡镇企业发展提供各类服务的机制和机构不健全、不完善。在投入上，既未建立符合乡镇企业特点的投资机制和机构，又未建立乡镇企业的投资担保机制和机构，目前商业银行集约化经营与乡镇企业广泛的融资需求不相适应，企业融资担保困难，造成融资渠道不畅，资金严重匮乏，资金投入呈逐年下降趋势；在技术推广、成果转化、人才培养、智力引进、市场开拓及信息服务等方面，反应滞后，手段缺乏，难以适应乡镇企业的发展需要。

从乡镇企业自身看，面对科技进步的日新月异和国内外经济环境的深刻变化，一部分乡镇企业缺乏危机感和紧迫感，技术、管理、产品、人员老化，企业停滞不前。一些企业技术创新能力较弱，技术装备落后；内部制度不健全，管理混乱；产品结构不合理，结构性过剩突出，一般性产品多，初级产品多，技术含量、附加值高的产品少，深加工的产品少；职工素质偏低，技术、管理人才，特别是知识型、创新型、复合型的企业家人才稀缺等等。

与乡镇企业的发展相适应，我国自改革开放以来，小城镇得到了迅速发展。从 1978—1999 年，有两个发展高峰：一是从 1984—1986 年的"撤社建乡"、修改建制镇建镇标准时期，*①3 年增加 7750 个；二是从 1992—1994 年的乡镇"撤、扩、并"时期，3 年增加 4247 个，6 年增加 11997 个，年均增加 1998 个，相当于 21 年净增加数的 71%。21 年间小城镇发展变化的趋势：一是建制镇（包括城关镇）数量快速增长，从 1978 年的 2000 多个，到 1999 年的 19184 个，21 年时间共增加 17011 个，增长 7.83 倍，年均增加 810 个；二是建制镇比重不断提高，1978 年为 4.1%，1990 年为 20.4%，1999 年已占 42.9%。

与此同时，农村小城镇区域布局结构的变化：建制镇总量中，东部 12 省市区所占的比重，从改革开放初期的 33% 左右，上升到 80 年代中后期并一直稳定到目前的 45% 左右，1999 年底为 8560 个，占 44.6%；中部

---

① 按照我国 1984 年规定的标准：凡县级地方国家机关所在地；或总人口在 20000 人以下的乡，乡政府驻地非农业人口超过 2000 人；或总人口在 20000 人以上的乡，乡政府驻地非农业人口占全乡人口 10% 以上，或少数民族地区、人口稀少的边远山区、山区和小型工矿区、小港口、风景旅游、边境口岸等地，非农业人口即使不足 2000 人，也可建镇。

9省所占的比重，从改革开放初期的38%左右，之后陆续降低，到近几年一直稳定在30%—31%，1999年底为5798个，占30.2%；西部10省市区所占的比重，从改革开放初期的29%左右，到80年代中后期的20%—21%，近几年已经稳定在24%—25%，走过了一个先下降后慢升的过程，1999年底为4826个，占25.2%。

从总体上来看，我国小城镇状况已经具有十分明显的特征。

1. 农村建制镇数量多、密度大，镇域范围小。

至1999年底，全国建制镇数量已占乡镇总量的42.9%。密度较高的大都分布在东部沿海发达地区，在建制镇比重超过50%的11个省市区中，有9个在东部发达地区，其中，上海96.1%、广东91.9%、海南66.2%、福建61.5%、山东60.9%、浙江55.9%、江苏55.8%，中西部只有湖北一省为63.8%。虽然江苏省只有55.8%，但苏锡常地区已达85%左右。长江三角洲、珠江三角洲、浙东南、环山东半岛、辽东半岛，建制镇密度较高。

镇域范围是指建制镇管辖的行政区划范围。虽然有些建制镇的区划范围要比一般乡镇大，但总体上说，"以乡建镇"的建制镇设置模式，使得平均每个建制镇的行政区划面积与一般乡镇相差无几。根据计算，1999年末，全国（不包括台湾省）平均每个乡镇的国土面积只有207.7平方公里，其中东部12省市区平均为87.7平方公里，中部9省区除内蒙古外平均为171.2平方公里；从建制镇看，尽管全国平均每484平方公里才分布1个建制镇，但一是这远高于1978年的数量（1个/4276平方公里），二是从区域看，东部12省市区每150.3平方公里、中部除内蒙外每281平方公里范围内就有1个建制镇。尤其是建制镇密度较高的广东、江苏、浙江、山东等省，1999年平均每个乡镇分别只有105.3平方公里，分别平均每114.6平方公里、93.2平方公里、101.1平方公里和104.2平方公里的范围内就有1个建制镇，同比分别只相当于全国平均水平的23.7%、19.3%、20.9%、21.5%。根据全国第一次农业普查江苏省资料计算，1996年末，发达的苏南地区共有405个乡镇（不包括城关镇），占地面积13254平方公里，乡镇平均占地32.73平方公里，其中建制镇为322个，即平均每41.2平方公里范围内就分布1个建制镇。

2. 建制镇对乡镇企业的聚集功能较弱，乡镇企业分散布局仍然严重。

根据农业普查资料，1996 年底，全国拥有各类非农乡镇企业 139.8 万家，其中分布在县城和大中城市及工矿区的占 5.6%，乡、镇所在地的占 20%，村及村以下的占 74.4%。这说明农村乡镇及建制镇对乡镇企业聚集功能较弱。以乡镇企业发达和农村建制镇密度较高的江苏、浙江、广东三省为例，1996 年末，三省的乡镇企业总数分别为 132784 个、135255 个、138096 个，其中办在乡镇所在地及其以上城镇工矿区和大中城市的分别为 36683 个、30822 个、39005 个，分别占其乡镇企业总数的 27.6%、22.8%、28.2%，这远低于其建制镇所占比例；而相应地，办在村庄以下的比例分别高达 72.4%、77.2%、71.7%。可见，发达地区的乡镇企业区域发展水平和农村建制镇比例差距较大。以江苏省为例，据农业普查资料，1996 年末，苏南、苏中、苏北农村建制镇镇区平均实现经营总收入分别为 11.9 亿元、3.5 亿元、2.7 亿元，多少相差 9.2 亿元，农村建制镇占乡镇总数的比例分别为 79.5%、47.3%、32.9%，高低相差为 46.6%，而上述三个地区办在乡镇所在地的乡镇企业的比例分别为 71.82%、74.21%、70.39%，也几乎没有什么差异。

3. 农村人口城镇化水平低，滞后于农村产业结构的变化和农村工业化的水平。

农村非农产业的发展与农村城镇化有极高的相关关系，但城镇数量增长本身不能代表农村城镇化水平的提高，关键要看农村人口城镇化水平。全国农业普查表明，1996 年末，全国农村建制镇（不包括县及县级市城关镇）16126 个，镇区人口在 6000 人以下的占 80.3%，4000 人以下的占 64.4%，2000 人以下的占 33.3%，超过 10000 人的只有 8.4%；即使是东部地区，6000 人以下的也多达 77.2%，10000 人以上的也只有 9.6%。全国镇区平均人口 4519 人，共计 7287 万人，占同年乡镇总人口的 7.9%；虽然其中非农业人口达 2072 人，占镇区人口比重接近 46%，但如果只计算非农业人口占乡镇总人口比重，建制镇的人口城镇化水平则更低，只有 5.8%。也就是说，我国县以下 90% 以上的人口仍居住在一般乡镇和农村。即使是发达的苏南地区、珠江三角洲、温州地区，其农村建制镇的镇区人口占农村总人口的比重分别只 14.2%、20.4%、16.2%，如果再加上大都没有当地城镇户口、流动性较强、镇区的外来从业人口，上述比重也分别只有 21.1%、24.6%、21.2%。

在我国农村社会总产值中，三次产业的产值结构变化较大，由 1987 年的 68.6∶26.0∶5.4 到 1997 年的 24.4∶62.9∶12.7，农村非农产业产值的比重已由 1978 年的 31.4% 上升到 1997 年的 75.6%，上升了 44.2 个百分点；但同期三次产业的就业结构由 1978 年的 92.9∶7.1∶7.1 变化为 1997 年的 70.4∶18.1∶11.5，非农就业只上升了 15.4 个百分点；根据测算，从 1978 年到 1996 年，农村社会总产值的结构变动值为 83.44，而同期劳动力结构的变动值只有 36.98，比前者低 46.46 个百分点。

4. 农村建制镇镇区人均占地规模大，土地集约化利用水平较低。

建制镇镇区人口规模越小，人均占地规模越大；与城市比较则更能说明问题。1996 年底，全国 226 个地及地级以上城市建成区土地面积为 13168 平方公里，建成区人口为 22472.82 人，人均占地 58 6 平方米。而全国第一次农业普查数据显示，16126 个非城关镇建制镇，镇区平均占地 2.2 平方公里，即 220 万平方米，平均人口 4518.6 人，人均占地 486.9 平方米，相当于国家关于建制镇人均占地标准 100 平方米的近 4.9 倍，相当于同期地级及地级以上城市人均占地的 8.31 倍；其中东、中、西建制镇镇区人均占地分别为 479.7 平方米、512.5 平方米、557.2 平方米，分别相当于国家标准的 4.8 倍、5.1 倍、5.6 倍及同期地级及地级以上城市人均占地的 8.19 倍、8.75 倍、9.5 倍。虽然发达的苏南、珠江三角洲、温州地区建制镇镇区人口规模较大，人均占地也分别达到 446.8 平方米、374.2 平方米、275.1 平方米，分别为国家标准的 4.5 倍、3.7 倍、2.8 倍及同期地级及地级以上城市人均占地的 7.6 倍、6.4 倍、4.7 倍；江苏省农业普查数据显示，1996 年末 926 个非城关镇建制镇中，镇区人口在 6000 以下的占 76.2%（706 个），镇区人均占地达 633 平方米，镇区人口 6000—10000 人的只占 16.2%（150 个），镇区人均占 7.6%（70 个），镇区人均占地为 284 平方米。

小城镇用地规模在逐年扩大，但人口与经济的集聚效果并不明显。目前建制镇的平均规模只有 6000 多人，镇区人口不足 4000 人的建制镇占全国的 65%，占地面积在 100—500 公顷的建制镇占全国的 72%；乡镇企业 80% 分布在村落，12% 在集镇，7% 在建制镇，1% 在县城以上城镇。乡镇企业"天女散花"式"孤岛"分布格局与小城镇"空壳"现象并存的问题十分严重。据有关研究表明，乡镇企业由于过于分散，用地规模陡增1/3，能源利用率降低40%，基础设施投资增加20%—30%，行政事业管理费增加40%，人力增加1%—2%，最终表现为资金利润率比相对集中时降低20%左右。造成乡镇分散布局的原因，一是我国农民的兼业化程度较高，就近就地在乡镇企业务工，还可兼顾农业生产，亦工亦农，生产生活两便；二是乡镇企业有明显的社区局限性，集体投资办企业，主要是考虑吸纳本地农民就业，加上小城镇的吸引力不够，进镇条件要求高，收取费用多，因此不愿把企业办到其他社区去。

三 我国乡镇企业与小城镇协调
发展的政策选择及措施体系

（一）促进乡镇企业与小城镇发展的指导原则

1. 立足于现有优势和基础的原则。

小城镇发展必须从实际出发，充分考虑各地的发展水平、区位条件和资源优势，走有地区特色的发展道路。要有效利用现有基础，重点支持已经形成一定人口经济规模的小城镇优先发展。要坚持梯度发展、循序渐进的方针，防止一哄而起，搞低水平重复建设。

2. 有利于促进城乡协调发展的原则。

农业在我国国民经济中始终处于基础地位，发展小城镇，不能削弱农业这个基础，不能以牺牲农业为代价来搞小城镇建设。要充分利用小城镇联结城乡的优势，发挥辐射和带动作用，促进农村劳动力、资金、技术等生产要素优化配置，推进农业现代化进程和镇域经济的协调发展。

3. 充分发挥市场机制作用的原则。

在市场经济条件下，城镇发展的过程已不是一个政府计划和行政控制的过程，而是一个经济社会自然变迁的过程。小城镇的建设和管理，要按照市场经济的要求，打破各种不利于发展的体制束缚，克服以往城市建设和管理中政府包揽过多、缺乏活力的弊端，广泛开辟投融资渠道，切实转换政府职能，增强自我积累、自我发展的能力。

4. 就业目标和效益目标相统一的原则。

就业问题是中国跨世纪的头号现实问题。发展小城镇，关键是将滞留于农村土地上的大量富余农业劳动力转移出来，使其中的很大一部分为小城镇所吸纳。与此同时，就业目标的实现不能以牺牲效益目标为代价，而应当注重整体社会效益、经济效益和环境效益的统一。这不仅是保证小城镇健康发展的需要，也是增强城镇经济实力和长期劳动力吸收能力的要求。

（二）乡镇企业与小城镇发展的目标选择

基于上述原则，小城镇发展的目标是：

1. 数量上要合理归并。

在现有 19216 个小城镇的基础上，每县选择 1—2 个县域首位镇，全国选择 3000 个镇予以重点支持。近期优先发展 1000 个左右基础条件较好的镇。力争 10 年内，全国小城镇吸纳 4000 万左右农业富余劳动力进镇就业。

2. 规模体系上要分清层次。

规模体系上，第一个层次，在重点发展的镇中，选择一部分目前镇区人口在 5 万人以上的镇，多方面创造条件，使其在 2010 年发展成为 10 万人以上的小城市或中等城市；第二个层次，重点镇中的其他镇发展成为 5 万人以上的县域中心；第三个层次，在全国选择 1 万个左右的建制镇，将其发展成为有一定的基础设施、环境整洁、规模适度、特色鲜明的小城镇，使其成为农村商品的集散地和乡镇企业的聚集中心。

3. 布局上要考虑空间合理性。

大城市周边地区，着眼于人口与产业的合理分布，适当发展一批卫星城镇；沿海经济发达地区，主要是完善中心小城镇的功能，提高建设和发展水平。对其中已经形成较大规模、辐射能力较强的小城镇，适时引导其发展为中小城市；中西部地区，重点建设县人民政府驻地镇及部分区位优势和发展潜力都比较明显的小城镇。

之所以确定这样的目标，主要基于以下三方面考虑：一是小城镇是经济社会发展到一定程度和阶段的产物，只有一个地区的经济发展、居民收入和人口聚集达到一定程度，基础设施建设已有一定规模，才具备加快城镇建设，带动投资和消费以及周边地区经济发展的能力。这样的小城镇目前主要集中在大中城市周围地区、经济发达地区以及中西部地区的一些县城和少数建制镇。二是确定这样的目标，可以集中有限资源，分步实施，避免小城镇发展一哄而起的城镇规模效率损失。三是这一目标比较可行：首先，目前城乡从业人员中从事二、三产业的非农劳动力，占社会劳动力总数的51%，全国有8000万以上的务工经商的农村劳动力，城市化潜力巨大；其次，目前全国镇区人口3万人以上的小城镇已有1500多个，部分小城镇已经超过了设立县级市的标准（如浙江龙港镇，镇区人口10多万人）；第三，目前集聚在小城镇镇区及其周边地区的人口已有2.5亿人，只要政策得当，其中绝大部分可转为城镇人口。

（三）促进乡镇企业与小城镇健康协调发展的政策与措施

针对各个时期小城镇发展中的主要问题，我们曾经采取了不少政策，这些政策有些还在延续，有些则已经失去了原来的政策目标。发展小城镇，关键是改革和调整阻碍各种要素在城乡之间自由流动的政策，通过规划和引导，促进生产要素向优势小城镇聚集，建立自我积累、自我发展的良性机制。相关政策的要点是：

1. 科学规划，合理布局，提高小城镇建设的质量。

小城镇发展的一个大问题是要防止不顾条件，用行政手段人为造城。故此，通过适当的制度设定，形成小城镇布局合理和规划科学的相对健全的体制和机制十分关键。为此，要改革完全按行政区划分散设镇的弊端，适当调整县域内行政区划，提高设镇标准，鼓励按照合理的经济布局，撤乡并镇，并积极促使具备条件的小城镇发展成为小城市；要抓紧编制区域城镇体系规划，尤其是县（市）域城镇体系规划，明确发展的重点；要建立完善的镇域规划编制与实施的管理制度，从规划的编制的审批上制定标准，改进编制方法，提高规划管理人员素质，确保规划本身的科学合理性；强化经批准规划的法律权威性，严格规划执法，依法查处违反规划的建设行为。

2. 充分运用市场机制，改革小城镇建设的投融资体制。

更多地发挥民间投资的作用，建立以政府投入为导向，主要依靠社会资金建设小城镇的多元投资和建设体制。为此，要大力推进小城镇基础设施建设的市场化进程，对于小城镇住宅开发项目，供水、供电、通讯、燃气等具备自负盈亏条件的基础设施建设项目以及部分文化、教育及卫生事业，根据"谁投资、谁所有、谁受益"的原则，鼓励国内企业、个人及外商以多种方式参与建设、经营和管理，使其产业化。通过建立市政设施有偿使用和合理的收费制度，解决投资者投资回报问题。大体说来，小城镇基础设施建设投资的 60% 可以通过各地投资的市场化机制来解决。对城镇内道路、排水、污水及垃圾处理等公益性基础设施和教育文化场所，考虑到其长期受益性的特点，国家应帮助小城镇政府开辟长期融资的渠道。一个可行的办法是中央财政通过发行专项债券募集小城镇基础设施建设资金，转借给省级人民政府，给具备经济发展条件和资金偿还能力的小城镇的基础设施项目予以支持。财政专项资金的使用方式，最好运用财政贴息手段，因为贴息可以充分调动、吸纳社会资金参与基础设施建设，起到多方面的政策效果：一是可以充分利用目前较为丰富的社会储蓄资源；二是通过金融机构的参与，可以促成投资项目的审慎选择，防止一哄而起、乱铺摊子和低水平重复建设；三是通过财政部门对偿债的关注和金融机构对资产质量关注，可以形成小城镇建设投资的有效监督机制，提高其资金使用效率。另外，还提高小城镇政府自身的财力：一是提高小城镇城镇建设维护税的税率，由目前的 5% 提高到与城市相同的 7%，并全部留给镇财政；二是完善小城镇建设用地的有偿使用制度，存量建设用地的有偿使用收益和新增建设用地有偿使用收益的地方分成部分留给镇财政，统一用于小城镇公用基础设施建设。

3. 改革小城镇户籍管理制度，放开农民进入县级市、县城及县以下的小城镇落户的限制。

应适时将小城镇户籍改革的试点政策全面推开，实行按居住地划分城乡人口，按职业确定身份的户籍登记制度。赋予进城农民在就业、入学、身份等方面与原城镇居民以同等待遇。办理落户手续时，取消城镇增容费等歧视性收费；允许进镇的农民保留其农村集体承包地的使用权或将使用权进行有偿转让，以解决农民离土的后顾之忧。逐步建立有利于农民成为永久性城镇居民的社会保障制度。现阶段，可以考虑根据不同的条件设定不同的保障方式：第一，对长期在城镇就业、收入和生活已经相对稳定，但尚无条件加入城市社会保障体系的乡镇企业职工及其他居民，鼓励商业保险机构开展养老、医疗等保险项目；第二，对已经脱离土地、丧失工作机会又无其他生活来源的小城镇常住居民，在进行收入调查的基础上，建立小城镇生活救济制度。第三，对于有条件的小城镇，可逐步建立规范的养老和医疗保障制度，待条件成熟时，纳入当地统一的社会保障体系。

4. 采取灵活的土地政策，同时考虑以地聚财和城镇土地供应。

在坚持执行现行土地法的基础上，对占地不同以及重点发展的小城镇应区别对待，采取灵活的政策。对于建成区人均用地面积超过 120 平方米的小城镇，主要通过挖掘现有土地的潜力来解决，原则上不再审批新增建设用地。建成区人均用地不足 120 平方米的小城镇，以及城镇体系规划中确定为重点发展的小城镇，解决建设用地政策上应着力于建立用地的置换和存量调整机制：一是以县（市）为单位实行耕地总量动态平衡，建设用地指标，在县（市）以上的范围内进行调剂；二是允许通过土地整理和村镇重建新增有效耕地面积折抵置换进镇建设占用耕地的补偿指标，并允许跨年度使用；三是将小城镇建设用地指标纳入省、地（市）、县（市）建设用地总体规划和年度用地计划。

5. 引导乡镇企业向小城镇集中，实现乡镇企业和小城镇的协调发展。

小城镇发展的基础是非农产业，应引导农村非农产业相对集中、连片发展，与小城镇的建设结合起来。实施有效的政策措施，使各类企业向小城镇聚集。通过工业企业的集中带动人口向小城镇流动，推动小城镇第三产业发展和城镇建设的兴起。在积极推进农业产业化经营中，要把发展支柱产业、兴办龙头企业和建设培育市场与小城镇建设结合起来。一是通过完善小城镇基础设施、规范税费政策、减轻企业负担等措施，创造有利于企业生存和发展的良好环境，吸引乡镇企业到小城镇集中发展。要严格控制分散建厂，新建乡镇企业除少数不适于在城镇兴办的外，原则上都要向小城镇集中。二是通过降低城镇土地费用和提高农村社区土地使用费用的办法，从两个方面创造出小城镇投资成本低于农村社区内投资成本的环境，从而降低乡镇企业和农民进城的"门槛"。三是鼓励和吸引农民进城务工经商、从事第三产业，鼓励城市工商企业在小城镇开办商业连锁、物资配送、农副产品批发、大众化餐饮、旧货调剂等行业。四是加快小城镇的市场建设，重点建设一批综合性及专业性的农副产品批发市场和小商品市场，以市兴镇。

6. 完善小城镇政府的经济和社会管理职能，为城镇的规划实施和管理提供制度上的保障。

应结合地方政府机构改革，建立职能明确、结构合理、精干高效的镇

级政府。允许小城镇政府在机构编制限额内，根据城镇管理工作的实际需
要进行机构设置和人员配备，加强其协调小城镇经济和社会发展的能力。
根据事权与财权相结合的原则，按照《预算法》要求，逐步建立稳定、
规范、有利于小城镇长远发展的分税制财政体制，合理划分收支范围，选
择部分与经济发展密切相关的主体税种作为县、镇共享收入，理顺县镇两
级财政关系。对尚不具备实行分税制条件的小城镇，应改革传统的县级财
政统收统支办法，合理确定小城镇收支基数，超收部分的全部或大部分尽
可能留于镇级财政。

四　加快山东的中心镇建设，促进
乡镇企业与小城镇互动发展

中心镇是新时期农村经济与小城镇建设相互促进、区域经济迅速发展
的结果，它伴随着农村产业结构调整和市场经济发展而出现，适应了
"小城镇—小城市—中等城市—大城市—特大城市"集聚和塔式城市化动
态发展的基本规律，弥补了小城镇向小城市发展的重要一环，因而成为促
进农村城市化和城乡一体化的重要途径。山东省于2000—2001年实行了
"撤乡并镇"，乡镇个数由原来的2266个调整为1563个，撤并703个，建
制镇达到1216个。并同时确定了237个中心镇，镇域总人口达1061.4万
人，面积1.82万平方公里，GDP1363亿元（在较发达的县市中心镇经济
总量占到70%以上），固定资产原值1415亿元，地方财政收入17.6亿
元，很好地体现了"集聚"这一城市化内生中心制。根据对长清到万德
镇、文登市苘山镇、曹县庄寨镇、广饶县大王镇、寿光市羊口镇、兖州市
新兖镇等6个中心镇的典型调查，总结出了山东省大力发展中心镇战略的
基本经验。

（一）经济实力强是确立中心镇的基本条件

较强的镇域经济是中心镇"集聚"和发展的物质基础。从这次调查
的6个中心镇情况看，经济实力比较强，其中苘山镇GDP高达13.5亿
元、庄寨镇10亿元、大王镇6.1亿元、新兖镇12亿多元，财政收入均超
过1300万元，其中大王镇6230万元、苘山镇2600万元。6个镇人均

GDP5.3 万元，农民人均纯收入 3460 元，分别是全省平均水平的 6.2 倍和 1.4 倍。

（二）基础设施先行为经济活动向中心镇集聚提供了必要的物质条件

基础设施是经济活动的重要"硬件"环境，搞好"硬件"建设，"搭台唱戏"、"筑巢引凤"是促使中心镇健康快速发展的重要理念。峁山镇自 1992 年以来先后投资 1.5 亿元，修筑镇区公路 41 公里，实现日供水能力 6300 立方米，变电站容量 10000 千伏安，程控电话装机容量 2000 亿；庄寨镇于 1993 年编制了规划，先后投资 3 亿元进行城镇建设，形成了初具规模的城镇框架；大王镇每年安排 900 万元资金用于基础设施建设；羊口镇近年来投资 8300 多万元进行城镇基础设施建设，形成了"十里长街"，建成区面积 5.6 平方公里；新兖镇根据现有的路域、区域布局和结构框架，综合开发城域面积 10 万平方米，以太阳广场为中心，开发了集中商贸区、成片住宅区、三条城乡大通道，全镇各村都有高标准大通道与城区相通。

（三）大力整合改造乡镇企业并积极引导乡镇企业向中心镇集中

乡镇企业是乡镇经济的全体，是中心镇发展的重要动力。大王镇大力实施工业兴镇战略，通过积极发展乡镇企业，带动小城镇建设，目前，全镇企业已发展到 1300 多家，1999 年完成产值 51.7 亿元，销售收入 45.692 元，实现利税 5.2 亿元，涌现出了华泰、科达等一批规模大、实力强的企业。位于鲁豫两省六县市交界处的庄寨镇，充分发挥桐本加工的传统优势，走出了一条工业主导、市场带动的路子，小城镇得到了快速发展，目前全镇共有各类企业 1000 多家，个体加工户 4000 多家，形成了以桐本加工为主导产业的工业格局，年加工量 400 立方米，产品运销日、韩、德等国家，年创汇 3000 多万美元。羊口镇发挥沿海优势，以海产品捕捞加工和盐业开发推动小城镇建设，形成了以资源带动为主要特征的小城镇。万德镇从实际出发，发挥区位优势，发展沿路经济，依托灵岩寺旅游景点，兴办各种旅游服务实体；走出了一条独具特色的路子。尤其值得一提的是：新兖镇加强农业基础设施建设，采取"市场＋公司＋农户"农业产业化模式，培植大户求发展，对已形成一定规模，特别是产品附加值高、市场竞争力强、有发展前途的企业进行重点扶持，目前全镇个体工商业户达 3690 家，私营企业 95 家，个体私营业注册资金已突破 6000 万元，从业人员达 6500 人，年上缴税金 480 万元。新兖镇近年来以建立现代企业制度为目标，以明晰产权为重点，以股份制和股份合作制为主要形式，对全镇 200 余家乡镇企业全面进行了改制，以拍卖、出售等形式，将中小企业转变为私有或私营，把置换的资金投向骨干企业和重点项目，促其膨胀规模，同时引导企业走兼并、租赁、引资的路子，实现低成本扩张，全镇已形成了以太阳纸业集团、银河橡塑集团等为代表的十大工业集团，其固定资产占全镇企业总资产的 70%，年产值和利税均占全镇企业的 80% 以上，对财政的贡献率达 90%；新兖镇还加大技术创新力度，"九五"以来，全镇累计投入技改资金 14 亿元，实施技改项目 75 项，其中国家级、省级星火计划项目 14 项，大大增强了乡镇企业的综合实力。与此同时，政府出面积极引导乡镇企业向中心镇集中。例如：大王镇积极引导二、三产业向镇区集中，对分散的中小企业实行了搬、停、转、逐，先后关停小型企业 12 家，迁转企业 2 家，规划了华泰、金岭两大工业区以及与之相配套的其他功能分区；新兖镇规划了私营经济园，成立了中小企业发展担保中心，制定了一系列优惠政策，为私营经济的发展创造了优越环境。

（四）多元化投融资机制为中心镇建设融入了充足资金

城镇建设和项目发展需要大量资金，建立多元化投融资机制，广拓资金来源渠道，便成了小城镇（中心镇）及企业健康协调发展的关键。从调查情况来看，山东省基本形成了以政府投入为引导，集体和农民投资为主体，信贷、外资为有效补充的多元化投融资格局。首先，政府投资的力度不断加大。中心镇每年都拿出一定数额的资金用于城镇建设，而且比例不断增加。大王镇、荫山镇每年安排 900 万元和 800 万元，用于基础设施建设。多数市地和县都对中心镇采取了倾斜政策，如潍坊市从 1999 年开始，财政每年安排 200 万元资金作为重点小城镇试点项目补助资金，市、县（区）和镇按照 1：1：2 的比例落实配套资金；文登市把收取的小城镇维护建设税、小城镇基础设施配套费，全部返还中心镇专项用于基础设施建设。其次，把公用事业、基础设施推向市场，放开建设经营权，按照"谁投资、谁受益，谁开发、谁经营"的原则，引导社会力量参与小城镇建设。安丘市凌河镇私营企业大江集团投资 100 万元，买断了镇区工业南路的建设权、冠名权、广告经营权，硬化道路 3 公里，并安装了高标准路灯，既为企业做了广告，又加快了镇区道路建设。庄寨镇通过出让经营权，由农民出资建起了两所中学和一处较大规模的专科医院。第三，对城镇的经营性项目和商品住房开发实施优惠政策，吸引民间投资。崮山镇将城区内的土地集中出让给外商，由外商招商引资进行建设，1999 年引入资金 1 亿元人民币。羊口镇为解决城建资金短缺问题，对集中开发建设地段免除建楼户的基建义务和统筹费，对三层四层楼房建设者免收或减半征收基础设施配套费。投融资机制的建立，促进了基础设施等"硬件"建设，改善了投资环境，进而促进了外资的进入。崮山镇目前已与德国、韩国、中国香港、中国台湾等 10 多个国家和地区建立了三资企业 40 多家，实际利用外资 4565 万美元；万德镇先后引进了卢森堡麦芽、铭峰毛纺等规模较大的外资项目，累计引进外资 1 亿美元。

（五）通过土地整理和置换等节约了大量耕地

乡镇企业和居民总分散布局的最大问题就是导致了土地资源的粗放利用。引导乡镇企业和部分居民向中心镇集中，进行土地整理，按照土地利用总体规划和城镇规划确定的目标和用途，对土地权利及利用状况进行调整和改造、综合整治，提高土地利用率和产出率，改善生产、生活条件和生态环境，最终实现"十分合理利用每寸土地，切实保护耕地"的国家政策目标。大王镇把小城镇建设优化土地资源配置有机结合起来，既膨胀了镇区规模，又节约了大量的土地，自 1995 年以来，该镇通过旧村改造和村庄宅基地置换等多种方式，镇区规模每年以 0.5 平方公里的速度递增，却净腾出土地 5.6 平方公里，尤其是在近两年，该镇每年集中新建商品住宅 6.8 万平方米，不仅吸纳农民投资 3400 万元，而且大大改善了居民居住条件，节约了大量土地。新兖镇配合中心镇发展，在中心村建立统一、规范的住宅区，同时对城区内的企业和村庄，采取大规模的住宅开发建设，总面积超过了 5 万平方米，既节约了大量的土地资源，又便于社区集中管理，美化了城镇环境。

（六） 生活条件的改善吸引了居民向中心镇集中

乡镇企业向中心镇的集中，带动了人口的中心镇方向集聚；中心镇的开发和建设，改善了生活和居住条件，提高了中心镇的承载力和吸纳力。本次调查的 6 个中心镇自来水受益人口比重已达 79%，程控电话普及率达到 11.4 部/百人，各乡镇都建起了幼儿园、敬老院、卫生院、文化站等，苘山镇和庄寨镇还建起了档次较高的文化广场，羊口镇投资 500 万元兴建了集观光、娱乐、文化于一体的城市公园。良好的工作和生活环境，再加上优惠的政策，吸引了众人来镇工作和生活。苘山镇通过小城镇建设和发展外向型经济，全镇 2.87 万人 70% 的人口进入了中心镇，还吸引了省内外务工经商人员 8000 多人；大王镇近年来吸引了 1.2 万名外来务工经商人员，镇驻地建成区面积已达 4.8 平方公里，人口 2.5 万人，预计到 2010 年，全镇人口的 90% 将集中到镇驻地，建成区面积将达到 10 平方公里；新兖镇坚持"聚才育才"并举，出台了《引进人才技术项目资金的规定》，先后引进各类专业技术人才和管理人才 1000 余人，为中心镇建设和发展注入了活力。

综合而言，山东省着力实施的中心镇战略，较好地解决了乡镇企业与小城镇互动发展的问题，必将是山东省加快城镇化进程的一条重要途径和一个重要方面。并同时可以得出结论，政府在促进乡镇企业与小城镇互动共同发展中起着绝对的作用。事实上，山东省一系列政策，例如，《中共山东省委、山东省人民政府关于加快城镇化进程的意见》、《中共山东省委、山东省人民政府关于进一步加快小城镇建设的决定》、《山东省人民政府关于进一步改进户籍管理扩大办理城镇居民户口范围的意见》、《关于放宽县以下城镇办理城镇户口条件建立新的户籍管理制度的意见》、《加强和改进小城镇建设用地管理和规定》、《关于加快农村二三产业向中心镇集中的意见》，等等，对促进乡镇企业与小城镇的互动共同发展起到了极其重要的作用。但也必须同时看到，在鼓励和引导乡镇企业向中心镇（或）其他小城镇集中，促进乡镇企业和小城镇发展的过程中，还存在一些问题，诸如：中心镇主导产业不突出、企业发展后劲不足，中心镇规划编制存在盲目性、规划执行带有随意性，投融资渠道不畅、建设资金短缺，中心镇规模偏小、发展腹地不足，中心镇建管脱节、管理水平低下等等现象，并有乡镇企业和中心镇建设用地不足与土地浪费现象并举、环境污染和破坏现象加剧的趋势，所有这些，都必须引起我们足够的重视，并通过科学编制中心镇规划及强化规划管理，进一步完善乡镇企业集中及中心镇建设与发展的政策措施。

主要参考文献：

《马克思恩格斯全集》第 25 卷，人民出版社 1972 年版。

《费孝通文集》第 12、13、14 卷，群音出版社 1999 年版。

唐忠、孔祥智主编：《中国乡镇企业经济学教程》，中国人民大学出版社 2000 年版。

周叔莲、郭克莎主编：《中国城乡经济及社会协调》，经济管理出版社 1996 年版。

杨吾扬：《区住论原理》，北京大学出版社 1987 年版。

周铁臻：《城市发展研究》，中国统计出版社 1996 年版。

杨再兴：《生产力布局学原理》，中国人民大学出版社 1992 年版。

宗锦耀：《大力发展乡镇企业，努力增加农民收入》，《中国乡镇企业报》（京），2000 年 12 月 11 日。

邓锦雷：《论乡镇企业在中国工业化进程中的作用》，《乡镇企业研究》（廊坊），2000 年第 6 期。

孔祥智：《当前农村小城镇发展中存在的主要问题和对策建议》，《管理世界》（京），2000 年第 6 期。

俞燕山：《我国小城镇发展政策研究》，《改革》（重庆），2000 年第 1 期。

《中国统计年鉴—2000》，中国统计出版社 2000 年版。

《中国城市统计年鉴—1999》，中国统计出版社 2000 年版。

《山东统计年鉴—2000》，中国统计出版社 2000 年版。

马洪、王梦奎主编：《中国发展研究》，中国发展出版社 1999 年版。

刘国光、王洛林、李京文主编：《2001 年中国：经济形势分析与预测》（经济蓝皮书），社会科学文献出版社 2001 年版。

曾培炎主编：《2001 年中国国民经济和社会发展报告》，中国计划出版社 2001 年版。

李京文等：《中国经济："十五"预测与 21 世纪展望》，社会科学文献出版社 2001 年版。

中国社会科学院农村发展研究所编：《中国农村发展研究报告》，社会科学文献出版社 2000 年版。

林书香主编：《山东省经济社会发展战略研究》，山东人民出版社 2000 年版。

乡镇企业发展与小城镇建设
互动关系研究（二）
（调查问卷分析）

一　研究背景

发展小城镇已成为我国城市化中的一项重要战略。在党的十五届三中全会通过的《中共中央关于农业和农村工作若干重大问题的决定》中明确指出："发展小城镇，是带动农村经济和社会发展的一个大战略，有利于乡镇企业相对集中，更大规模地转移农村富余劳动力，避免向大中城市盲目流动，有利于提高农民素质，改善生活质量，也有利于扩大内需，推动国民经济更快增长。"2000 年 6 月中共中央和国务院又下发了《关于促进小城镇健康发展的若干意见》的通知，进一步强调了发展小城镇的战略意义及相关问题。在 2000 年 10 月 11 日通过的《中共中央关于制定国民经济和社会发展第十个五年计划的建议》中，又强调了发展小城镇是推进我国城镇化的重要途径。

小城镇不但是连接城市和农村的重要纽带，而且也是我国实现由传统社会向现代社会转型的重要途径。因此，早在 20 世纪 80 年代初，费孝通就根据我国的国情提出了"小城镇，大问题"的观点。提出应重视小城镇的发展问题。他当时就指出："要把小城镇建设成为农村的政治、经济和文化的中心，小城镇建设是发展农村经济、解决人口出路的一个大问题。"①

---

① 费孝通：《费孝通论小城镇建设》，北京：群言出版社 2000 年版，第 85 页。

我国自 20 世纪 80 年代以来，由于在农村实行了一系列改革，小城镇建设在 80 年代中期出现了第一次高潮。例如从 1984—1988 年，全国建制镇由 6211 个增加到了 10609 个；小城镇累计吸纳农村富余劳动力近 2700 万人，占同期农村劳动力转移总量的 53.6%。

90 年代以后，我国的小城镇建设进入了新的发展与调整时期。在这一新的历史时期，确立起了"小城镇，大战略"的思想。

事实上，我国小城镇的发展不但与国家政策密切相关，而且也是社会转型和变迁的重要方面。因此小城镇的发展，作为我国城镇化中的重要环节，受多种社会经济因素的影响。而在这一过程中，乡镇企业作为农村工业的主导形式其发展是一个最为突出的因素。

工业化与城市化是密切相关的过程。著名经济学家霍利斯·钱纳里和 M. 塞尔奎因通过对世界各国工业化和城市化的比较分析得出，工业化水平越高，城市化水平也越高。即二者呈较强的正相关。

但我国的工业化与城市化关系具有一些不同的特征。首先，二者关系不协调。表现为城市发展水平滞后。如山东省 1952 年非农产业创造的国内生产总值所占比重是 34.2%，城市化水平是 6.9%。而到 1998 年，非农产业创造的国内生产总值所占比重上升到了 83%，城市化水平却只是 35%。由于我国长期以来实行的是一条"非城市化"的工业化道路，故城市化与工业化发展脱节。

其次，城市化发展主要以政策为导向。世界各国的城市化道路有所不同。如西方国家走的是一条"离土离乡"的城市化道路。但我国对广大农村地区，长期实行的是"离土不离乡"的城市化道路，即强调发展农村小城镇，作为我国城市化的基本生长点。在这一过程中，乡镇企业的地位尤为突出。

费孝通曾指出："乡镇企业是农村剩余劳力以新的劳动手段与新的劳动对象相结合的产物。它是农民依靠集体的力量办起来的工业……［是］我国工业化的新道路。"[1] 乡镇企业对城市化的作用主要表现在：第一，乡镇企业的发展改变了我国农村传统的以农业为主的产业结构，引起了农村剩余劳动力的转移。第二，乡镇企业促进了小城镇建设，带动了城镇化

---

① 费孝通：《费孝通论小城镇建设》，北京：群言出版社 2000 年版，第 150—151 页。

过程。因为它不但形成了人口的转移与集中，还为城镇化的发展积累了资金和条件。

但是，20世纪90年代以来，乡镇企业的发展遇到了新的问题。如（1）布局分散使工业化进程难以起到推动城市化进程的作用；（2）城乡企业结构趋同造成资源浪费和经济效益差；（3）乡镇企业污染使农村生态环境趋于恶化；（4）各种负担使乡镇企业自身发展举步维艰等。① 这些问题或统称为"农村病"。于是，我国的乡镇企业也进入了改制与调整的新时期。

在这一新的情况下，需对乡镇企业与城镇化发展的关系进行更深入的研究。例如针对乡镇企业发展所产生的所谓"农村病"，人们提出了城乡协调发展的观点。但进一步说，我们过去对"城乡一体化"的认识也有偏差，需要重新确立二者之间的互动关系。

二 研究方法

在我国现代化过程中，加快实现农村人口向城市人口的转移是一项重大的任务。因农村人口仍然占有绝大多数，如山东省要在未来15年的时间内，使城市化水平达到50%的目标，将会面临一系列的理论和现实问题。

为了充分认识山东省的城镇化发展状况，了解人们对城乡关系的不同态度，分析乡镇企业发展与城镇化之间的关系，以及城市化中的政策与管理问题，我们在全省范围内进行了一次较大规模的问卷调查研究。此次调查的范围是整个山东省的农村地区、小城镇和城乡接合部。问卷的填写采取调查对象自填和访问员根据调查对象的回答填写两种方式。

此次调查共发放调查问卷2000份，最后经整理有效问卷为1666份，有效问卷率83.3%。在被调查者中，其中男性占总人数的71.5%，女性占28.5%；已婚且有配偶者占77.8%，未婚者占20.8%，丧偶者占1.0%，其余为离婚者；无行政职务者占69.9%，行政职务为乡镇干部和

---

① 《城市与乡村——中国城乡矛盾与协调发展研究》，科学出版社1994年版，第175—178页。

村干部者合计 19.7%，行政职务为县（市）干部者占 10.4%；调查对象绝大多数为汉族，占总人数的 98.5%，少数民族则占总人数的 1.5%。从年龄上看，绝大部分被调查者的年龄在 21—50 岁之间，20 岁以下者仅占 3.8%，21—35 岁者占 45.7%，36—50 岁者占 42.7%，51 岁以上者占 7.8%。

在被调查者中，户口属于农业户口的占 50.5%，非农业户口占 43.9%，当地镇户口占 5.4%，无户口者占 0.1%。他们绝大部分的户口所在地是本乡镇或本县市。从其工作或职业来看，在被调查者中，纯务农的人占 20.6%，半工（商）半农者占 20.0%，乡镇企业正式职工占 7.3%，农村科教文卫工作者占 6.1%，党政（管理）干部占 21.4%，服务业人员占 6.0%，经理或企业管理人员占 5.1%，非固定职业者占 5.3%，其他占 8.3%。他们参加工作前的居住地大部分是农村。因为要了解当前的城市化政策与管理问题，故在被调查者中，党政（管理）干部所占比重较大。

三　调查结果分析

（一）城镇人口流动与就业分析

乡镇企业的发展，不但改变了农村传统的产业结构，而且极大地促进了就业结构的变化，为广大的农村劳动力提供了更多的就业机会。其突出表现就是人口流动的增多。

人口的流动从广义上可以分为两个方面：人口在地理空间上的流动和人口在社会关系空间上的流动。前者通常是指人口居住区域上的变化；后者是指人口社会地位的变化。这种社会地位的变化又可以分为同代流动和异代流动，参照点一般是自己的最初职业。农村人口流动的频率、范围直接反映出城市发展对农村人口的辐射、吸引和拉动作用；反映出城镇化发展的趋势。

此次调查结果反映出山东省农村人口流动程度不断加深，范围不断加大。

1. 人口的代内流动：调查对象的职业变动分析

调查对象现在的工作和职业同他们刚踏入社会所从事的工作和职业相

比，从事纯农业生产的比例明显下降，下降了近 10 个百分点；从事党政管理工作的比例明显增加，增加了近 10 个百分点；从事半工（商）半农的人口比例增加了近 10 个百分点；从事第三产业的人数也都略有增加。这说明山东农村人口的职业正日益多样化，而且也露出了摆脱一生与土地打交道的单调生活的迹象。

2. 人口的代际流动

（1）调查对象的职业与其父亲的职业比较

调查对象父亲的职业多是进行纯农业生产，占全部职业分类的68.8%。而在被调查者中，纯务农的人仅占 20.6%。因此将这部分调查对象的职业与其父辈作一比较将很有意义。下表是对父子职业间流动的比较分析。

在表 1 中，从左上角到右下角的对角线上分布的数字代表的是不流动率，即子辈职业对父辈职业的继承率或世袭率。它反映的是父辈职业对子辈职业的影响程度。从中我们可以看出同自己的父辈相比，调查对象从事纯农业生产的比例显著下降，从事其他职业的比例增加，类别也更为多样化。

表 1　　　　　　　　从父辈职业到子辈职业的流出表（%）

父职业／子职业	1 纯务农	2 半工（商）半农	3 乡镇企业职工	4 农村科教文卫人员	5 党政（管理）干部	6 服务业人员	7 经理或企管人员	8 非固定职业	9 其他	%
1	24.2	24.7	7.3	6.1	13.9	5.9	4.3	5.2	8.3	100.0
2	25.0	37.5				12.5		12.5	12.5	100.0
3	6.3	9.4	21.9	4.7	20.3	7.8	14.1	10.9	4.7	100.0
4	4.8	32.3	4.8	19.4	8.1	12.9	8.1		9.7	100.0
5	1.1	2.3	9.1		60.2	3.4	5.7	2.3	6.8	100.0
6						66.7		33.3		100.0
7	33.3		33.3		33.3					100.0
8										
9	5.1	13.0	7.3	4.5	33.9	6.2	6.2	7.9	15.8	100.0
合计(%)	18.2	21.1	8.0	6.6	19.7	6.4	5.3	5.5	9.1	100.0

注：1. 表中行为父辈职业，列为子辈职业。2. Gamma = 0.33

（2）调查对象的户口与其父亲的户口类型的比较

户籍制度是中国特有制度，是城乡二元结构的产物。不同的户籍制度常常意味着身份、地位、待遇的差别。通过对调查对象户口和其父亲户口情况的比较，我们可以从一个侧面清晰地看出农民生活水平、社会地位和流动的变化。

调查对象的父亲的户口大多为农业户口（73.5%），而只有一半的调查对象的户口为农业户口。如表2所示，在父亲是农业户口的被调查者中，只有63.0%的人仍是农业户口，而有32.3%的人成为了非农业户口，4.5%的人成为了当地镇户口。但户口仍是制约人口流动的主要因素。

表2　　　　　　　　　　父子户口的相关分析（%）

父户口 ＼ 子户口	农业户口	非农业户口	当地镇户口	%
农业户口	63.0	32.3	4.5	100.0
非农业户口	15.5	81.7	2.8	100.0
当地镇户口	4.7	56.3	39.1	100.0
合计	49.9	44.2	5.8	100.0

注：Gamma = 0.74

（3）调查对象的文化程度与其父亲的文化程度的比较

表3　　　　　　　　　　父子文化程度的相关分析（%）

父辈 ＼ 子辈	1 文盲	2 小学	3 初中	4 高中	5 中专	6 大专	7 大学及以上	%
1	5.0	17.9	41.3	17.3	5.6	10.6	2.2	(13.7) 100.0
2	2.0	7.8	39.5	20.0	7.0	12.9	10.8	(37.4) 100.0
3		2.4	35.2	20.5	16.1	14.2	11.5	(31.3) 100.0
4		2.2	16.9	20.6	19.9	18.4	22.1	(10.4) 100.0

续表

父辈 ＼ 子辈	1 文盲	2 小学	3 初中	4 高中	5 中专	6 大专	7 大学及以上	％
5		2.8	2.8	19.4	11.1	36.1	27.8	(2.8) 100.0
6			2.6	5.3	15.8	47.4	28.9	(2.9) 100.0
7					5.0	10.0	85.0	(1.5) 100.0
合计(％)	1.5	6.4	33.4	19.1	11.3	15.1	13.2	100.0

注：1. 表中行为父辈文化程度，列为子辈文化程度。最右边一栏括号中的数字为父辈文化程度的分布。

2. Gamma = 0.40

从表 3 中可以看到，调查对象父辈的文化程度以小学和初中为主，都超过了 30%；但是调查对象的文盲和小学文化程度的比重却较低。尤其值得注意的是，调查对象中高学历人口的比例增加也很显著，农村人口的文化素质有了较大提高。但是，父辈的文化程度对子辈的文化程度有较大影响，其相关系数为 0.40。

3. 调查对象的外出打工情况分析

有 43.6% 的调查对象曾外出打工或到乡镇企业工作过。他们具有以下几个特点：

第一，时间上看，具有短时性突出、长时性兼具的特点。

在调查对象的外出打工人口中，打工时间在半年以内的占 44.5%，在一年以内的占 26.0%，这一部分人口多在农闲时节外出打工，农忙时节即回；另有 13.9% 的外出打工人口的打工时间集中在三年以上，主要靠打工为生。

第二，外出打工或工作的方式看，仍以传统的以血缘关系为基础的社会网络为主。

外出打工人口主要采取亲友介绍的方式，采取这种方式的占 59.5%；依靠当地组织、有计划的外出打工者占 19.5%，农民外出打工出现了有序化和组织化的倾向；还有 13.2% 的外出打工者通过招聘的方式外出打工。

第三，从外出打工原因看，以谋生和改变生存条件为主目的。

在谈到外出打工的原因时，有 56.3% 的调查对象出于"挣更多的钱"的目的，有 13.4% 的调查对象是"因为家庭生计"，这充分说明现阶段山东省农民出外打工是迫于生活的需要。但不容忽视的是人口外出打工的主动性在增强，有 10.3% 的调查对象是"自己愿意"外出打工。尤其是以青年为主，即低年龄组的人大多愿意外出打工，而在 51 岁以上的人中，只有 38.2% 的人愿意外出打工。表 4 也从一个侧面反映出了这一点。

表 4　　　　　　　　　　是否愿意外出打工（%）

	20 岁以下	21—35 岁	36—50 岁	51 岁以上
愿意	89.7	69.9	52.4	38.2
不愿意	3.4	21.3	35.5	56.4
不知道	6.9	8.8	12.1	5.4
合计	100.0	100.0	100.0	100.0

另外，对那些现在仍居住在村庄（或街道）的调查对象，当我们问他们是否想放弃现在的工作，到城镇或外地工作时，发现竟有 56.1% 的人持否定态度。不过从年龄分组来看，多数年轻人是持肯定态度，低年龄组的人与高年龄组的人差别显著。如表 5 所示：

表 5　　　　　　　　是否进城镇务工或自谋职业（%）

	20 岁以下	21—35 岁	36—50 岁	51 岁以上
是	82.8	55.9	39.0	14.5
否	17.2	44.1	61.0	85.5
合计	100.0	100.0	100.0	100.0

第四，从外出打工的最大困难看，"不好找工作"是外出打工的最大拦路虎。

有 43.7% 的外出打工者表示，他们外出打工遇到的最大难题是不好找工作。而"家里不支持"和"农活忙走不开"也是不可忽视的阻碍因素。

第五，从打工者的素质看，具有"两边低中间高"的特点。

"两边低中间高"是指外出打工者中文盲者和具有小学文化程度者以及高学历者比例低，具有初中和高中（含中专）学历者高。表6清楚地显示出了这一点。

表6 外出打工者的文化程度

文化程度	文盲	小学	初中	高中	中专	大专	大学及以上	合计
%	4.9	16.4	47.8	25.4	2.6	2.6	0.5	100.0

（二）对乡镇企业与城镇发展关系的认识

在中国农村和小城镇兴办的乡镇企业是小城镇社区的重要经济支柱。乡镇企业是自主的经济实体，是振兴农村经济的有效措施，也是国民经济的重要组成部分。发展乡镇企业对于容纳农村剩余劳动力，提高农村人口素质，改变农村的落后状况具有重要的意义。可是乡镇企业虽然具有极强的适应性和顽强的生命力，但也具有较大的盲目性和不稳定性，劳动生产率较低。那么，在经历了这么多年的发展之后，人们对乡镇企业在城市化和经济发展中的作用究竟是怎样认识的呢？乡镇企业发展与小城镇建设有何关系？我们的调查回答了这些问题。

1. 对乡镇企业作用和地位的认识

乡镇企业有利于大量吸收农村剩余劳动力。87.3%的调查对象认为乡镇企业在吸收农村剩余劳动力方面功不可没，只有4.3%的人表示不同意，另有8.4%的人态度不明确。

乡镇企业对当地城镇化的作用不可忽视。76.1%的人承认乡镇企业在当地城镇化中有很大的促进作用，14.7%的人认为作用不大，也有1.3%的人认为无作用，另外有7.9%的人未做回答。

2. 对山东企业自身发展情况的认识

企业作为发展经济和吸纳劳动力的主要渠道，它的发展情况直接影响这些职能的发挥。表7的数据指明整体上看，乡镇企业的经济效益不容乐观。比较而言，股份制和个体私营企业经济效益较好，国营和集体企业效益较差。提高企业经济效益是关系到城镇化发展的重要问题，也是直接关联到企业职工生活的重要问题。我们调查发现，有86.3%的人认为他们在企业的工作对其家庭收入和生活很重要。

表7   不同企业的经济效益状况（%）

	国有	集体	股份制	私营个体	其他
很好	7.8	6.1	16.9	10.6	
较好	28.9	35.4	35.6	32.7	50.0
一般	44.4	49.5	39.0	50.4	33.3
不好	17.8	7.1	8.5	6.2	16.7
不知道	1.1	2.0			
合计（%）	100.0	100.0	100.0	100.0	100.0

（三）我国城镇化战略和政策的选择

1. 城市化出路：大城市或小城镇

城市化水平是衡量现代化水平的一个重要指标，城市化是一个国家实现现代化的必由之路。但是由于每一个国家的国情和国力不同，因而城市化之路就会有不同的选择。那么，山东省的城市化之路应如何选择呢？在调查对象中有65.7%的人认为应优先发展小城镇，22.0%的人认为应发展大城市。之所以大多数人选择优先发展小城镇，除了因政策原因外，还有其他一些原因。首先是故土难离的乡土观念。例如，当我们问"如果现在政府收回您的土地，让您进城镇务工或自谋职业，您会同意吗？"，结果有一半多的人选择的是不同意。而且年龄越大，作此选择的比例越高。详见表8。

表8   是否同意进城镇务工或自谋职业（%）

	20岁以下	21—35岁	36—50岁	51岁以上
同意	41.4	44.4	33.5	32.7
不同意	37.9	45.6	55.6	63.6
不知道	20.7	10.0	10.9	3.6
合计	100.0	100.0	100.0	100.0

不过，从被调查对象的愿望来说，大多数都承认城镇的生活比农村更方便，持此观点的人占 86.2%。另外，当我们问"您是否希望自己的子女离开本地去大中城市工作？"时，也有 85.6% 的人表示同意。

2. 对山东省城市化政策的了解和认识

城市化进程是否顺利与一系列城市化政策的实施情况密切相关。城市化政策被贯彻执行的一个重要基础就是民众对它的了解和理解。但是山东省城市化政策在很大的程度上不为公众所了解。表现在两个方面：

第一，基层干部对山东省城市化政策比较了解，但普通市民大多不了解山东省城市化政策。基层干部作为城市化进程的重要推动力量，他们对政策的了解与否、理解程度直接影响到城市化政策的推行情况和效果。调查表明，大多数基层干部对我国目前所实行的城市化政策及山东省的"中心镇"建设都比较了解。而在被调查的普通市民中，有近 70% 的人不了解我省加快城市化的政策，应该说这为城市化政策的顺利推行埋下了隐患。公众不了解政策，就无法激发其积极性和能动性。离开他们的配合，城市化的进程能否顺利进行是令人担忧的。从表 9—11 中可以清楚地看到这一点。

表9　　　　　　　　　是否了解我省加快城市化的政策（%）

	县（市）干部	乡（镇）干部	村干部	无行政职务
是	66.7	62.3	53.7	23.1
否	33.3	37.7	46.3	76.9
合计	100.0	100.0	100.0	100.0

表10　　　　　　　　　优先发展小城镇还是大城市（%）

	县（市）干部	乡（镇）干部	村干部	无行政职务
小城镇	65.9	78.8	77.9	62.2
大城市	32.3	19.3	9.5	21.9
不知道	1.8	1.9	12.6	15.9
合计	100.0	100.0	100.0	100.0

表 11   **是否了解我省发展"中心镇"的政策（%）**

	县（市）干部	乡（镇）干部	村干部	无行政职务
是	70.6	57.5	48.9	20.4
否	29.4	42.5	51.1	79.6
合计	100.0	100.0	100.0	100.0

第二，多数普通群众和党政管理干部大多数人赞成这些政策。表 12 表明了这一点。即 90.0% 以上的各级干部赞成发展"中心镇"的政策，赞成这一政策的一般群众也高达 86.3%。

表 12   **是否赞同发展"中心镇"的政策（%）**

	县（市）干部	乡（镇）干部	村干部	无行政职务
赞同	100.0	92.9	93.3	86.3
不赞同		5.2	2.2	3.3
不知道		1.8	4.4	10.4
合计	100.0	100.0	100.0	100.0

3. 对本地城市化水平和影响因素的认识

（1）城镇发展的速度：调查发现，对当地近五年来的城镇化发展速度，有 36.4% 的人认为较快，有 35.8% 的人认为一般，而有 15.8% 的人认为较低。详见表 13。

表 13   **当地近五年来的城镇化发展速度**

	很快	较快	一般	不快	不知道	合计
%	9.0	36.4	35.8	15.8	3.1	100.0

（2）城市（镇）化和当地经济发展的关系很大，但城镇化水平不容乐观。

从调查看，有 77.0% 的人认为城市（镇）化和当地社会经济发展的关系很大，有 11.4% 的人认为关系不大，也有 11.4% 的人未做回答。

从城镇化发展水平来看，有一半多的人认为当地的城市（镇）化发展水平属于一般。认为发展水平很高的只有 3.7%，认为发展水平较高的有 19.3%。详见表 14。

表 14　　　　　　　　当地的城市（镇）化发展水平（%）

	很快	较快	一般	不快	不知道	合计
%	3.7	19.3	54.8	17.5	4.8	100.0

（3）城镇化发展遇到的最主要的困难和最主要的因素

城市化并不是单纯的政治问题、经济问题或是文化问题，而是一个系统的工程，涉及社会的各个层面。那么，山东省在现阶段遇到的瓶颈问题有哪些呢？从调查来看，不同收入的调查对象对此的看法是比较一致的，普遍认为制约城市化的主要因素排在前三位的是经济发展水平、资金投入和思想观念。

表 15　　　　　　　　发展城市化遇到的最主要困难（%）

	县（市）干部	乡（镇）干部	村干部	无行政职务
户口限制	19.8	20.9	30.1	25.4
人口素质	28.1	30.0	28.0	29.6
管理水平	16.2	9.0	11.8	10.5
乡土观念	3.6	4.7	6.5	8.5
政策	23.4	27.0	22.6	21.8
其他	9.0	7.4	1.1	4.1
合计	100.0	100.0	100.0	100.0

关于当地发展城市化遇到的最主要困难，调查发现主要有以下几个方面：人口素质（回答者占 30.3%）、户口限制（回答者占 24.6%）和政策（回答者占 22.5%）。属于不同单位的调查对象对上述问题的看法基本一致，只是现仍居住于村庄或街道的调查对象认为当地发展城市化遇到的最主要困难是户口限制，可见农村居民对户籍制度改革的愿望有多么迫切。另外，不同行政职务的人，其回答也有所不同。由此可见城市化过程中的瓶颈问题主要有人口素质（尤其是思想观念的转变）、经济投入（尤其是资金的投入）和城市化政策（尤其是户口政策）。

（执笔人：林聚任）

专题论文之一：

论加快农村人口城市化进程

秦庆武

内容提要：中国是个城市化严重滞后，从而城乡分割的二元经济社会结构长期存在的国家。现阶段解决各种瓶颈的关键是增加城市的供给，加快推进农村人口城市化。这正是中国新的经济增长点和解决各种复杂的中长期发展难题的关键。只有减少农民，中国的现代化才有希望。

中国最大的结构问题就是城乡分割的二元经济社会结构的存在。中国现代化进程中最艰巨的任务，就是减少农民，实现农村人口的城市化。当新世纪的大门轰然洞开之际，我们首先面对的正是这一历史性的难题。

一 我国城市化滞后的主要原因

一般说来，在一个国家工业化的起步阶段，伴随着工业的勃兴和对劳动力的大量需求，大批农村剩余劳动力转向城市，从而形成工业化与城市化同步发展的局面。然而在我国，工业化和城市化却产生了明显的偏离。虽然从总体上讲，我国目前已进入到了工业化的中期阶段，农业在整个国民经济中所占的份额已降到 20% 以下，说中国是一个"农业大国"已不确切，但中国仍然是一个"农民大国"，农村人口仍占到全国总人口的 70% 左右，农民人数占世界农民总数的近 40%，城市化水平还低于发展中国家的平均水平。

我国城市化严重滞后局面的形成，既有资源性约束，也有体制性约束；既有发展战略方面的原因，也有体制改革滞后的原因。在建国后的前30年时间里，我国国民收入中的农业比重由68.4%降到32.8%，下降了35.6%个百分点，而同期城市化水平由1949年的10.6%上升到1978年的17.9%，仅增加了6.8个百分点，城市人口年均上升不到0.25个百分点，城市化速度之慢为各国工业化过程中所罕见。这一阶段我国城市化滞后的主要原因是：第一，为实现"国家工业化"的目标，我国采取了重工业优先发展的战略。由于当时的国际封锁和物质与资本的匮乏，国家只能用低价统购农产品和工农业价格"剪刀差"的手段来支撑工业化。由于重工业所需劳动力有限和就业所需资本的短缺，国家必须采取对农民进入城市的限制。第二，20世纪60年代初期的天灾人祸，出现了农产品供给严重不足的状况，只有通过控制城市人口并压低农民消费水平才能保证城市居民的基本供给。第三，国家当时以生产建设为中心，对城市基础设施建设投入有限，城市无法容纳更多的人口。第四，从1958年起，国家制定了严格的户籍管理制度，阻断了城乡居民之间的自由迁移和流动。

发端于20世纪70年代末期的农村改革，使我国农业生产力得到了迅速发展，为我国农村工业化的起步，积累了资金，创造了条件。从80年代初期开始，先沿海后内陆，我国乡镇工业异军突起，带动了整个国民经济的快速增长，吸纳了大批农业剩余劳动力，为改革农村贫穷落后的面貌做出了不可磨灭的贡献。然而，我国的乡镇企业98%以上都办在了乡村，它的一个重要特点就是农民"离土不离乡，进厂不进城"。也就是说，进厂的农民虽然职业角色有了改变，但由户籍所标明的身份地位，由兼营农业和居住地不变所形成的传统生活方式并没有根本性改变。我国农村的工业化并未带来农村人口的城市化，造成了农村工业化与城市化的明显偏离。到1998年，我国城市人口占总人口的比重约30%，比世界城市化平均水平仍低近20个百分点。

改革开放以来我国农村人口城市化的速度虽然明显高于前30年，但由于计划经济体制的惯性作用，城市化滞后的状况仍然没得到根本性改变。与前30年前不同的是，这一阶段体制的约束因素取代了资源的约束因素上升到主要地位。所谓体制约束因素，是指第一，户籍制度仍然没有大的松动。1984年国家虽然提出允许农民自理口粮进入小城镇，但效果不明显。城乡居民的自由迁移仍受到严格限制，进城打工的农民无法融入市民社会。第二，就业制度的约束。在计划体制下由国家对城镇人口就业全包下来的体制，排拒了农民进城就业。城里人的"铁饭碗"与农民临时工的"泥饭碗"形成鲜明对比。第三，由国家对城市居民进行财政补贴的医疗、住房等体制没有改变。在计划体制和城市职工低工资下建立起来的住房、医疗及其他福利制度，使得城市人口的增加就意味着政府财政支出的增加，从而必须对城市人口严格限制。由于这些制度性的壁垒存在，严重影响了农村人口的城市化进程，造成了城乡分割的二元经济社会结构的长期存在。

迄今为止，中国仍拥有 9 亿农民，至少从身份地位上看是如此。经过20 年改革开放，当中国现代化的列车正风驰电掣般地驶入工业化中期阶段时，当中国的城市人正坐在大屏幕彩电前享受着工业化的文明成果时，而中国的农业都仍停留在传统的一家一户的简单耕作阶段，中国农民的大多数仍从事着"面朝黄土背朝天"的劳作，他们生产着最初级的农产品，难以分享工业文明的成果。目前发达国家农民的日工资已达到 100 美元左右，而中国农民每天的平均收入还不足 1 美元。他们多数还处于温饱状态，离小康和富裕还有相当长的距离。

农民收入低从而农村市场的萎缩已严重影响到整个国民经济的发展。目前，在我国国民收入还比较低，大量低效率的农村剩余劳动力尚未转移出来的条件下，工业品和生产能力已出现了过剩现象，从而投资需求和消费需求不足，经济增长乏力，中国实现现代化的任务更加艰巨。大批人口滞留于农村，使人均耕地等自然资源严重短缺，农业劳动生产率难以提高，因而农民收入低的问题又无法从根本上解决，这就形成了一种恶性循环。应当看到，在我们这样一个农村人口仍占 2/3 以上的大国里，没有农民的现代化和农村人口的城市化，中国的现代化就没有希望。减少农民，正是中国从传统社会向现代社会转型所要跨过的最巨大、最艰难的门坎。

二　推进农村人口城市化的主要障碍

20 世纪 90 年代中期以来，随着经济体制改革的变化，原来在计划经济体制下形成的城乡分割的藩篱正受到多方面冲击，打破城乡隔绝体制的条件正逐步成熟。首先，城市就业已逐步形成市场化格局。过去那种城镇居民就业由国家包下来的做法已不复存在，大中专院校毕业生国家也不再包分配，自由择业已成为主要的就业方式。其次，城市粮油供应已全面放开。过去那种对城市居民由财政进行补贴的粮油供应方式已经改变，城市居民的食品供应也走向市场化。第三，住房、医疗、养老等福利制度通过改革，正逐步走上社会化轨道。城市居民过去享受的一系列特权和福利正在减少。第四，阻隔城乡人口自由流动的户籍制度正在松动，其强制性已大大降低。市场在配置劳动力资源方面正发挥着愈来愈突出的作用。第五，城市基础设施有了很大改进，电力供应充裕，城市道路交通改善、住房建设进度加快，为容纳更多的人口创造了条件。

　　但是，目前推动农村人口城市化仍有诸多障碍，农民进城的门槛仍然过高。这主要表现在：第一，户籍制度的改革严重滞后。我国的户籍制度经过40多年的延续，已经固化到人们的观念和思维方式之中，这种观念不仅仅是把农民看成是"二等公民"的不平等，而且认为一旦放开户口就会天下大乱，怕农民进城会抢城里人的饭碗，会引起治安混乱等。这种传统观念的存在，使户籍制度改革步履维艰，难以迈出大的步伐。而户籍制度不作大的改革，传统的城乡分割的二元经济社会结构就难以改变，中国的市场化和现代化进程就会受到严重阻碍。第二，城市就业形势严峻，吸纳农村劳动力就业的能力下降。90年代中期以来，我国经济格局发生了重大变化，即由短缺经济转变为过剩经济，城市多数企业生产经营遇到困难，大批职工下岗待业或失业，从而吸纳就业的能力急剧下降。农民进城寻求工作的机会大大减少。部分城市为了解决下岗职工的再就业问题，明确规定某些工种只允许具有本地户口的人来就业，不得吸纳外来人口。这些土政策也限制了农民进城。第三，农民进城须放弃土地，支付较高的成本。如果不考虑户籍管理等制度性因素，允许农民进城，农民也未必愿意付出交出土地等代价。目前，农民要进城定居，转为非农业户口，就必须交出土地，放弃土地的经营权和收益权。这必然造成农民的直接财产权利损失。特别是在城市"铁饭碗"不复存在的前提下，农民一般不愿意放弃自己的土地，因为这是他最后的生活保障。近几年，原来已经花钱购买了城镇户口的一些农民已经后悔，认为既失去了土地，又缺乏稳定的职业，很不合算。第四，农民进城的门坎仍然过高，限制政策过多。目前，许多城市为控制人口的机械增长，都对迁入人口收缴城市增容费，这无疑增加了进城的难度。此外，农民进城遇到的另一个最实际的困难就是住房问题。农民进城不可能享受福利分房，只有购房和租房两种选择。而购房和租房没有相当的经济实力和较高的工资收入，几乎是不可能的。农民进城打工经商还有子女上学入托难等问题，他们必须在许多方面付出比城里人更多的费用。第五，小城镇建设滞后，对农民的吸引力不够。目前农民对于进入小城镇兴趣不大，原因是小城镇建设滞后，过于分散，形不成规模，既不能为农民提供多少就业机会，在生活条件上也不比农村有明显的优越。小城镇目前仍然以乡镇政府所在地为基础。布局的分散，基础设施的落后，人口密集度低，第三产业的不发达，都不足以吸引农村人口，因此，小城镇建设如不改变现有分散格局，提升建设水平，那么对推进农村人口城市化的作用就会大打折扣。

三　加快农村人口城市化进程的对策建议

我们已跨入崭新的 21 世纪。在未来 10—20 年时间里，我国能否完成对传统农业的改造，基本实现现代化，在很大程度上取决于农村人口的城市化进程。目前，加快农村人口的迁移，推进城市化不仅十分迫切，而且时机和条件也已基本成熟。农产品大幅度增加和资本短缺的缓解所提供的基础条件，农业自身效益低和农业人口过剩所产生的推力，城市较高的收入和生活水平所产生的拉力，都为加速农村人口城市化进程创造了条件，提供了前提。我们必须认真总结多年来我国在推进城市化方面的经验和教训，根据我国经济社会发展的实际来确定城市化的新战略，并做出相应的制度安排。

（一）更新观念，重新认识城市化对中国经济发展的意义

长期以来，我们对城市化有一种模糊认识，即往往仅从消灭城乡差别方面思考问题，最常用的概念就是"城乡一体化"和"农村城市化"。这两个概念很容易使人误认为是在农村人口仍占多数时，改善农村的环境，使农村环境提高到城市水平。有些发达地区的村庄，农民家家盖起了小洋楼，就认为是实现了"城乡一体化"和"农村城市化"了。其实这种认

识是片面的。城市化的本质就是农村人口进入城市，大多数人成为城市居民，从而农民减少，农民收入提高，农村环境改善，城乡差别消失，而绝不是仍然保留大多数农村人口。西方发达国家虽然也出现了城市人口向乡村的倒流，但流出人口已不再是农民，他们的生产生活方式已发生了根本性转变，他们的工作仍然在城市，只是在居住上选择了自然风光和生态环境好的乡村。因此，本文使用了"农村人口城市化"而非"农村城市化"，概念就是为更新观念，走出过去的认识误区。

中国是个城市化滞后，从而城市短缺的国家。解决各种瓶颈的关键是增加城市的供给。这正是中国新的经济增长点和解决各种复杂的中长期发展难题的关键。我国历史发展的经验表明，当城市问题很大时，解决问题靠农村；当农村问题很大时，解决问题靠城市；当农民问题很大时，解决问题的根本出路是减少农民。抓住了农村人口城市化这个"牛鼻子"，中国才能顺利地推进经济增长和发展，推进从传统社会向现代化转型。

（二）坚持走大中小城市并举的路子，搞好城市规划，着力促进中小城市建设

目前世界上的工业化国家，大多数都是人口和产业聚集在城市，那里生产要素集中，需求集中，劳动生产率高、居民收入高，各项功能完备，人们可以享受现代化的都市生活。中国囿于人口压力过大，将农村人口都集中在大都市是很难实现的。但是，将农村人口都集中在分散的小城镇，也不是一个最佳的方案，因为小城镇目前过于分散，乡镇之间的重复建设太多，大家都搞基础设施是不经济的。同时，分散的小城镇占地过多，也与我国人地关系高度紧张的国情是相冲突的。因此，我国农村人口城市化，应走大中小城市并举的道路。中小城市要发展，大城市也要发展。要通过吸纳农村人口，大城市也可以发展为人口在200万左右的特大城市。与此同时，要大力发展以县城为中心的中小城市。如以每个县40万—80万人口计算，如有一个能容纳30万左右人口的县级市，有2—3个容纳10万左右人口的县辖市，则既能形成一定的城市规模，使之功能齐全、产业集中、少占耕地，又能转移80%以上的农村人口，实现农村城市化。

为此，我们应该明确农村城市化的发展路子，抓紧搞好城镇规划，特别要明确每个县集中发展几个中心镇，使之逐步发展为县辖市。不能每个

乡镇驻地都搞成小城镇，这样才能节约土地资源，节约基础设施建设费用，让有限的城镇空间容纳更多的人口和企业，让农村居民真正实现"离土离乡"的迁移，过上现代城市生活。

（三）改革户籍管理制度，拆除城乡壁垒，给进城农民以市民待遇

户籍管理制度是造成城乡隔绝的一项基本制度，必须彻底改革。但是，目前的改革只是在县及县以下的小城镇层次，农村人口要迁入大中城市仍受限制，应抓紧研究改革户籍制度的分步实施计划，逐步放开大中城市户口限制，允许有条件的居民移居大中城市。

目前，农村居民移居大中城市的唯一道路就是通过升学来取得国家干部的身份，在毕业分配时留在大中城市。这是造成千军万马过"独木桥"的原因，也是我国高考导向的学历教育无法转向素质教育的重要原因。现在唯有在高考面前，城乡居民才是平等的（当然也有城市比乡村录取分数低的现象）。这种"精英移民"实质上也是城市对农村的一种"人才剥夺"。将来，除精英移民外，还应有"财富移民"和"劳工移民"等多条路子。所谓"财富移民"，即指凡是在城市有能力购买住房，并有稳定职业的农村居民，应该给予长期居住权利和市民待遇。这样可以给农村居民一个只要发家致富，也可以进城的机会，给农村居民一个导向。所谓"劳工移民"，即指凡是长期在城市打工，有了固定职业和住所的农民工，以及已经嫁给城市居民的打工妹，也应给予长期居住权利和市民待遇，包括在就业、上学、医疗、养老、住房分配等方面，不能再给予歧视。大中城市可以根据自身的容纳能力相应规定一些移入条件，从而分步取消城乡隔离的户籍管理制度。

（四）改革农村的产权制度，降低农村居民的进城成本

农村居民向城市迁移，要以放弃土地为代价，其成本是高昂的。因为其失去的不仅是土地资产的收益权，而且是就业和养老的社会保障。因此，必须通过改革，建立一种可以使农民带自己的财产进城的产权制度。笔者认为，可以结合农村家庭承包制的稳定，在条件成熟的地方逐步推行土地经营权股份制，把农民经营的土地以股权的形式固定下来。农民进城，可以出售、转让土地的经营权，保持自己土地资产的收益权，同时为

将来在城市遇到就业、养老的困难时有一条后路。此外，农村集体所有的乡镇企业，应大力推行股份合作制，将财产量化到职工个人。在乡镇企业职工迁入城市时，可以出售和转让自己的股份，取得收益。这样一种产权安排，可以使农民带着价值化的财产进城，从而降低农村居民向城市迁移的成本。同时，在城市，也要为新移民创造良好的入住条件，要把他们作为新的纳税人而不是争夺城市人饭碗的人来对待，新移民将购买城市住房，进行新的创业，有可能成为新的经济增长点。城市在商品房价、建设费用收取等方面应对新移民采取优惠措施，以降低农民进城的门槛。

（五）吸引乡镇企业向城市和中心城镇集中，办好工业园区

乡镇企业分散在农村，是我国工业化与城市化进程不同步的重要原因。因此，吸引乡镇企业向城市和中心城镇集中，是形成产业和人口集中，推进农村人口城市化的有效途径。为此，一是要搞好城镇规划，搞好基础配套设施，为乡镇企业进城创造良好的基础条件。二是有一定基础和条件的乡镇企业，应鼓励其向城市和中心城镇的工业园区搬迁，降低搬迁费用，聚集产业和人口，提高规模效益。搬迁后的乡镇企业占地要尽快复耕。三是今后凡上一定规模的乡镇企业，一律不再建在村里，而集中到城市和工业园区，已建在城市和工业园区的乡镇企业，今后不再称之为乡镇企业，而是同城市企业一样看待。四是鼓励乡镇企业兼并村庄。在乡镇企业发达地区村企合一的地方，要通过民政部门批准，取消行政村的建制，保留企业建制，实力强大的乡镇企业，也可以直接兼并村庄。通过这种兼并，使农村居民变为企业职工和城市居民。

总之，要通过多种方式来推进我国的农村人口城市化进程。要通过一系列的制度创新，来加快我国人口流动的速度，尽快实现人力资源的市场化配置和人口的自由迁徙。只有这样，才能使中国的城市化逐步赶上工业化步伐，在21世纪中叶全面实现现代化。

专题论文之二：

实现城市化发展重心由"镇"到"市"的转移

秦庆武

内容摘要：提高城市化水平，是新世纪山东经济增长和社会发展的重要动力。要加快山东的城市化进程，必须遵循世界城市化演进的一般规律，包括城市化的阶段性发展规律、大城市超先增长规律和城市化与经济发展的双向互促规律。为此，在城市化道路的选择上，应实现城市化发展重心由"镇"到"市"的转移。推进山东的城市化，应该确立极化和膨胀大城市，形成都市圈和城市带；加快发展中小城市；合理发展小城镇的战略，把工作重心和着力点放到推进农村人口转移上来，充分发挥政府在推进城市化和转移农村人口中的作用。

我国是个城市化严重滞后，从而城乡分割的二元经济社会结构长期存在的国家。现阶段解决各种瓶颈的关键是增加城市的供给，加快推进农村人口城市化。面向新的世纪，提高城市化水平，既是解决我省各种中长期发展难题的必然选择，也是推动山东经济快速增长的重要动力。

一 城市化进程的一般规律

从全球范围来看，各国城市化发展的阶段不同，发展水平也不平衡。但城市化作为由传统落后的乡村社会转变为现代先进的城市社会的自然历史过程，有其自身的一般规律。根据学术界的研究，世界城市化进程一般存在三大规律。

1. 城市化的阶段性发展规律。根据多数国家城市化发展过程的分析，城市化演进呈现出"缓慢——加速——缓慢"的阶段性特征。以英国城市化发展进程曲线为例，它反映了城市化进程要经过兴起、加快发展和成熟稳步发展三个阶段，在发生兴起阶段，城市化进展缓慢。当城市化水平达到 20% 以后，城市化进展呈加快趋势，在较短的时间内（通常几十年）使城市化水平得到快速提高。当城市化人口超过 70% 以后，变化速度又趋减缓，最终稳定在 80%—90% 之间。从而展现了城市化发展的阶段性规律。

2. 大城市超先增长规律。城市化加速发展阶段，同时也是大城市超先增长的阶段；而大城市超先增长，又成为城市化加速发展的重大推动力。从大城市的数量来看，从 1900—1980 年间，全世界 50 万人口以上的大城市增长了 8.7 倍，而其中 250 万至 1000 万人口的大城市增长了 20 倍。从大城市的外延增长看，大城市带和大城市群人口的增长成为显著特点，以一个大城市或几个大城市为中心，不断向外延伸城市地域。

3. 城市化与经济发展的双向互促规律。从城市化的历史来看，现代工业的兴起和发展，为城市化打下了坚实的物质技术基础和社会基础，工业化是城市化的发动机。而城市化的推进和提高，又为工业化的发展提供了便捷的服务、广阔的市场、充裕的劳动力，从而提高了工业的劳动生产率，促进了产业结构的升级和整个社会经济的发展。

二　对城市化道路的重新认识

长期以来，在我国城市化道路问题上，有一种占统治地位的观点，就是我国农村人口太多，不可能都集中在城市，因此，中国的农村城市化道路，应该是积极发展小城镇，使农村人口向分散的小城镇转移。因而，我们选择的是一条"城镇化"道路而不是城市化道路。改革开放以后，尽管农村城市化、城乡一体化的问题日益受到重视，但在国家"严格控制大城市、适当发展中等城市，积极发展小城镇"的政策引导下，我们实际上把城市化的战略重心放在了建设小城镇上。尽管 20 年来我们在小城镇建设方面取得了显著成就，但小城镇过于分散、规模不经济，服务功能差、转移农村人口少的问题比较突出，而大中城市的发展则仍然受到了种种限制，从而也迟滞了我国的城市化进程。城市与小城镇相比，在结构、功能、作用、质量等方面都有很大区别。首先，性质不同。城市是一个与农村相对应的区域地理概念，是工业化、规模化、集约化的产物，也是它们的载体。而小城镇则是城与乡之间的中间体或结合部，它不具备发展规模工业的条件。其次，功能不同。城市作为区域的政治中心、经济中心、文化中心、服务中心、交通中心等具备强大的辐射功能，对周边地区有很强的辐射带动能力。而小城镇作为城尾乡头，则不具备这些功能，而多数只有乡村集镇的功能。第三，质量不同。城市是人口、资本、技术的高度集聚，有着先进的基础设施和生产生活设施，人们可以享受现代化的生活方式；而小城镇则人口、资本、技术集中度低，基础设施差，人们仍然难以摆脱传统的生活方式。第四，土地利用率不同。据有关资料，我国人均使用土地特大城市为 52.2 平方米，大城市为 68.7 平方米，中等城市为 73.9 平方米，小城市为 88.6 平方米，小城镇则更多。城市越大，土地越节约。

我国小城镇的发展虽然对推进农村工业化和城市化起了巨大作用，但只是一个城市化演进中的阶段性过程，而不宜把建设小城镇作为城市化的目标。从目前的发展来看，如果继续只突出"镇"的地位，势必影响城市化的健康发展，难以迅速提高城市化水平。因此，我们必须遵循世界城市化发展的一般规律，对城市化发展道路进行重新选择，实现城市化发展重心由"镇"到"市"的转移。

三　加快我省城市化发展的建议

（一）确立城市化的基本战略

1. 极化和膨胀大城市，形成都市圈和城市带。

根据世界银行《1999—2000 年世界发展报告》中的分类，大中小城市的概念已发生了变化。报告把 500 万人口以上的城市作为特大城市，把人口 100 万至 500 万人口的城市作为大城市，把人口 50 万至 100 万的城市作为中等城市，把人口不到 50 万的城市作为小城市。按照这一分类，目前我省还没有特大城市，仅有 3 个大城市，4 个中等城市，其余均为小城市。

　　根据大城市超先发展的规律，我省所采取的方针应是极化和膨胀大城市，而不是限制大城市发展。根据目前山东人口近9000万和峰值将达1亿的实际，至少应有2个人口在500万左右的特大城市，形成都市圈，有5—10个人口在100万以上的大城市，从而集聚人口2000万左右。如能以胶济铁路沿线和沿海形成两个大城市带，将对山东的经济增长和发展起到"发动机"作用。

　　2. 加快发展中小城市。

　　发展以人口50万—100万的中等城市和人口10万以上的小城市，应作为21世纪前10年的重点。这样以山东的地市和县城为基础，直接吸纳农村富余劳动力进城，迅速膨胀中小城市，从而集聚人口2000万左右。

　　3. 合理发展小城镇。

　　我省小城镇发展分散化的问题比较严重，今后发展的重点应是中心镇。以每个县40万—80万人口计算，如有一个能容纳20万—30万人口的县级市，有2—3个容纳10万左右人口的中心镇（县辖市），加上向大中城市转移的人口，则既能形成一定的城市规模，使之功能齐全、产业集中、少占耕地，又能转移70%以上的农村人口，从而实现农村城市化。

（二）推进城市化的关键和着力点在于转移农村人口

　　推进城市化最重要的困难不是城市规则，不是基础设施建设，而是转移农村人口。目前转移农村人口的主要障碍在于：户籍制度的限制；劳动力市场的不健全；城市自身就业压力大；农民进城的成本过高；农民素质低下等等。要克服这些障碍，必须全面清理长期以来形成的限制人口流动，控制农民进城的政策，努力创造条件，推动农村人口向城市转移。

　　在农村人口转移上应实行三个转变。即以过去的国家安排为主转向自谋职业为主；以过去的就地转移为主转向异地转移为主；由过去的兼业转移为主转向分离转移（与土地分离）为主，只有这样，才能摆脱过去"离土不离乡、进厂不进城"的老路。

　　21世纪初期，将是我国经济社会结构变化最剧烈的时期，也是我国劳动力转移最活跃的时期。如何完善各项政策，增加城市对农村人口的吸引力和集聚力将是需要研究的重要课题。要推动农村人口城市化，着力点应放在以下几个方面：1. 树立科学的指导思想，把农村人口转移纳入到整个经济社会发展的大系统中去；2. 稳定农民土地承包权，推进承包权股份化和土地流转，形成农民可带土地收益进城的机制；3. 在农村产业结构调整中发展专业化生产，在乡镇企业结构调整中适度发展劳动密集型的、面向农业的龙头企业，并促使存量和增量的乡镇企业向城市工业区集中；4. 搞好中心镇以上的城市规划，制定政策鼓励农民进城建房、购房；5. 培育农民的流通队伍，在中心城市建立大型农副产品批发市场和期货市场；6. 大力发展个体私营经济，为农民进城经商提供方便和优惠政策；7. 鼓励农民外出务工，发展国际劳务合作，大中城市取消对农民工迁入和就业的歧视政策；8. 在中等城市以下首先放开人口迁入迁出的户籍管制，并逐步完善进城农民的社会保障。

（三）充分发挥政府在推进城市化和农民人口转移中的作用

目前，我省的城市化正从初期阶段向加速阶段转化，由于城市进程所面临的阶段性转折，我省的城市化和农村人口转移将面临许多新的矛盾和问题。加强城市化的政策研究，强化政府对城市化和农村人口转移的引导和调控能力是一项重要任务。

要充分发挥政府在推进城市化和农村人口转移中的作用，应做好以下几个方面的工作。1. 制定好城市化发展战略。我省要实现 2010 年城市化水平达到 50% 的目标，必须有切实可行的转移农村人口的措施，有分阶段实施的计划。2. 针对经济发展水平不同的地区，提出不同的目标，确定人口转移的速度。根据我省情况，东部地区要达到每年提高城市化水平 1—1.5 个百分点的目标；中部地区达到每年提高 1 个百分点左右的目标；西部地区达到以每年提高 0.5—1 个百分点的目标。3. 搞好大中小城市和小城镇的布局规划和建设规划；4. 政府投资重点向城镇基础设施建设倾斜；5. 搞好城乡劳动者的职业技术培训，千方百计增加城市就业岗位；6. 加快城市建设立法，以法律形式保障城市化进程和城市的可持续发展；7. 因势利导，预防和避免"城市病"的发生，尽量减少城市化带来的负面效应；8. 研究修改和制定一系列促进城市化的政策，包括土地政策、税收政策、投资政策、户籍政策、就业政策、保险政策、金融政策、工商管理政策等。总之，要在遵循城市化演进的一般规律的基础上，加快推进我省的城市化进程。

调整城乡关系是增加农民收入的根本出路

秦庆武　甘信忠　施鲁杰

党的十六大报告指出："统筹城乡经济社会发展，建设现代农业，发展农村经济，增加农民收入，是全面建设小康社会的重大任务。"这里，首次把统筹城乡经济社会发展作为增加农民收入，全面建设小康社会的重大任务提出来，是有重大意义的。这意味着调整城乡关系，促进城乡经济社会平衡发展，已成为未来我国10—20年社会主义现代化建设过程中一项及为紧迫而艰巨的任务。近几年来，尽管我们在增加农民收入方面进行了不少探索，但多局限于农业内部，没有从城乡关系、城乡结构等角度来思考这一问题。通过调查研究，我们认为，只有从调整城乡关系入手，才是解决农民增收问题的根本出路。

一　我省农民增收面临的主要困难和制约因素

（一）农民收入情况的阶段性回顾

改革开放以来，农民收入变化大体可分为四个阶段：

第一阶段：1978—1983年，为快速增长阶段。家庭承包经营激发了农民的积极性，农产品总量迅猛增加，农民收入也相应快速增长。农民人均纯收入从114.56元增加到360.64元，平均每年增长25.8%。

第二阶段：1984—1992年，为平稳增长阶段。1984年以后，主要农产品短缺状况已得到很大缓解，粮食、棉花甚至发生过两次短期的"卖难"，单纯靠增加产量已难以保持农业净收益的增长，这一时期农民增收主要是靠国家提高粮食收购价格，带动了农产品价格上涨。同时乡镇企业发展较快，增加了农民的非农产业收入。农民人均纯收入从 394.99 元增加到 802.9 元，年均增长 9.3%。

第三阶段：1993—1996 年，为加速增长阶段。在这一阶段，全省各地大力调整农村产业结构，高产高效农业和农村二三产业快速发展，同时，国家又一次大幅度提高了粮食收购价格，使农民收入又一次进入快速增长时期。农民人均纯收入从 952.74 元增加到 2086.31 元，年均增长 29.9%。

第四阶段：1997—2001 年，为增幅减缓阶段。这一时期，多数农产品出现了供大于求的局面，且价格大多高于国际市场，增产、提价已没有多少空间，农民来自农业的收入有所下降。乡镇企业也进入结构调整时期，对农民增收的拉动作用减弱，农民增收日趋困难。农民人均纯收入从 2292.12 元增加到 2804.5 元，年均增长 5.2%。

（二）当前农民收入结构变化的主要特点

从全省农民收入结构的变化看，主要有以下特点：

1. 收入结构由单一型向复合型转变，收入来源多元化。改革开放初期，农民收入来源比较单一，主要来自于种植业生产特别是粮食生产，副业收入占的比重很小。随着家庭承包责任制的全面推行和乡镇企业的崛起，农民收入渠道逐渐拓宽，从单纯依靠农业转向农、工、商、建、运、服共同发展，农业内部也摆脱对粮棉油等传统种植业的依赖，转向大力发展畜牧、水产、养殖业和林果、蔬菜等高效经济作物。2000 年全省农民人均纯收入中，劳动报酬收入占 32%，转移性财产性收入占 5%，二三产业收入占 15.4%，种植业收入占 38.8%，林牧渔业收入占 7.4%，收入来源趋于多元化。

2. 收入类型由农业主导型向非农产业主导型转变，增收渠道拓宽。"九五"期间，全省农民人均纯收入累计增加 944.1 元，其中劳动者报酬收入增加 441.59 元，对农民收入增长的贡献率为 46.8%；家庭经营的二三产业收入增加 283.84 元，贡献率为 30%，转移性和财产性收入增加 56.18 元，贡献率为 6%；农业收入增加 162.3 元，贡献率仅为 17.2%。在农民收入增长部分中，来自于非农的收入占到 82.8%。可见，非农产

增加农业自我积累和自我发展的能力。在工业化发展的高级阶段，由于工业和其他非农产业已经在国民经济中占有支配地位，自身具有较高水平，而农业相对来说仍属于弱质产业。因此，应积极实施"以工补农"、"以工带农"的战略，推动城乡经济业平衡协调发展。

经过改革开放二十多年的发展，目前我省人均 GDP 已超过 1000 美元，总体上已进入工业化中期阶段，工业化水平有了巨大提高，工业已经具备了自我积累和自我发展的能力。相反，农业则由于人地关系高度紧张，人均占有资源少，仍然是一个弱质产业。2001 年，我省三次产业的比例为 14.4∶49.3∶36.3，第一产业的比例日趋缩小，二、三产业的比例日益增大，工业和服务业的发展已经具备了"反哺"农业的能力，调整城乡关系的条件已基本成熟，应抓住时机，及时调整工农业关系和城乡关系，实行积极的反哺农业、支持农业的政策，尽快缩小城乡收入的差距、消除城乡之间的消费断层，缓和社会矛盾，保持社会稳定，保证我省经济社会各项事业的健康发展。

（三）调整城乡关系的战略思想、方针与重点

按经济发展的一般规律，在工业化进入中期阶段后，由于工业化初期采取以农业育工业的政策具有一定的惯性作用，并且工业"反哺"农业的能力还不是很强，因此这往往是农业发展最困难的时期。美国在 20 世纪初到 40 年代的工业化中期阶段，农业发展长期处于停滞状态。英国的农业在工业化中期阶段停滞徘徊了 80 多年，日本农业衰退也经历了近 50 年。借鉴经验教训，我们在今后几十年中，要特别注意农业不重蹈覆辙，要根据自己的实际，采取相应对策，保持农业持续稳定发展，并与工业的高速发展相适应。基于此，要在调整城乡关系，促进城乡经济平衡发展上实现三个转变：

一是战略思想的转变。要把工业化初期主要依靠农业积累支撑工业发展的观念转到要依靠扩大农村市场来刺激工业发展上来。随着工业化水平的提高和工业在国民经济中所占比例的增长，工业本身已经具备了自我积累和自我发展的能力。农村虽然人口众多，但农业本身剩余价值十分有限，难以提供工业发展所需的巨额资金。而且目前制约工业发展的主要因素已不是资金问题，而是市场问题。因此，对当前工业发展来说，农村

市场要比农业产品重要得多。只有尽快启动占 70% 以上人口的农村市场，才能刺激工业快速发展。

从一些成功国家和地区的经验看，人均国民生产总值超过 300 美元之后，即开始转向保护农业。人均国民生产总值达到 1000 美元时，基本完成从掠夺农业向哺养农业的转变。目前我省人均 GDP 已达到 1262 美元，全国人均 GDP 也已接近 1000 美元，指导思想和基本政策应该有一个根本的转变，从提取农业剩余转向保护支持农业，解决好困扰发展的农业、农村和农民问题。

二是战略方针的转变。为促进工农业关系和城乡关系的协调，政府应该在战略思想转变的前提下，实行战略方针和政策的转变，就是要切实运用财政、税收、金融等经济杠杆和宏观调控手段，从存量和增量两个方面合理调整国民收入在工农业之间和城乡之间的分配格局，特别是要提高政府运用财政手段支持农业的能力。从我省情况看，运用财政手段对农业进行扶持，主要应侧重于支持农业和农村基础设施建设，支持农业科研推广体系的建设，支持农业风险保障体系的建设，加强银行信贷对农业的支持力度，多形式、多渠道地支持农业发展。

三是战略重点的转变。1985 年以后，我国改革的重点由农村转向城市。十多年来，以国有企业改革为中心的城市改革取得了丰硕成果，但农村发展滞缓的问题又凸显出来。特别是农民收入低、负担重直接制约经济和社会的发展。2002 年的中央农村工作会议，提出发展农村经济、增加农民收入总的指导思想，是"多予，少取，放活"。这是非常正确的发展思路。要把"多予，少取，放活"的"六字经"落实到农村工作的各个方面，使农民真正得到休养生息，不断创出农民增收、农业发展和农村稳定的好局面。

三 调整城乡关系，促进农民增收的对策措施

增加农民收入，促进全省城乡经济平衡发展，是一项综合性、长期性的工作，将贯穿山东基本实现现代化的全过程。对此，既要有紧迫感，抓紧解决当前的实际问题，又要牢固树立长期抓下去的思想，逐步采取一些带有根本性的战略措施。当前，应当进一步解放思想，更新观念，按照中

央确定的"多予，少取，放活"的指导思想，以结构调整为主线，以改革开放和科技进步为动力，以加快农村二、三产业发展和小城镇建设为着力点，提高农民素质，加大对农业的扶持，创造有利环境，大力发展农村生产力。全面落实党在农村的各项政策，充分调动广大农民群众的积极性和创造性，促进全省城乡经济持续、稳定、平衡发展。

增加农民收入，除通常我们所采取的如调整农业和农村经济结构，广开农民增收致富渠道；大力发展农村个体民营经济和乡镇企业，增加农民的非农收入；大力推进农业产业化经营，不断提高农业的产业化、组织化水平；加快小城镇建设，提高城市化水平，促进农村剩余劳动力转移；努力推进农业科技进步，提高农民科技文化素质，为农民增收提供强大动力和技术支持；多渠道增加对农业、农村和农民的投入，为农民增收提供强大的物质基础等对策和措施之外，还需要探索一些新的思路和可供操作或试点的措施。现提出以下几个方面，供领导决策参考。

1. 制定《山东省食品工业发展纲要》，以现代食品工业发展来提升山东农业产业化水平。

从一般农产品加工业向现代食品制造业转变，是农业产业化发展的必然趋势。发达国家的食品制造业产值一般比农业产值高出几倍，而且能容纳大量就业人口，是农业国工业化过程中重点支持的产业。

我省要提高农业产业化和现代化水平，也应该把食品工业的发展摆上重要位置，这是解决农产品出路，提高农业效益，提升农业产业化发展水平的重要途径。

2. 制定《山东省县域经济发展纲要》，加快山东县域经济发展。以县域经济发展来带动农村工业化和城市化。

发展县域经济，对农民增收减负最直接，对农村发展影响更深刻，是全面建设小康社会的重大任务。县是城尾乡头，直接面对农业、农村和农民。凡是县域经济搞得好，发展水平高的地方，县乡财政就比较宽裕，农民负担就轻，日子就好过。有不少富裕地区，农民不但负担很轻或没有负担，而且享受各种福利和补贴。而在中西部一些县域经济较差的地区，农民的负担则非常沉重。这说明，发展县域经济，特别是通过发展二、三产业提高县域的工业化、城镇化水平，增加县乡财政收入，是解决"三农"问题的关键环节，是解决农民增收问题的关键所在，必须受到高度重视。

3. 试行在全省减免农业税费制度，鼓励东部财政状况好的地区和大城市郊区自行采取措施，减免农业税费。对西部特别贫困地区，省政府通过财政转移支付，减免农业税费。在全国率先取消农业特产税，缺口部分由省市财政通过转移支付来解决。

在传统农业社会，农业是社会的主导产业，是提供社会财富的主要渠道，因此历史上承担税赋的主体是农民。无论是"税人"还是"税地"，对农业和农民征税都有其合理性。当然，农业社会国家的官僚机构也比较简单，农民所供养的官员人数有限。然而，在一个工业为主导产业的社会里，社会财富的提供主要是工商业而不是农业的条件下，依然把农业和农民作为纳税主体，则必然要产生社会不公平。目前，我国已进入到工业化中期阶段。在国内生产总值的构成上，农业的份额不断下降，目前仅占15%左右。农业所提供的税收，仅占全部国家财政收入的3%左右。用占GDP15%的农业增加值所产生的收益和税费，去为占人口70%的农民提供公共产品，去保证农村基层的政权和组织运行，这本身就是极不合理和十分困难的。2001年我国的财政总收入已达1.63万亿，根据有关部门测算，加上各类收费、基金等预算外收入总财力已达到2.55万亿（1999年），而拥有8亿多农民的农村总财力仅占10%左右，而且几乎都是靠农民提供的。以10%的总财力来对应70%的人口，农村的财政如何能够收支平衡？农民的负担如何能够减下来？这种城乡严重分割的国民收入分配格局，正是农民增收难产生的重要原因。

从减轻农民负担到取消农民负担，是一个必然趋势。我省东部发达地区，有的已具备了这种条件，可以进行大胆尝试。对于西部特别贫困的地区，省财政可通过转移支付的手段进行减免。当前亟须解决的是取消"农林特产税"这一税种，因这一税种不仅严重阻碍了农村农业的结构调整，而且助长了乡村干部对农户生产经营的干预，调查中发现，有些地方不管农民是否种植农林特产，一律按人头收取"特产税"。我省可在全国率先取消农业特产税，将特产税改为农业税统一征收。诚然，目前国家还没有足够的财力来对农业进行补贴，但可以按照"三农"是"重中之重"的要求，压缩其他方面的开支，用于农业补贴。

4. 改革粮食价格补贴政策，使国家补贴从粮食流通环节转移到农民手中，让农民直接受益。

目前国家对农业的补贴主要是补在农业流通环节上，农民无法直接受益。而且形成大量的亏空和财政挂账。我省应借鉴安徽等地的做法，把这部分补贴从粮食流通环节转移到农民手中，让农民直接受益。

5. 改革乡镇机构，进行撤消乡镇政府，建立乡镇公署的试点，乡镇公署为县政府的派出机构。

我国历史上就有"皇权不下县"的说法，即县是面对农村的最基层的政府。我国目前设立的乡镇一级政府，实际上不是一级完整的政府。乡镇一级的很多部门特别是有权力的部门，都归属于上级主管部门管理，乡镇一级缺乏很多作为一级政府所必须具备的职能。在市场经济条件下，经济发展所需要的资源配置主要靠市场来进行，政府的职能主要是向社会提供公共服务和公共产品。然而目前的乡镇政府由于财力所限，养人已经十分困难，根本没有能力为社会提供公共产品，只能提供少量的服务。根据这种情况，完全应该实行机构改革，改变乡镇政府作为一级政府的性质，将乡镇政府改为县级政府的派出机构，即乡镇公署或公所，仅聘用少量的公务人员，完成其公共职能。这一改革的前提，就是县级及其以上的政府和部门，不得再把大量的任务，特别是升级达标要求压到乡镇，要想让乡镇办事，就必须给钱，坚决改变目前事权与财权不相称的状况。

乡镇一级原来所存在的公共服务职能，主要是由一些事业单位承担，如农机站、经管站、畜牧兽医站等，其机构和人员可以仿照日本农协和台湾农会的方式，转为为农民服务的中介组织，政府给予一定的支持，但不再列入政府编制序列，使其靠服务来逐步自己养活自己。

6. 改革乡镇财政体制，进行取消乡镇一级财政试点，乡镇财政税务所为县级财税部门派出机构。

原来乡镇作为一级政府，乡镇财政实际上无法支撑其正常运行，乡镇财政除了收钱养人之外，无法履行公共财政的职责。因此，在乡镇作为一级政府撤消以后，乡镇不再作为一级财政主体存在。乡镇一级的财政税务部门经精简后，仍可存在，但只作为县财税局的派出机构，承担辖区范围内工商税收和农业税收的征缴和上解。乡镇一级的公务员工资，由县级财政统一发放。县级财政的缺口部分，由中央和省财政通过转移支付来解决。无论富裕地区和贫困地区，县乡两级公务员应该得到大致相同的收入。不能像现在一样差距可达到5—10倍。从全国和全省来讲，中央和省级政府应当建立和完善转移支付制度，要保证欠发达地区的农村居民能够享受到义务教育、医疗卫生保障等最基本的公共服务。

7. 乡镇教师工资由县级财政统一发放，缺口部分由中央和各级地方政府通过转移支付来解决。

农村义务教育经费包括教师工资，是目前乡镇财政支出的大头，实际上是由农民来负担。虽然从去年开始，中央要求教师工资由县级财政统一发放，但是由于财源不足，县级财政也不堪重负，多数地区还是要依赖乡镇财政上解收入来解决。因此，虽然农村教师工资发放渠道变化了，但资金来源并未变化。本来应该由国家承担的义务教育经费，现在仍然还是由农民承担。其改革的思路是由农民承担变为国家承担，其中一半以上必须靠国家的财政转移支付来解决，因目前中央财政已占全国总财力的52%。目前山东农村的公办教师约57万人，全国人数约为650万，如每人每月工资按600元计算，山东约需41亿元，全国约需468亿元。如果中央下决心解决这一问题，从目前每年约3000亿元的财政增收中拿出1/10，再由各省分担其余部分，这一问题便可基本解决。这样，农民的负担水平便可大大下降，乡村组织的开支紧张可大大缓解。

8. 在全省取消农业户口和城市户口的划分，统一登记为山东省居民户口，消除对进城农民的歧视。

山东的城市化水平远低于工业化发展水平，大批劳动者滞留在农村，这是制约山东现代化进程的重要因素。山东已提出加快城市化发展战略，并且在改革户籍制度方面迈出了可喜步伐，但目前农民进城的门坎仍然很高，必须采取切实措施，拆除城乡壁垒。这就需要进一步改革户籍制度，建议我省像广东那样，在全省取消农业户口和非农业户口的管理办法，采取按居住地进行居民登记的办法，把自由迁徙作为改革目标。

9. 在大城市划出地域，建立廉租房公寓，低价租给进城打工农民，使农民能够长期居住在城市。

推进城市化必须使农民进城后能"留得住"。目前我国有1.2亿人口处于流动状态，其中8000万到1亿是在城市打工的农民工。要把这些人变为城里人，可以借鉴日本的经验，政府拿出一定的投资，建一些"团地"即"廉租房"，以很低的价格租给进城农民居住，使他们能在城市安居下来，成为"城里人"，从而解决目前城市农民进得来，留不下问题。

10. 完善土地征用制度和政策，在城市化扩张过程中坚决保护农民利益。

在推进农村城镇化过程中，要特别引起重视的是加强对耕地的保护，加强对农民利益的保护。目前的农地征用政策应该加以修改和完善。调查中发现，一些地方对农地的征用，近乎是对农民进行无偿的剥夺。而土地则是农民的命根子。在城市规划和建设中，对农民利益的保护应引起各级领导和有关部门的高度重视。

11. 试行土地使用权股份化，加快土地流转，赋予土地使用权转让、租赁、抵押等功能，使土地转化为农民的财富和资本，土地收益能带入城市。

目前土地是农民生存基本保障和发展的主要资本。但由于产权关系不明确，农民无法将土地转化为工业资本或商业资本，无法带进城市转化为生活保障。我省桓台等地创造的土地使用权股份化的经验值得认真总结。要根据中央关于赋予农民长期而稳定的土地使用权的要求，赋予农民土地使用权的继承、转让、租赁、抵押等功能，使农民土地收益能带入城市，转化为工商业资本和社会保障。

12. 加快农村新型合作经济立法，以立法形式确定农村种类合作经济组织的地位，鼓励农村新型合作经济发展。

上述对策措施符合农村改革与发展的大方向，虽然可能有一定的政治风险，但进行积极探索、稳步推进，才有可能使山东农村改革与发展取得新的突破。

农民增收与城市化发展

秦庆武　　卢进

一　农业和农村经济发展的新阶段
和农民增收面临的主要困难

改革开放以来，我国农民的收入一直是稳定增加的，特别是在1979—1984 年和 1992—1996 年，曾出现过两次快速增长时期，使农民的生活水平有了很大改善，许多地区的农村已经实现了小康。但是，从1997 年开始，农民收入的增幅呈现出下滑趋势，增加农民收入遇到了许多困难，成为了农业和农村经济发展中的一个突出矛盾。

农民增收问题之所以越来越成为农业和农村经济发展中的突出矛盾，成为牵动经济发展全局的大事，是因为经过 20 年的改革与发展，我国农业和农村经济已经发生了根本性的变化，已经进入了一个新的发展阶段。这一变化的主要标志是：

第一，农产品供给由长期全面短缺变为总量基本平衡，丰年有余甚至结构性过剩。20 世纪 90 年代中期以来，我国农业连续几年获得丰收，农产品的供求形势发生了根本性的变化，由过去的严重短缺转变为供应充裕，甚至出现了结构性和地区性的过剩。近几年来，除粮食、棉花等主要农产品供给出现相对剩余，库存大幅度增加，价格下降外，其他农产品如蔬菜、水果、猪肉、鸡蛋等供给总量也趋于饱和，出现积压滞销，价格大幅度下跌的现象。随着农产品过剩现象的出现，我国农产品供求关系中的主要矛盾，已从过去的数量不足转变为品种和品质不适应市场需求的结构问题。

第二，农业发展已由过去的资源约束为主转变为市场约束为主。改革以来，随着农村社会主义市场经济的发展，市场在配置资源、引导生产方面的作用愈来愈显著，过去那种农业生产主要受资源短缺约束的状况已得到了很大的改变。农民已经懂得了"什么赚钱种什么"，因此农产品的产出对市场需求的跟进速度非常之快。但农产品多是鲜活产品，一旦多了卖不出去，必然使农民受损失、农业生产受影响。因此，市场对农业生产经营的影响已成为农业发展的主要约束因素。

第三，农村经济发展与整个国民经济发展的关联度日益增强。长期以来，在城乡分割的二元经济社会结构存在的条件下，城乡经济成为两个相对封闭运行的系统。农村只要能为城市提供食品供给，为工业提供原料和积累，城市经济就能正常运行，对农村经济发展的依赖性不是很强。但20世纪90年代中期以来，随着社会主义市场经济的发展，我国经济已由卖方市场转向买方市场，工业品和生产能力过剩已成为普遍现象。这种现象的出现，又主要是由于我国农村人口仍占大多数，农民收入仍然很低，对工业品缺少购买力造成。据统计，占我国人口总数的70%的农村人口，其社会消费品零售总额仅占全社会消费品零售总额的40%左右。内需不足，已成为我国国民经济增长乏力的主要原因。因此，农业增效、农民增收和农村经济发展，已成为我国启动内需，促进国民经济增长的关键。

纵观改革开放以来农业和农村经济的发展，农民收入的增长主要来自于三个方面的因素：一是农产品总量的增加，二是农产品价格的提高，三是非农产业的收入。在长期的农产品短缺条件下，农业只要增产，产品就不愁卖不出去，农民就能增收。在计划经济体制下，农产品价格被人为地压低，改革以后国家多次提高农产品价格，也成为农民增收的主要因素。80年代中期以后，我国乡镇企业异常突起，农业劳动力大批进入乡镇企业就业，农民进城打工的人数也大大增加，非农产业也成为农民增收的重要来源。农民收入增加的这三大途径，创造了农村经济的全面繁荣。

经过20年的改革与发展，我国农业和农村经济从总体上看已经进入到了一个新的阶段。过去增加农民收入的主要途径，在新的历史条件下已经很难再发挥大的作用，这主要表现在以下几个方面：

一是农产品结构性过剩已经出现，卖难的问题日益突出，农民增产难以增收。在短缺经济条件下，农业增产与农民增收是一个统一的过程，只要产量高，就能多增加收入。在过剩经济条件下，农业增产与农民增收则会产生一定的偏离，即增产不一定增收。这是因为，就大多数农产品来说，其需求的弹性是比较低的，弹性系数是小于 1 的。也就是说，随着人们收入的增加，对农产品这种生活必需品的需求不一定成比例地增加。例如粮食，作为基本食品它的需求是刚性的，并不因为粮食生产得多人们就吃得多，买得多，也不因为生产得少人们需要得少。由于农产品的需求弹性小，社会需要量比较稳定，从而造成农产品多了价格低，少了价格高，农民增产不增收。20 世纪 90 年代以来，我国农业连年丰收，多数农产品价格都出现了稳中有降的趋势。特别是近几年来，水果、蔬菜、粮食、禽蛋等主要农产品也出现了一定程度的过剩，产品价格低，农民卖难的问题突出，这就使农民依靠增产来增收的希望变得十分渺茫。

二是受国际农产品价格封顶的影响，依靠提高农产品价格增加农民收入也不现实。1994 年以后，我国主要农产品特别是谷物的价格普遍高于国际价格，从而导致了进口增加，出口减少。广东从泰国购进的大米品质好，价格低，湖南的米难以进入广东市场，导致价格下跌。在我国经济逐步与国际市场接轨的今天，要想依靠提高国内农产品价格使农民增收是不现实的。此外，由于我国财政收入有限，依靠财政对农产品实行价格补贴的路子也走不通。况且农产品价格提高又会导致城市职工工资成本上升，从而导致农用生产资料价格攀升，这样又会增加农业生产成本，使农民支出增加。从根本上来说，农品价格也是由价值决定的。在我国人地关系高度紧张，农业超小规模经营，劳动生产率还非常低的条件下，农民依靠提高农产品的价格而增收也是不现实的。

三是农村剩余劳动力向二、三产业转移的速度放慢，依靠从事非农业产业增收的难度加大。我国农村的乡镇企业从 20 世纪 80 年代开始迅速崛起，吸纳了大批的农业剩余劳动力，使农民从事非农产业的劳动报酬和其他收入迅速增加，成为农民现金收入的重要组成部分。据统计，1996 年农民从事二、三产业的劳动的报酬和其他收入约占现金收入的一半左右。因此可以说，农民依靠向非农产业转移来增加收入已成为农民增收的最重要的途径。然而，农村剩余劳动力向二、三产业转移的数量取决于农村非农产业的发展和城市的吸纳能力。近几年来，一方面，由于过剩经济条件下市场竞争的加剧，多数乡镇企业生产经营困难加大，增长速度和效益持续下滑，吸收劳动就业能力下降，农民从二、三产业获得收入呈减少趋势。另一方面，由于城市国有企业不景气，下岗失业人员增加，就业压力加大，导致农村劳动力回流，这也使农民的劳务收入大大减少。

二　增加农民收入的现实选择

党的十五届三中全会《决定》把农民增收问题提到了非常重要的地位，指出"增加农民收入，减轻农民负担，是农村实现小康的基本条件，对开拓农村市场，扩大国内需求，也具有重要作用"。因此，在当前和今后一个时期内，我们应该把增加农民收入作为发展农村经济的首要目标，认真研究和探索增加农民收入的现实道路。

1. 调整和优化农村产业结构，增加农产品需求弹性，搞活农产品流通。实践表明，凡是农民收入水平低、负担重、增收难的地区，大多数都是农村产业结构调整滞后，二、三产业不发达的地区。从产业和产品的层次来讲，愈是初级产业和初级产品，其社会需求弹性和价格弹性往往愈低，如蔬菜等经济作物比粮食、畜牧水产品比蔬菜的需求和价格弹性要高。工业品比农产品的需求和价格弹性要高。所以，愈是提高产业和产品的层次，就愈能增加市场需求，就愈赚钱。因此，要增加农民收入，必须进一步提升和优化农村的产业和产品结构，在种植业中，增加瓜菜等经济作物的比重；在大农业中，增加林、牧、渔业的比重；在农村经济中，增加第二、三产业的比重。农业生产也要按照市场的需求，提高产品的品质，积极开发名、优、稀、特产品，绿色产品，以满足市场需要，增加农民收入。要大力培育农民自己的流通队伍，开拓农产品市场，搞活农产品流通，切实解决农民的卖难问题。使农民更多地获得流通过程中的利润。

2. 提高农业生产的专业化水平，降低农产品生产成本，增加农业规模效益。缺少分工和专业化，是农业效益低的根本原因。要增加农民收入，必须引导农民走专业化经营之路，也就是要立足于当地资源优势和产品优势，克服传统农业和分散经营条件下"家家粮棉油、户户小而全"的经营方式，实行生产的专业化分工。要大力发展专业户、专业村，使农户生产从一业向兼业，再从兼业向专业过渡。一个农户专业种菜、专业养猪或专业搞运输，形成一定规模后，会大大降低生产成本，从而获得规模效益，增加收入。在专业户发展的基础上，可以形成专业村，甚至可以发展成规模比较大的区域化的种植、养殖、加工基地。在一个乡镇或县的范围内，通过实行科技、水利、良种、饲料、运储、销售统一，在不改变家庭经营的基础上，形成农业的专业化和区域化规模经营，从而提高农业劳动生产率和农产品商品率，增加农民收入。

3. 提高农业产业化经营的层次，实现农产品加工增值，让农民真正分享一体化经营的利润。农业产业化其本质是市场化和社会化的农业，其核心是实行农工商一体化经营，其目标是提高农业的比较效益，让农民分享一体化经营的平均利润。目前山东的农业产业化虽然有了较快发展，但总体上看层次不高，特别在龙头企业与农户的关系上，主要以市场交易与合同契约相连接，二者是不同的利益主体，农民仅解决了产品的销售渠道问题，并没有实现分享一体化经营中的平均利润的目标。因此，今后农业产业化的发展，应着眼于提高农业产业化经营的层次，特别是要解决好龙头企业与农户的利益关系问题，要通过股份合作等方式改造龙头企业，让农民有生产经营和分配的决策权，真正分享农产品加工增值环节的利润，这样才能真正使农民增加收入，达到产业化经营的目标。此外，要大力发展农村新型合作经济组织，使合作经济组织充当产业化的组织载体，实行农业产业化与合作制的有机结合。

4. 提高农业科技水平，增强农民素质，为农民增收提供根本保证。农业的发展离不开科学技术的进步。传统农业之所以劳动生产率低，土地产出率低，很重要的原因就在于农业科技水平低，农业劳动者的科技文化素质低。在现代社会，要发展农业，靠农业增加收入，离不开科技和教育。要走科教兴农之路，首先要搞好现有科技成果的推广和应用。实践表明，无论是种植业、养殖业还是林果业、水产业，只要能够大面积地推广现有的科研成果和先进技术，都能使经济效益显著提高。要使先进的科学技术在农村得到应用，还必须加强对农民特别是青年农民的科技文化知识教育和实用技术培训，提高其自身素质和主动应用先进科技成果的自觉性，使农业真正实现高产优质高效，为农民增加收入并致富奔小康提供坚实的基础。

三　城市化:增加农民收入的根本途径

历史发展的经验表明,我国农业发展出问题,除了一些无法抗拒的大面积自然灾害之外,更多的则是由于体制、政策导向和国民经济其他方面的影响引起的。仅从农业内部来看,我们这些年为农业增效、农民增收所做的努力的确卓有成效。然而,农业发展决不仅仅取决于农业部门自身的因素,而是同整个国家经济发展的大局紧密联系在一起的。农业之所以效益不高,农民之所以增收困难,从根本上来说,是因为我们的农村太大,农民太多,农民人均占有土地等资源太少。在人均一亩多地的条件下,即使你生产的产品产量和科技含量再高,你的产出效益和收入也不可能太高。在一亩地里做出的文章上总是有限的。因此,要解决农民收入问题,我们必须跳出农业看农业,必须从整个国民经济发展的大局中来看农业,必须探索实现农业增效和农民增收的治本之策。

要使农民收入持续稳定增长,长远地看必须加快农村人口向非农产业和城市的转移。通俗地说,就是"要想致富农民,必须减少农民"。世界农业发展史表明,农民收入的多少取决于农业劳动生产率的高低,而农业劳动生产率的高低,则取决于农业经营的规模化、专业化程度,取决于农业劳动人口在就业结构比例中的减少。只有减少农民,加快农村人口的城市化进程,才是实现农业增效和农民增收的治本之策。

要加快农村富余劳动力向二、三产业转移,推进农村人口城市化,需要在以下几个方面努力。

第一,大力发展农村个体私营经济,这是转移农村剩余劳动力的重要途径。在农村大力发展个体私营经济,实际上也就是大力发展农村二、三产业,把农民从黄土地上解放出来。这既是农民增收的重要举措,又是农村发展的新经济增长点,还是转移农业剩余劳动力的重要渠道。因此,我们必须进一步解放思想,拓宽思路,鼓励和支持农民到城镇进行投资、经商等活动。要有针对性地解决农民从事个体私营经济的制约因素。突出的是要落实现行优惠政策,根据个体私营从业人员不断变化的需要,制定出新的扶持办法,在税收、资金、水电、土地等方面提供更有利的条件,坚决维护个体私营从业者的合法权益。要选择一批具有一定带动作用、经营水平较高、发展前景较好的个体私营业户，重点帮扶，挂牌保护，促其快速发展。鼓励农村私营企业经营者参与国有企业改革，以参股、控股、联合、收购等多种形式投资，尽快实现低成本扩张。建立个体私营园区是保护个体私营经济发展的好办法，有条件的地方可以利用这种方式，集中帮助个体私营业主解决开办经营中的困难，扶持其发展。

第二，搞好乡镇企业的第二次创业，继续通过发展农村二、三产业推动农村剩余劳动力转移。乡镇企业是农民办的企业，应该继续为增加农民收入，转移农业剩余劳动力做出贡献。乡镇企业在过去的发展中，其产业的产品结构与城市工业雷同的现象比较突出，这也是近年来乡镇企业在激烈的市场竞争中效益下降，生产不景气的重要原因。在二次创业中，部分乡镇企业应作战略方向上的调整，即要立足农业，面向农村，致富农民。乡镇企业要向农业进军，大力发展以农产品为原料的加工业，当好龙头企业。除部分实力较强的乡镇企业应提高其资本和技术含量，增强市场竞争力之外，大部分中小企业在现阶段仍要以劳动密集型为主，这样既能降低生产成本，又能较多地吸纳农村剩余劳动力，带动农民致富。

第三，促进农村个体私营经济和各类乡镇企业向中心城镇和中小城市集中，推动农村剩余劳动力的易地转移。我国在现代化进程中之所以出现工业化与城市化的不同步，造成城市化滞后的现象，在很大程度上是因为我们的农村工业化走了一条"离土不离乡，进厂不进城"的路子，乡镇企业90%以上办在了村里，造成了"村村点火，处处冒烟"的现象。这种劳动力的就地转移模式，从长远看是不能适应国民经济发展和农业与农村现代化需要的。因此，我们应该采取积极措施，促进农村个体私营经济和乡镇企业向中心城镇和中小城市集中。要办好农村个体私营和乡镇企业的工业园区，首先促进其增量集中，即新开办的各类企业进城进镇，同时带动和促进存量集中，鼓励有条件的个体私营经济和乡镇企业向城镇迁移。

第四，提高城市化水平，加快农村人口向城市转移。推进城市化是21世纪我国经济发展的大局，是实现农民增收和农业现代化的根本出路，在这方面，一是要提高认识，加强领导，制定好农村人口转移的规划。我们一定要提高对加快城市化进程的必要性、紧迫性的认识，把推进农村人口的迁移，提高城市化水平放在搞好农业和农村工作，促进整个国民经济持续快速发展和实现现代化的大局上来考虑。各级政府应加强对这项工作的领导，并在吃透国情的基础上，借鉴发达国家的经验，制定好城市化目标和具体可行的农村人口转移计划。二是要搞好规划，适度膨胀大城市，重点发展中小城市，积极发展小城镇特别是中心镇。根据大城市超先发展的规律，我国大城市的发展仍有很大余地，可以适度膨胀。目前我国中小城市数量太少，规模太小，功能不全的问题比较突出，应该重点发展。发展小城镇是实现农村城市化的现实选择，应该积极发展。但目前小城镇过于分散的问题比较突出，应集中力量发展中心镇。三是要改革现行的户籍管理制度，拆除城乡壁垒，为农民进城铺平道路。深化户籍制度改革是农村人口转移的关键环节。目前农业与非农业户口仍然是"乡下人"和"城里人"的身份的象征，不利于人口迁移和流动，要积极探索以居住地和职业为依据建立户籍的制度，取消农业户口，把自由迁徙权还给农民。四是要完善土地承包政策，降低农村居民的进城成本。要在进一步稳定家庭承包制的基础上，规范和明确土地产权，促进土地流转，建立一种可以使农民把土地转化为财产权利带进城的产权制度。五是要研究、修改和制定一系列促进城市化的政策，包括土地政策、税收政策、户籍政策、就业政策、保险政策、金融政策、工商管理政策等。总之，要加快我国农村人口的城市化进程，从根本上解决农民增收和农民负担问题，从而早日实现我国农业、农村和农民的现代化。

山东省农村城市化理论研讨会讨论综述

由山东农村改革与发展研究会、莱阳农学院联合举办的"山东省农村城市化理论研讨会"，于 2000 年 9 月 23—24 日在山东莱阳召开，来自北京及全省各地的 40 多名专家、学者出席了会议。与会代表围绕下列问题展开了热烈讨论。

一 关于城市化的本质与含义

民政部中国地名研究所副所长浦善新研究员认为，城市化通常是由于生产力的发展而引起的人口向城市地域集中和乡村地域转化为城市地域的过程。城市化本质上是由于社会生产力的发展，农业在社会经济活动中的比重逐渐下降、非农业活动的比重逐步上升，与此相适应，居民由从事农业转为从事第二产业和第三产业并向城市集中，城市居民生活方式和城市空间组织向农村扩散。广义的城市化包括城镇用地扩展、城市建设水平提高、城市居民生活方式和思想观念的演变和传播，以及既有城市经济社会的进一步现代化和集约化，亦即城市物质文明和精神文明的提高和扩展。浦善新认为，衡量一个地区的城市化水平指标体系主要包括城市建设现代化和城市功能国际化两个方面。

山东农业干部管理学院副院长高焕喜教授认为，城市化是指城市形成的过程，而农村城市化是指农村向城市转变，二者虽然是不同的两个概念，但却有着十分紧密的联系。衡量城市化水平的指标，首要的是生活条件指标和人口的城市化程度，以及农业产业向非农业转变，农业经济向工业经济转变和居民观念的转变程度。

中共济南市委党校闫以功副教授认为，城市化的内涵与农村城市化的内涵是不同的，农村和城市无论在生活方式、生产方式、收入方式，还是在功能上都有着明显的区别，在概念上，我们应该提加快城市化进程，而不宜提农村城市化。

中共济南市委党校冯雷副教授认为，农村城市化并不等同于小城镇化，从发展中国家农村城市化的发展趋势看，小城镇已不再成为城市化的主体，中小城市应成为我国农村城市化的主流。我国农村城市化的动因首先是一个随着农业劳动生产率的提高，农业剩余劳动力向城市进行产业的转移，其次才是人口的转移。

二　关于城市化发展的规律

浦善新研究员认为，世界各国城市发展的历史已充分证明，城市化是人类社会发展的必然趋势，具有普遍意义，是任何国家都不可能逾越的自然历史过程，是社会进步的一个重要标志，所有的国家和地区迟早都要进入现代城市社会。城市化发展在时间上的规律性表现在，城市化水平低于30%时，是城市化发展的初期阶段，这一阶段可能要经过数十年甚至上百年的时间；当城市化达到30%的水平时，便进入加速发展阶段；当城市化水平达到60%—70%，城市化发展将进入相对稳定的状态。我国目前将进入一个城市化加速发展时期。城市化在空间形态上的规律性主要表现在，城市空间形态随城市化进程的发展表现为城市集中化、郊区分散化和城市集聚化。城市集中化是城市化初期的主要形式；郊区分散化是城市化中期的主要表现形式；城市集聚化是城市化的高级形式。

山东社会科学院农经所所长秦庆武研究员认为，从全球范围来看，世界城市化发展一般存在三大规律：（1）城市化的阶段性发展规律。根据多数国家城市化发展进程的分析，城市化演进呈现出"缓慢——加速——缓慢"的阶段性特征；（2）大城市超先增长规律。城市化加速发展阶段，同时也是大城市超先增长的阶段，而大城市的超先增长，又成为城市化加速发展的重要推动力；（3）城市化与经济发展的双向互促规律。工业化是城市化的发动机，而城市化的推进和提高，又为工业化提供了便捷的服务、广阔的市场、充裕的劳动力，从而提高了工业的劳动生产率，促进了产业结构的升级和整个社会经济的发展。

三　关于我国城市化发展的现状及存在的问题

浦善新研究员认为，中国的城市化水平按国际统计口径估算，目前已达35%—40%，进入加速发展阶段。中国的基本国情决定了其城市化具有如下特点：第一，城市化水平比较低，不仅低于发达国家80%的水平，而且低于发展中国家平均40%的水平，但城市人口的绝对数大，居印度之后，列世界第二位；第二，城市化地区不均衡性明显，差距呈加大趋势；第三，城市化以集中趋向为主，但在部分经济发达地区，已出现郊区化和逆城市化的趋势；第四，城市人口的增长正由自然增长为主向机械增长为主方向发展；第五，城市沿江、沿海、沿边、沿交通干线呈带状集中，城市群已初具规模；第六，城市化以乡村经济的繁荣和发展为基础，而不是建立在农村衰落的基础上。

浦善新认为，随着中国社会主义市场经济体制的逐步建立，城市发展也将出现一些新的趋势：（1）受市场经济驱动，企业将逐步把追求效益作为主要目标，企业的区位选择将在较长一段时间内倾向于集聚在经济运行环境优越的大中城市及其周围的城镇密集地区，使这些地区的城市化水平迅速提高；（2）随着消费结构的改变和城市交通条件的改善，将引起大城市地域范围的扩大和郊区化现象的迅速显现；（3）随着户籍管理制度的改革，从农村迁往城镇和从中西部不发达地区迁往东部沿海发达地区的人口规模将不断扩大，从而将引起小城镇的全面发展、若干新经济生长点的跳跃式发展和发达地区各类城市的大发展；（4）随着东部沿海发达地区产业结构的转换升级，某些传统产业逐步向周围和内地转移，中西部发展条件较好的地区将成为传统产业新的集聚地，其城市化速度也将随之加快。中国加入世贸组织后，城市化进程将进一步加快：一方面，农业面临巨大的压力，迫使农业尽快走上集约化、现代化、产业化的道路，从而使农村剩余劳动力进一步增加，城市化的推力加大；另一方面，必然带来劳动密集型企业的发展，有利于吸纳更多的劳动力。

对于我国城市化发展中存在的问题，浦善新认为，一是城市化滞后于工业化、现代化。改革开放以来乡镇工业的分散化，使乡村城市化明显滞后于工业化，以工业为核心的城市化，则大大降低了城镇第三产业对农村剩余人口的吸纳力和消化力，减慢了城市化的应有发展步伐；二是城市化的绝对水平低；三是缺乏具有国际影响力的国际化大都市，现有城市经济基础薄弱，公共服务设施不足。城市化滞后于工业化同技术创新的外生性、人力资源的素质偏低，已成为当前制约我国经济快速发展新的三大"瓶颈"。冯雷副教授认为，我国的城市化目前存在三大问题：一是城镇规模普遍偏小，制约了小城镇的健康发展，我国小城镇的平均人口只有1万人左右；二是城市建设的投融资渠道单一，除了发达地区的个别地区外，基本上都是依赖于政府的单一投资渠道；三是户籍管理制度的限制，现行的户籍管理制度，严格限制了农村劳动力就业的空间范围，人为地造成城乡分离。

对于造成上述问题的原则，与会的专家、学者认为，我国的商品经济发展的滞后和行政管理体制改革，特别是户籍管理制度改革的滞后是最根本的原因。

四　关于乡镇企业向城镇集中及城乡劳动力双向流动问题

莱阳市委副书记刘文君认为，乡镇企业向城镇集中是推进城市化的强大动力。首先，乡镇企业进城，可以促进企业发展；其次，乡镇企业进城可以拓宽第三产业的发展领域和空间；第三，乡镇企业进城可以促进农村富余劳动力向城镇转移，促进城市经济发展，加快城市化进程。在引导乡镇企业进城方面，莱阳主要采取的做法有四个：（1）依托市场，稳步推进。做到成熟一个，引进一个；引导一个，成功一个；成功一个，激活一片。为了达到企业进城的最佳效益，一是引进规模大的企业；二是引进劳动密集型企业；三是引进高科技企业。（2）搞好规划，合理布局。一是区域生产力合理布局，形成板块经济模式；二是引进一个企业，建设一片园区；三是规划一个园区，拉动一个产业。（3）宏观调控，政策扶持。首先做到"三个一样"，即进城的乡镇企业在地位和职工待遇上与国有企业一样；其次是保证税收体制不变，企业在城区交纳的税金，仍然算原乡镇的税收；第三是积极协调银行减免或核销被兼并的银行贷款利息；第四是减免部分费用。（4）建设载体，配套服务。让农民进得来，住得下。
在建设用地上，采取政府划拨、免交各类费用等优惠政策，大幅度降低成
本和售价。莱阳的做法，得到了与会领导和专家学者的赞同。对于城乡劳
动力双向流动问题，山东社会科学院农经所刘荣勤研究员认为，目前有的
媒体宣传的城市下岗职工到农村发展，这是一种不正常的现象，决不能成
为一种导向。现在应该提倡的是让城市的技术人才到农村带动农民致富，
而决不能号召城市的一般劳动力去农村与农民争饭碗。

五　关于城市化发展的途径选择

浦善新认为，关于中国的城市化道路选择上，人们见仁见智，难以定
论，但可以归纳为 4 种意见：（1）大城市论。作为人口、生产要素和经
济活动高度集中的大城市，能大大促进城市和经济发展。而且，根据规模
经济规律，大城市能导致极高的产出率和极低的单位基础代价，意味着活
力、机遇和效率。不宜把大城市中出现的"无序"、"混乱"和"大城市
病"看得过重，"大城市病"是一种社会经济发展病，完全可以在社会经
济的自身发展过程中得到治理。相反，城市化滞后所带来的"小城镇
病"，如农村中出现的乡镇工业分散、小城镇建设无序化和离农人口"两
栖化"等现象，不仅比一般的"大城市病"难以治理，而且还会引发更
严重的"大城市病"。（2）小城市论。大城市不仅数量少，吸纳农村剩余
劳动力有限，而且环境、社会效益差。如交通拥挤、环境恶化、污染严
重、犯罪率高、住房紧张、水资源缺乏、能源供应紧张、基础设施严重不
足等等。而小城市社会效益好，分布面广，便于就近吸收农村剩余劳动
力，加快发展小城镇是有效减轻大城市压力，减缓农村剩余劳动力在中国
范围内流动带来的一系列社会问题的根本途径。（3）中等城市论。中等
城市的经济效益比小城市好得多，而且也不比大城市差。它们在集聚效益
以及城市与农村交流方面具有优势，发展中等城市为中国大量的农村流动
人口提供了出路，没有因此而带来的环境或土地、自然资源等方面的问
题。（4）协调发展论。以大城市为中心、中等城市为骨干、小城镇为基
础，大中小城市协调发展，构筑一个容纳农村剩余劳动力的立体网络。针
对不同地区的经济发展水平，因地制宜，东部沿海经济发达地区以发展小

城市为主，中部地区以发展中等城市为主，西部地区以发展大中城市为主。浦善新认为，对于中国这样一个人口众多的发展中国家，只能走因地制宜、协调发展的道路，离开小城镇的发展，要实现中国的城市化是无法想象的。

秦庆武研究员认为，城市化发展战略应确立：极化和膨胀大城市，形成都市圈和城市带；重点发展中小城市；合理发展小城镇。根据大城市超先发展的规律，山东省所采取的方针应是极化和膨胀大城市，而不是限制大城市发展。根据目前山东人口近9000万和峰值将达1亿的实际，至少应有2个人口在500万左右的特大城市，形成都市圈，有5—10个人口在100万以上的大城市，从而集聚2000万左右的人口；发展以人口50万—100万的中等城市和人口10万以上的小城市，应作为21世纪前10年的重点；山东省小城镇发展分散化问题比较严重，今后发展的重点应是中心镇。

山东社会科学院副院长陈建坤认为，山东在农业发展和农村改革中取得了许多好的经验。山东把科教兴鲁战略、可持续发展战略、经济国际化战略和城市化发展战略作为21世纪的四大战略，这充分反映出山东省领导对城市化的重视。山东省确立的合理发展大城市，重点发展中小城市，积极发展小城镇的战略，是一个切实可行的科学战略。

高焕喜教授认为，目前我们应以发展县城和中心镇为城市化的重点。衡量城市化水平的标准不应只考虑人口居住的因素，而更应考虑生活条件的改善，如果在生活农村的居民其生活条件和文明条件达到城市的水平，也应该看作达到了城市化水平。

中共济南市委党校副教授解慧认为，中国的城市化发展重点应在小城镇建设上，发展小城镇在目前农业农村经济发展新阶段下，具有十分重要的意义：有利于建立完善的农产品市场体系；有利于促进农村经济结构的调整和优化；有利于培植、形成长期稳定的农村经济增长点；有利于开拓农村市场，增加农村商品消费需求；有利于发展农村第三产业，增加农民就业门路和收入来源；有利于实现农业的规模经营，加快农业现代化进程；有利于促进农村工业化、商品化发展，提高乡镇企业综合效益；有利于促进农村人口素质的提高；有利于节约农村建设用地和其他资源，实现农业的可持续发展；有利于促进农村社会的文明与进步。

六　关于推进城市化进程的对策措施

陈建坤认为，城市化发展必须重视研究规律、把握规律、尊重规律，既要研究处于社会转型的城市化发展规律，也要重视研究国际上城市化发展的共同规律，研究符合我国、我省特色发展的城市化道路、政策和对策措施。城市化发展离不开理论创新和实践的创新，要总结和借鉴先进地区的经验，要树立以人为本，合理规划和环境意识，城市规划要突出权威性和超前性，要因地制宜，取长补短，发挥自己的特长。

山东省委政策研究室副主任傅汝仁认为，加快农村城市化进程必须结合我国、我省的具体情况，走出具有中国和山东特色的农村城市化发展道路；要科学规划、合理布局，山东要加快中心镇的建设，我省目前规划了237个中心镇，一个县要发展2—3个中心镇；发展小城镇的核心是发展城镇经济，繁荣城镇经济；要重视研究农村人口进入小城镇的政策。

高焕喜教授认为，发展城市化要注意以下问题：一是农民增收和就业问题；二是乡镇企业进城问题；三是重点发展商贸和二、三产业；四是要加快干部制度和行政管理体制的改革；五是加强基础设施的建设；六是要做好城市建设的规划。

秦庆武研究员认为，推进城市化的关键和着力点在于转移农村人口。在农村人口转移上应实现三个转变，即以过去的国家安排为主转向自谋职业为主；以过去的就地转移为主转向异地转移为主；由过去的兼业转移为主转向专业转移为主（与土地分离）。只有这样，才能摆脱过去"离土不离乡、进厂不进城"的老路。要充分发挥政府在推进城市化和农村人口转移中的作用，在战略目标、规划设计、资金投向、就业培训、城建立法、政策制定等方面需进一步强化政府的调控能力。

（冯雷　解慧整理）

专题资料之二：

山东省农村人口转移与城市化
发展研究调查问卷

编号：＿＿＿＿＿＿

调查说明

在我国现代化过程中，实现农村人口向城市人口的转移是一项重大的任务。因农村人口仍然占有绝大多数，山东省要在未来 15 年的时间内，使城市化水平达到 50% 的目标，将会面临一系列的理论和现实问题。

为了充分认识山东省的城市化发展状况，了解人们对城乡关系的不同态度，分析乡镇企业发展与城市化之间的关系，以及城市化中的政策与管理问题，我们拟在全省范围内开展一次重大规模的问卷调查研究。

此调查作为我们的科学研究的一部分，力求精确有效。因此请每位回答者积极合作，充分发表自己的看法，我们将尊重您的观点，并保证只是用于此项课题研究。

回答问题时，请您在所选的答案序号上划"√"或在"＿＿"处填写出您的答案。若有问题，请与调查员联系。

感谢您的支持与合作！

课题组
2000 年 9 月

第一部分 基本情况

101 您的性别：1. 男   2. 女

102 您出生于_____年。

103 您的文化程度：

1. 不识字或识字很少   2. 小学   3. 初中

4. 高中   5. 中专   6. 大专   7. 大学及大学以上

104 您的婚姻状况：

1. 未婚   2. 有配偶   3. 丧偶   4. 离婚

105 您的政治面貌是：

1. 共产党员   2. 共青团员

3. 民主党派   4. 群众

106 您的民族：

1、汉族   2、回族   3、其他少数民族

107 您的行政职务是：

1、县（市）干部   2、乡（镇）干部

3、村干部   4、无行政职务

108 您的家庭情况：

	户口类型	文化程度	职业	与您是否住在一起
您的父亲				
您的母亲				
您的配偶				

109 您全家共有_____口人，其中务农_____人。

110 您兄弟姊妹_____人，您排行第_____。

第二部分 居住与工作

201 您的户口是：

1、农业户口   2、非农业户口   3、当地镇户口   4、无户口

202　您的户口所在地：

1、本乡（镇或街道）

2、本县（市），但不是本乡（镇或街道）

3、本省，但不是本县（市）

4、外省　　　5、不知道

203　您现在的工作或职业是：

1、纯务农　　　　　　　2、半工（商）半农

3、乡镇企业正式职工　　4、农村科教文卫工作者

5、党政（管理）干部　　6、服务业人员

7、经理或企业管理人员　8、非固定职业

9、其他_____

204　您参加工作（或劳动）前的居住地是：

1、农村　2、乡镇　3、中小城市　4、大城市

205　您走上社会后，从事的第一项工作是：

1、纯务农　2、半工（商）半农　3、乡镇企业正式职工

4、农村科教文卫工作者　5、党政（管理）干部

6、服务业人员　　　　　7、经理或企业管理人员

8、非固定职业　　　　　9、其他_____

206　在您的家庭总收入中，主要收入来源是：

1、纯农业生产　　　　　2、以农为主，工商为辅

3、工商为主，农业为辅　4、以固定工资收入为主

5、其他_____

207　您本人上一年的总收入约为_____元。

208　您认为自己的收入状况在当地来说：

1、最高　　　2、较高　　　3、一般

4、较低　　　5、最低

209　您现在的住房有_____面积？

此房是：1、自己家盖的　2、买来的　3、单位公房

4、租赁房　5、其他_____

210　您对您现在的生活条件的满意程度为：

1、很满意　　　2、较满意　　　3、一般

4、较不满意　　5、很不满意

211　您今后想从事的主要工作是：

1、纯务农　　　2、半工（商）半农　　　3、乡镇企业正式职工

4、农村科教文卫工作者　　　　　　5、党政（管理）干部

6、服务业人员　　　　　　7、经理或企业管理人员

8、非固定职业　　　　　　9、其他_____

第三部分　乡镇企业与城乡关系

301　您现在所在的单位属于：

1、村庄（或街道）　　　　2、企业

3、党政机关与事业单位（跳至315题）

4、其他_____

请注意：302—309问题由选择答案"1"的农村居民回答。

302　您是否曾外出到城市打工或在乡镇企业工作过？

1、是　　　　2、否（跳至305题回答）

303　若曾外出打工或工作，其时间是_____个月。

304　您是通过什么方式外出打工或工作的？

1、当地组织的　　2、亲友介绍的

3、招聘的　　　　4、其他

305　如果有机会，您是否愿意外出打工或工作？

1、愿意　　2、不愿意　　3、不知道

306　您外出打工或工作或想外出工作的最主要原因是（只选一个答案）：

1、挣更多的钱　　2、离开农村　　3、当地落后

4、因为家庭生计　　5、自己愿意　　6、跟随别人

7、其他_____

307　您认为外出打工最大的困难是什么（只选一个答案）？

1、不好找工作　　2、交通　　3、无人组织

4、家里不支持　　5、农活忙走不开

6、缺乏信息　　　　7、其他_____

308　您是否想放弃现在的工作，到城镇或外地找工作？

1、是　　　2、否

为什么_____

309　如果现在政府收回您的土地，让您进城镇务工或自谋职业，您会同意吗？

1、同意　　2、不同意　　3、不知道

为什么_____

请注意：310—314 题由选择答案"2"者的企业职工回答。

310　您所在单位的性质是：

1、国有　　　　2、集体　　　　3、股份制

4、私营个体　　5、其他_____

311　您在本单位已工作了_____年。

312　您是通过什么途径来本单位工作的？

1、国家或政府分配　　2、单位招聘

3、亲友介绍　　　　　4、其他_____

313　您所在的企业近年来效益如何？

1、很好　　2、较好　　3、一般

4、不好　　5、不知道

314　您认为此工作对您的家庭收入与生活来说是否很重要？

1、是　　　2、否

315　您认为发展乡镇企业是否有利于大量吸收当地农村劳动力？

1、是　　2、否　　3、不知道

316　您认为乡镇企业发展对当地的城市化发展：

1、有很大促进作用　　2、作用不大

3、无作用　　　　　　4、不知道

317　您认为城镇的工作生活是否比农村更方便？

1、是　　　2、否

318　您对未来的工作生活最关心的问题是：

1、收入　　2、工作稳定性　　3、住房　　4、医疗保障

5、子女上学或就业　6、其他＿＿＿＿＿＿＿

319　您是否希望自己的子女离开本地去大中城市工作？

1、是　　　2、否

为什么＿＿＿＿＿＿＿＿＿＿＿＿＿＿＿＿＿＿＿＿＿＿＿＿＿＿＿＿＿＿＿＿

第四部分　城市化政策与管理

401　您是否了解当前我省加快发展城市化的各项政策？

1、是　　　2、否

402　您认为应优先发展小城镇还是大城市？

1、小城镇　　2、大城市　　3、不知道

403　您是否知道我省关于发展"中心镇"建设的政策？

1、是　　2、否（选此答案者，直接回答 405 题）

404　若知道的话，您是否赞同这一政策？

1、赞同　　2、不赞同　　3、不知道

405　您当地是否制定了相应的促进城镇化发展的政策和措施？

1、是　　　2、否　　　3、不知道

406　您所在地近五年来城市（镇）的发展速度：

1、很快　　2、较快　　　3、一般

4、不快　　5、不知道

407　您认为本地的城市（镇）化发展水平：

1、很高　　2、较高　　　3、一般

4、较低　　5、不知道

408　您认为城市（镇）化发展与当地社会经济的发展：

1、关系很大　　2、关系不大　　3、不知道

409　您当地发展城市化（农村人口向城市人口转移）时，所遇到的最主要困难是（只选其中的一个答案）：

1、户口限制　　2、人口素质　　3、管理水平

4、乡土观念　　5、政策　　　6、其他＿＿＿＿＿＿＿

410　您认为制约当地城市（镇）化发展的最主要因素是（只选一个答案）：

1、经济发展水平　　　2、地域环境　　　3、资金投入

4、思想观念　　　　　5、其他_____

411　您当地采取了哪些措施吸引当地农业人口进入城市（镇）？

1、_____

2、_____

3、_____

412　您认为在发展城市（镇）化时，还应进行哪些改革？

1、_____

2、_____

3、_____

413　您认为当地政府在推动城市（镇）化过程中的作用：

1、很大　　　2、较大　　　　3、一般

4、不大　　　5、不知道

414　您认为是否应加强政府今后在推动城市（镇）化过程中的作用？

1、是　　　　2、否　　　　　3、不知道

415　您认为政府在推动城市（镇）化发展时应优先考虑的问题是：

1、_____

2、_____

3、_____

416　您认为农村城市（镇）化的主要出路是：_____

后 记

　　山东是一个农业大省。农业和农村经济发展进入新的阶段后，面临着一系列突出矛盾。其中最令人关注的，就是农民收入增幅连续几年下降，不仅制约了农业和农村经济发展，而且制约着整个国民经济的发展。为此，从1999年开始，时任山东省省长的李春亭同志就亲自带领有关部门的同志就农民增收问题到全省各地进行调研，写出了"关于增加农民收入的调查与思考"的调查报告，作为指导全省农业和农村工作的重要文件。这个调查报告指出：要从根本上解决农民增收问题，不能仅从农业内部做文章，而是必须积极推进我省农村人口向二、三产业和城镇转移，加速农村城市化进程。根据这一思路，2000年上半年，山东社科院农村经济研究所设计了一个课题，准备就山东农村人口转移和城市化问题进行深入研究。这一做法获得了李春亭同志的肯定，同时也得到了省政府副秘书长王庆新同志的支持和具体指导。2001年，这一课题又列入省软科学计划项目。

　　从2000年下半年开始，课题组即全面开展了调查研究工作。一是组织有关同志分赴江苏、浙江、广东等发达地区调查了解有关城市化和农村剩余劳动力转移情况，为山东提供思路和借鉴；二是课题组成员到省内部分地区就这一课题进行调研，先后调查了淄博、潍坊、烟台、济宁、泰安、枣庄、东营、德州等市地的部分县乡，获取了第一手资料；三是就乡镇企业发展与小城镇建设的互动关系、农村人口流动问题进行了问卷调查，共发放问卷2000份，回收有效问卷1666份，借助计算机就调查问卷进行了系统分析。四是利用图书馆、因特网搜集了国内外研究资料；五是于2000年9月份在莱阳召开了一次"山东省农村城市化理论研讨会"，来自北京及省内的40多位专家学者和实际工作者出席了会议。会议就城市化与农村人口转移问题进行了深入分析和探讨，对课题研究的深化起到了积极的推动作用。在上述活动的基础上，2001 年上半年，课题组的同志完成了 6 个子课题和一个总课题报告，比较全面和系统地研究了山东农村人口转移和城市化的战略与对策问题，提出了一系列的创新性观点和具有一定可操作性的对策建议。

为使这一成果更好地发挥作用，使之能够为关心中国"三农"问题特别是农村人口转移和城市化问题的有关领导和同志提供参考，我们决定将这一成果内容付梓出版。本书由课题负责人秦庆武与蒿峰同志主编，为丰富其内容，还收录了部分课题组成员的相关学术论文。由于课题研究时间较短，内容还比较粗糙，不足之处敬请读者批评指正。

课题组

2002 年 12 月 1 日